青少年就业社会工作：上海探索

彭善民　主编

華東理工大學出版社
EAST CHINA UNIVERSITY OF SCIENCE AND TECHNOLOGY PRESS
·上海·

图书在版编目(CIP)数据

青少年就业社会工作 ：上海探索 / 彭善民主编.
上海 ：华东理工大学出版社，2024. 11. -- ISBN 978 - 7 - 5628 - 7074 - 6

Ⅰ. D669. 2

中国国家版本馆 CIP 数据核字第 2024UP9841 号

策划编辑 / 刘　军
责任编辑 / 孟媛利
责任校对 / 金美玉
装帧设计 / 徐　蓉
出版发行 / 华东理工大学出版社有限公司
地址：上海市梅陇路 130 号，200237
电话：021 - 64250306
网址：www.ecustpress.cn
邮箱：zongbianban@ecustpress.cn
印　　刷 / 南通印刷总厂有限公司
开　　本 / 710 mm×1000 mm　1/16
印　　张 / 16.5
字　　数 / 226 千字
版　　次 / 2024 年 11 月第 1 版
印　　次 / 2024 年 11 月第 1 次
定　　价 / 128.00 元

青少年社会工作上海探索系列丛书

组织编写

上海市阳光社区青少年事务中心

丛书主编

顾东辉

执行主编

黄旦闻

编委会成员

本书主编

彭善民

撰　稿

（按姓氏笔画排序）

刘　月　张易为　陈晓丽　阎　莉

雷海波

统　稿

（按姓氏笔画排序）

王　洪　卞　华　朱玉容　刘肇昂

汤　瑾　武　芳　孟秀玲　娄晓祯

顾倍倍　倪　俊　鲁　静

目 录

第一章　导　论

第一节　就业与青少年发展

就业乃民生之本，青少年就业尤其关乎社会的稳定与发展。青少年失业既是社会问题，又是青少年生命周期出现危机的重要表现。青少年失业问题引起了社会各界的广泛关注。党的二十大报告重申就业优先战略，强化就业优先政策，将青少年就业置于关乎民生经济发展的重要位置。

一、青年失业内涵

近年来，青年劳动参与率逐步下降与失业率逐步上升的现象并存(International Labour Organization，2020)，同时受疫情和经济下行影响，我国青年失业问题越发凸显。数据显示，2022 年 6 月，我国城镇青年失业率跃升至19.3%，远高于城镇失业率5.5%。[①]

(一) 青年失业及相关概念辨析

早在1990年代中期，英国用“尼特族”(not in employment, education or training, NEET)指称义务教育结束后未上学、未就业，且没有接受职业培训的16—18岁青年群体。之后，其他国家的不少媒体中出现了对“尼特族”一词的滥用，将其与有问题或处境不利的群体和事件相联系，进而造成了对该群体的污名化认识。这一现象提醒研究者需要警惕概念使用背后所反映的态度与价值倾向。1999年，在“弥合社会差距”(Bridging the Gap)大会上，“尼特族”一词被正式确认为唯一被接受的、用来指代失业青年的术语(Furlong, 2006)。

一些学者的地方性研究发现，“非积极求职”或“自愿失业”的青年比例呈现上升态势，许多青年因为就业受挫或缺乏自信而选择逃离就业竞争与劳动力市场，但他们的消极求职行为不能简单地被理解为“懒惰”，而更多体现出“瘸腿挣扎”(struggling with broken legs)这一具有鲜明特征的复杂心理状态，因而应当关注这部分青年的求职动力和导致他们消极求职的心理因素(Jeong et al., 2021)。

在韩国，尼特族被定义为“离开学校系统，但尚未做好准备进入企业、参加工作、承担家庭责任，且未婚的青年群体”，这一定义倾向于从群体的社会责任意识状况界定尼特族的社会身份(Eurofound, 2012)。在考虑到青年教育年限延长和劳动参与年龄提高的情况下，OECD(Organization for Economic Co-operation and Development，经济合作与发展组织)进一步将尼特族的年龄范围从原本的15—24岁拓展至15—29岁。

在亚洲国家中，韩国与日本将尼特族的年龄范围设置为15—34岁。有所不同的是，日本主要从就业意愿的角度来定义尼特族群体，关注传统的终身岗位制变迁引发的岗位缩减对青年就业意愿的削弱，政策也聚焦于重塑

① 参见界面新闻“今年16—24岁青年人调查失业率创下新高，国家统计局回应”，https://baijiahao.baidu.com/s?id=1738388582369195116&wfr=spider&for=pc，2022-07-21。

青年的就业意愿,而非提供工作机会(Pemberton, 2008)。不过,日本最早并非使用尼特族,而是采用“飞特族”(Freeter)来形容15—34岁没有就业且不在政府数据系统中的青年。日本大众认为这部分青年不愿意吃苦,家庭的支持使其选择短期的、时间自由的工作岗位(Inui, 2005)。2000年,日本劳动部门首次在劳动力年度报告中统计了飞特族的数量,并关注到其不稳定的就业状态不同于以往传统的失业类型,主要表现在工作不稳定且条件很差,就业状态经常发生转变,虽然有较强的就业意愿,但是很难找到正规的就业岗位,更多的是持续性的短期就业。2004年,日本出台的《劳动经济白皮书》将尼特族界定为:15—34岁完全不愿意工作、不在劳动力市场和教育体系中、单身且没有料理家务的青年。综上可知,西方对尼特族的界定主要侧重于关注该群体的就业状态,而日本则更关注这一群体缺乏就业意愿。

除此之外,日本还常用“蛰居”(hikikomori)来形容青年社会不参与的现象。2003年,日本卫生劳动和福利部(现为厚生劳动省)设置了相关的类别用以描述他们:包括在家或房间里自我隔离,没有社会、学校或工作活动,与社会失去联系超过6个月,没有精神或智力障碍,没有亲密朋友(Caputo, 2020)。在此基础上,该部门发布了《理解蛰居青年指南》,强调社会退缩是青年应对压力的反应,与他们是否存在精神疾病无关,它是一种青年可能长期存在的与社会隔绝的行为,提倡对这一群体实施援助(Kato et al., 2019)。后续的相关研究还进一步区分了蛰居与精神疾病的关系,提出原发性蛰居(primary hikikomori)和继发性蛰居(secondary hikikomori)两个概念。其中,原发性蛰居是由校园暴力、家庭功能失调、就业受挫、沉迷网络与游戏等社会性因素引发的社会退缩行为,与任何潜在的精神障碍无关,但原发性蛰居是否应被当作新的精神疾病尚存争议。而继发性蛰居则明确了青年的社会退缩行为伴随有精神健康障碍,甚至明确了社会退缩行为是由精神健康问题导致的(师艳荣,2021; Li & Wong, 2015)。值得注意的是,日本青年的社会退缩现象已经出现迁延性特征,青年蛰居问题并没有随着他们年龄的增加而有所改善,反而持续存在,从而导致日本社会出现“8050”现象，即年过半百的子女与年过八旬的父母同住，且由父母养育（师艳荣，2021）。随着研究的深入，来自不同国家和地区的研究相继发现，蛰居青年现象日渐普遍，社会退缩成为一些国家和地区，乃至全球性的青年议题。

通常意义上，在我国，“三失”青少年、闲散青少年、社区青少年都用来指称同一群体，即16—25周岁，且没有固定工作、没有就学、缺少监管的青少年群体（肖建国、林志强，2006）。不过，这三个概念在侧重点上仍然存在差异性。

其中，“三失”青少年更加强调青少年的生存状况及其弱势群体的地位，认为制度性和非制度性的社会结构都可能会进一步强化社会排斥，该概念侧重于关注青少年的弱势与无权状态（康超、李小文，2010）。一些学者认为，“三失”青少年面临劳动力市场上的经济排斥、参与权利和机会缺失的政治排斥、教育资源分配不公和社会交往等方面的社会排斥，造成其生存状况进一步恶化，青少年群体处于无权感或权能感“隐匿”状态。为此，需要构建其社会支持网络，既要促进其主体主动改变，也要从家庭、学校和社会等多方面共同发力（郑淑丽，2014；甘满堂、李振亚，2015）。

相较之下，“闲散青少年”这一术语的出现与政府的相关政策制度有关。2000年，上海市政府开展对闲散青少年违法犯罪问题的调查，将其纳入政府关注的重点青少年群体，并推动学界对构建预防闲散青少年违法犯罪体系的研究（姚建龙，2012）。与此同时，学界研究发现，闲散青少年群体在违法犯罪事件中充当着不可忽视的角色（姚建龙，2012），这一现象使得该群体易成为社会舆论的攻击对象，从而出现群体的污名化和排斥现象（屈琦，2009）。为此，部分研究主张改变闲散青少年的服务和管理模式，从青少年群体的主体性出发，理解其所处的社区情境和生活经验，并为其营造具有关怀和保障的成长环境，以权利为核心引导青少年加强与社会的联系，进而实现青少年的社会参与（权福军，2013；林志强，2007；高海虹，2011）。

我国青年就业研究中通常采用“社区青少年”或“失业青年”等概念术语，与“尼特族”的界定存在相似之处。已有研究存在这样的问题，即尼特族的概念过于简单，无法很好地涵盖青年群体失业行为的特征，只是给这一群体贴上了“不活跃”(inactive)的标签，简单地从社会参与和社会排斥两个维度解释青年的脆弱性，如针对女性群体则是简单地从传统性别分工角度解释其劳动参与率低的原因。总结来说，目前的尼特族定义只关注现象表象而忽略其背后的系统性原因(Eurofound，2016)。为了解决上述问题，我国的青年就业研究提倡使用“社区青少年”这一术语，希望通过将概念作为政策讨论的工具，来更好地理解青年失业现象和确定政策的对象范围，将促进青年的社会参与和社会包容作为一种政策讨论的核心，以回应青年群体多样化的需求。

（二）社区青少年及相关研究

社区青少年的概念最早来自上海，指代“16—25岁，没有固定工资、没有就业、缺少监管的青少年”。该概念力图用中性色彩的词语描述这一青少年群体，从而取代具有较强问题指向的“三失”青少年或闲散青少年(姚强，2005；沈昕，2005)。2018年，上海市社会治安综合治理委员会(简称上海市综治委)预防青少年违法犯罪专项组与上海市青少年服务和权益保护办公室(简称上海市青少年服务保护办)等部门在开展重点青少年群体底数摸排大调研时，针对青少年受教育年限普遍延长的情形，将社区青少年群体的年龄范围拓展至16—35岁。“社区青少年”概念是上海市委界定的规范性概念，也是上海市青少年社工服务对象的专有称谓，用以指代青年失业群体，而且在具体的社会工作实务情景中，社工也常用“青少年”的简称指代社区青少年。上海地区的青年失业及相关服务研究多采用“社区青少年”作为研究概念，不过除此之外，“失业青年”仍是普遍研究青年失业的通用概念。一定程度上来说，本书中提及的社区青少年与失业青年、青少年与青年同义，可做替换性表达。

“社区青少年”这一术语具有较强的适用性，在具体的实践服务中有延伸和扩展的趋势，即从特殊的青少年群体趋向指代生活在社区里的青少年(张肖蒙，2018)。一方面，当聚焦社区青少年失业状态时，“新失业群体”概念也可指社区青少年。“新失业群体”原指高中及以下学历，未在国企工作过、拥有城镇户籍的失业青少年，相较于“40”“50”下岗工人，这部分群体以“20”“30”人员为主（吕鹏，2005）。另一方面，一些实证研究发现，“新失业群体”整体文化水平呈现上升趋势，这一概念也在逐步取消学历上的限制，与社区青少年群体概念趋同（马玉堂，2014）。

社区青少年服务是青少年社会工作的重点，近年来围绕这一群体开展的社会工作服务逐渐形成了多种服务模式，如上海的“融合型”服务模式、北京社区青年汇模式、广州“青年地带”的家庭综合服务模式、武汉“青年空间”的社会教育综合模式、香港的一站式综合服务模式等，都逐渐成为具有地方特色的实践模式。

其中，上海在“政府主导推动、社会组织自主运作、社会多方支持”的原则下，推动成立了上海阳光社区青少年事务中心。在这一过程中，政府扮演多种角色，为服务提供政策、环境、资源等方面的支持，社会工作服务机构综合三大服务方法，整合政府与社会资源，促进青少年与社会环境的互动和共融。因而，这种政府、社团和社会多方资源整合的工作被称为“融合型”服务模式（费梅苹，2005）。

北京以社区青年汇为载体，形成了“共青团＋专职社工”青年汇工作模式（王新云，2017）。北京青年汇的运作过程受到“政府—机构—社区”等多方主体互动关系的影响，虽然发挥了资源的有效链接功能，但也因为政府与机构间的政社关系使得青年汇在运作过程中受到诸多限制，引发自主性受限、角色定位不清晰、专业服务水平不高和服务过程资源分配不均等问题。尤其是“行政本位”取代“社区本位”的“脱嵌”更是带来机构的合法性问题（王春晖，2016；蒋军成等，2019）。一些研究提出“海淀模式”，以此探讨特大城市中闲散青少年的管理模式（张鑫，2013）。有学者认为，为了回应特大城市的人口调控问题，培育专业的社会工作队伍势在必行，而且服务应当以青少年喜爱的方式开展，共青团系统需在其中发挥枢纽作用。

以“青年地带”为特色的家庭综合服务模式最早在广州海珠区的三个街

道进行试点，并先后建立了家庭综合服务中心。该模式立足于社区，并以青少年服务需求为本，探索“一站一特色”的服务模式，以个性化服务方式满足青少年的需求。在具体运作方面，综合个案、小组、社区和外展服务，从社区青少年发展需求延伸至青少年全面发展所需的服务，以发展性取向为主，兼顾预防和治疗，倡导青少年的全面发展（张肖蒙，2018）。“青年地带”以项目运作为载体，实现政府、共青团、社会工作机构、社会多方支持和青少年广泛参与的“五位一体”（周晓耿，2013），推动社会资源的整合和社区青少年服务的专业化（李海、王军芳，2009）。有人将这种青少年社会服务机构以整体性、增量性和专业性的方式参与政府的社会治理体系，嵌入政府管理体制，同时又能保持社工的专业认同和独立性的生成方式概括为“整体增量嵌入”的服务模式（周志坚，2009）。

广州的家庭综合服务模式源于香港的社会工作服务经验，香港的青少年事务由政府福利署、社会工作机构和社会力量等多方共同参与，政府福利署下设社区社会福利总办处和社区社会福利办事处主导社会福利发展方向和计划，为社会工作者开展青少年社会服务提供制度保障、设施，政府除了购买服务外还承担一些法律规定的社会服务（周志坚，2009）。政府购买社会工作服务，社会工作机构为青少年提供一站式综合服务，针对失学、辍学、滥用药物、有心理障碍和学业困难的青少年提供学校社会工作服务、青少年外展社会工作服务以及社区为本的社区支援计划等（丁菲，2008）。

2007 年，香港青少年协会与内地青少年宫协会联合创办“青少年空间”，选择武汉作为试点城市，以“青少年空间”为阵地，开展多元的综合性社会服务，构建了全方位的青少年社会教育综合模式。武汉市社会工作协会青少年事务工作委员会提供业务指导，建立的青少年空间建设办公室成为青少年空间的建设主体，并立足社区开展服务活动（沈涛等，2012）。青少年空间被纳入政府的统一管理，包括配备师资力量、筹划核心活动项目等都由政府统一规划，资金主要源于政府的公共财政，将公益性服务提供给社区青少年，因而其具有明显的“官办非营利性”特征（陈安娜，2011）。

二、就业与青少年的社会化

就业是当代社会日常生活的核心，对于维持自身财务独立、社会地位，以及社会参与具有至关重要的作用，失业或消极求职在某种程度上相当于偏离了社会规范与价值，从而引发社会化问题（Corbanese & Rosas，2017）。

（一）失业及其危害

失业不仅是社会问题，也是青少年生命周期出现危机的表现。从短期来看，失业不利于青少年的人力资本积累，会导致他们工作经验匮乏且职业技能水平低下，还会使其陷入贫困境地。从长期来看，青少年的尼特族经历还存在"伤痕效应"（scarring effect），影响其日后重获社会认可或合法的社会身份（Su & Wong，2022）。从时间历程来看，青少年的过去与当下生活是其建立生活秩序、事件意义、未来前景、目标与期待的参考对象，对生活的感知与他们的社会经济地位息息相关，当个体缺乏工作与经济来源，或自我价值无法实现时，更加不愿意设想未来。对社区青少年而言，校社衔接阶段不仅需要完成就业适应任务，还需要处理实际工作机会与期待间的差距及其带来的沮丧感，两者相互影响，迫使其表现出更低的未来取向（future-oriented），呈现出宿命论（Present Fatalistic）与享乐主义（Present Hedonistic）的时间感知视角（Parola & Donsì，2019）。而长期与社会失去关联的经历，会进一步使得这一群体产生低自尊、低自信的心理问题，同时增加他们抑郁、酗酒和药物滥用的风险（Maguire，2018）。一些追踪调查研究发现，尼特族经历是一个持续惩罚的过程，有过社会不参与或失业经历的青少年更容易产生消极就业行为，降低其未来就业的可能性，从而影响其终身收入（Ralston et al.，2022）。换言之，青少年早期的失业经历会削弱他们的就业意愿和求职积极性，使其更有可能失业或收入低下，进而产生抑郁等健康问题。

（二）就业的社会化功能

对青少年而言，就业不仅是一种社会规范，更是满足自身生存与发展需求的一种行为。青少年的不就业行为与主流社会规范相悖，导致其被视为不具备生产力的“不完全成人”(not entirely adults)(Alonso et al.,2022)。青少年在回答“为什么要工作”的问题上反映了他们的就业价值观,而他们如何赋予就业意义则直接影响到他们的就业行为(路桑斯等,2008)。罗纳德·英格尔哈特(2013)提出优先价值观的匮乏假设。他认为,人们总是会在主观上看重相对匮乏的事物,发达工业社会的主体人群不再生活在饥饿和经济不安全的环境中,遂而逐渐转向对归属感、自尊、知识和审美的追求。

对于大多数青少年而言,就业是其缓解生存压力的重要手段。有研究发现,高达72.1%的职业青年认为,其面临的最大压力便是经济压力(章正,2019)。一方面,劳动力市场存在经验歧视和学历歧视问题,青少年常在劳动力市场中处于相对弱势的地位。尤其是近些年来,受疫情和经济下行的影响,青少年首当其冲成为受损者,表现之一便是青年城镇失业率远高于全国平均城镇失业率。另一方面,青少年长期失业与频换工作的风险较高,成为失业问题的重要人群。青少年离开学校系统进入劳动力市场的经济独立初期,其创造财富的能力较弱,工资性收入基本等同于全部收入来源,抗风险能力弱,“工作贫困”或“在职贫困”水平较高(曾燕波,2022)。

青少年有自我实现和成长的需求,心生向往并希望借助就业实现自我价值。一方面,我国“90后”“00后”青少年是在经济飞速发展中成长起来的一代,并没有经历物资匮乏的生活年代,家庭基本能满足他们的生活所需,因而更加重视个人满足、闲暇和自我完善的需要,缺乏因生存压力而就业的动力。奥尔德弗(Alderfer)的ERG理论认为,若个体的高层次需求无法得到满足,个体会不断增加和强化低层次的需求,以弥补空虚和失落感(陶志欢,2019)。部分青少年可能因就业能力差或就业资源不足,在劳动力竞争中处于劣势,若要满足自我实现需求需突破层层门槛限制,加上社会资本的双重资源制约,青少年容易被潜在困难所击退。随着同侪差距逐渐扩大,现实和期望值的落差使得青少年处于失衡状态,为重新实现平衡,他们可能会调整期望值以适应自身处境(罗纳德·英格尔哈特,2013)。当青少年面对超标的工作量、日常工作的安全隐患,或因工作压力产生焦虑、挫败、失落等情绪时，都会迫使其重新思考自我实现需求的满足问题。

另一方面，我国改革开放之后实行市场经济体制，个体主要从市场中满足生产生活等需求，个体职业收入及由此衍生的资源占有成为社会评价的主要标准，市场利益衡量的特性一定程度上改变了劳动的意义。正如齐奥尔格·西美尔(2017)在《市场的哲学》中所说的："货币获取和普遍衡量营造一种万物皆可得的心理，成为目标的持续动力，但同时也使得重要与非重要事物等同，事物失去内在价值。"当工作被极致工具化并被当作获取经济收入的手段，价值理性被隐匿，且目标可以通过其他形式实现时，工作的效用便会遭到怀疑，进而催生无就业动力的青少年(张淼、谢春艳，2018)。更有甚者，部分青少年还会产生"一夜暴富"的侥幸和赌博心理，将生活的机会寄托于渺茫的运气。另外还有一部分青少年为弥补自我实现的需求得不到满足，会寻找替代手段，如购物、喝酒、唱歌、打游戏、进行网络社交等，进而寄希望于从中获得归属感和满足感。他们以"看似主动、实则被动"的方式弥补无法满足的需求，投入极致兴奋的交往中，以忘却始终停留的无意义感和空虚感。

虽然青年不就业隐藏着潜在的反叛，但现代性冲击下集体主义急遽隐退，社会不断渲染和营造"成功"的模型和样式，个体被推向"自我实现，实现至死；自我完善，完善而亡"的激烈社会竞争中，并被赋予巨大意义以承担一切后果(韩炳哲，2019)。在要么实现阶层跃升，要么就会向下流动的焦虑中，为了能够在困境和撕扯中进行自我拯救，青少年放弃了社会提供的微弱的改变机会，借助后现代主义话语批判和解构社会的价值语境，质疑在社会范畴内采取行动的意义，试图将个体从社会中剥离出来，以多元的个人价值选择对抗主流话语，重塑主观价值(吴茜，2020)。这种消极的抵抗方式虽然避免了激烈的冲击对社会稳定性造成的危害，使得青少年得以与社会保持距离从而进行反思，但同时由于他们缺乏挑战和行动的勇气，在察觉中被动接受自我满足的假象，可能会导致他们迷失自我，产生更大的无助感和孤独感(汪行福，2018)。现代社会风险不断增加，有限理性和根本的不确定性正在成为常态，在传统共同体瓦解和个人生存危机加大的背景下，青少年大多选择摒弃宏大叙事，断开与社会的联结，强化原子化个人的存在，缺乏共同应对风险的共识和能力（叶穗冰，2018）。多元价值观层出不穷，凝聚共识的现代价值伦理体系尚未建立，青少年彷徨追寻意义却又不具备承担社会责任的道德勇气，不就业的个体反抗将不具有意义，反而淹没了挑战权威和流俗的潜在社会性价值。

因此，低欲望和“佛系”青少年在一定程度上是个体无法应对宏观社会变迁的缩影。从积极意义上而言，可以将其看作青少年进行自我保护的手段，但也反映出社会变迁带来的价值缺失问题，才最终使得青少年难掩消极悲观的就业心态。

第二节　青少年失业的解释视角

现有研究主要从两个视角理解青少年失业问题：一是认为青少年失业与个体能力不足有关，提高青少年的能力可促进其就业；二是关注社会环境对青少年就业的影响，认为青少年失业问题根源在外部社会环境，社会无法为青少年提供良好的就业机会。从就业的实践含义看，其强调责任个人化的特征凸显（Hooley et al.，2018）。不过，从各国的就业服务变迁来看，结构性困境逐渐成为社会工作干预试图回应的焦点。与此同时，当前青少年失业也出现了一些新的特征，比如“自愿失业”群体的范围逐渐扩大，加剧了青少年失业问题的复杂性。

一、青少年就业能力

一般而言，青少年的教育和技能水平直接影响青少年的就业机会。文凭发挥信息机制作用，劳动力市场和雇主以求职者的学业表现作为求职者是否具有生产力的判断标准，若求职者的受教育程度符合雇主期待，则给予求职者工作机会。虽然普通教育和职业教育是教育系统内两条平行的社会流动渠道，且由于职业教育与劳动力市场需求不匹配，接受职业教育的青少年很难拓展就业机会，往往被迫选择被认为没有前途或是低收入的工作。社会话语体系对学历和文凭的社会偏好不仅将受教育年限较少的青少年群体筛选出劳动力市场之外，也衍生出青少年群体对高学历教育的青睐。在技术创新和知识经济时代，新的就业机会集中在高新技术人才产业，劳动力市场的就业竞争更加激烈，即使雇主提供非高学历岗位工作，也倾向于在搜寻范围内录用文凭资历最高的求职者，青少年若不具备学历优势则会缩小就业选择范围，衍生学历竞争。

随着全球劳动力市场的产业结构调整与升级，产业机械化和自动化技术程度提高，社区青少年群体存在过度教育与技能短缺问题（Wolf, 2011），他们因技能低、缺乏与劳动力市场要求密切相关的职业技能，因而在求职过程中面临着较大挑战，被迫转入灵活就业或次级劳动力市场。有研究表明，低薪工作仍具有一定的规模和持续性，且这些岗位正处于一个增长而非紧缩的态势。劳动力市场的供需悖论体现在，相关岗位并非因其低技术属性而逐渐被取代，进而无法提供足够数量的岗位，而是无人愿意在知识经济时代从事低薪与低技术的岗位工作（MacDonald, 2011）。劳动力市场又被分割为一级劳动力市场和次级劳动力市场，前者代表正规的就业机会和完善的劳动保障，后者则代表不稳定的、缺乏保障的就业条件。青少年常因学历低和技术门槛被排斥出正规劳动力市场之外，而灵活就业岗位的准入门槛低，且所需的技能水平较低，无须进行岗前教育与培训。一部分青少年常将其作为步入下一阶段工作或学习的过渡。但是，研究也发现，青少年群体，尤其是处于校社衔接阶段的青少年，由于缺乏对职业发展方向的规划，因而难以跳离过渡阶段，或是再次陷入就业迷茫（Li et al., 2018）。另外一部分青少年因缺乏职业规划与目标，长期处于弹性就业状态，从事“没有培训的工作”（jobs without training）。虽然这些就业岗位可以短暂地满足这部分青少年群体的生活需求，实现其赚钱目的，但他们也更为频繁地更换工作，无法积累人力资本,面临的失业风险也更高(Maguire et al., 2012)。

已有研究指出,当临时就业比例较高,或职业教育与教育系统发挥同等重要的作用时,学历的信号机制作用将会减弱(Jongbloed & Giret, 2022)。与此相反,学徒制和相关的工作经验在劳动力市场上的价值非常高,工作场所不仅能提供与工作相关的通识教育,还能更高效地让青少年掌握工作场所所需的特殊技能,如组织文化和工作技巧(Wolf, 2011)。青少年失业的新特征是传统失业与大规模灵活就业或短期就业交融,这意味着在传统失业成因外,大规模灵活就业或短期就业现象正成为社区青少年群体就业的另一特征,并使得这一群体的就业更加具有脆弱性。

此外,社会交往能力也逐渐构成青少年就业的重要因素。研究表明,相较专业素质和能力,用人单位更加注重求职者的人际沟通能力,青年可在就业过程中改善社会功能(朱生玉,2009)。但部分青年常因不良的人际交往与创伤经历,诸如被霸凌、被同伴拒绝,或学业成绩不佳,或家庭功能失调,如拒绝型或专制型的亲子关系,出现人际关系焦虑(Teo, 2010)。有学者发现,长期失业的青少年与社会的联结程度低,较难与他人建立关系(Yung et al., 2021)。其中,有74%的长期失业与社会退缩的青少年存在人际关系焦虑,他们往往害怕遇见熟人,他们的社会交往更多地局限于家庭交往,虽然他们也会进行网络社交,但很少发展成现实的社会联系。由于长期与社会隔离,青少年容易产生负面的情绪与想法,还存在低自信、不自信、绝望的心理,以及对他人不信任等特征,加上缺乏诸如职场人士或学生的社会身份,青少年更容易产生身份认同障碍和消极的自我认同。由于害怕再次被社会否定,害怕再次失败,加上存在长期失业等问题,均进一步增加了这一群体再次融入社会的难度,恶化其就业处境(Loscalzo et al., 2022)。此外,青少年的身心健康也会影响到他们的就业状况,比如多项追踪调查研究发现,青年在青春期时期患有抑郁症或长期有身体健康问题会增加他们的失业风险(Rasalingam et al., 2021)。

二、青少年就业的结构性困境

个体就业越来越多地受到他们所处的就业环境和经济发展的影响，且这一趋势日益加剧。有学者系统梳理了青年失业与社会退缩的相关研究，发现青年缺乏就业与社会参与的欲望，与他们所处的家庭、教育环境息息相关，而且根植于全球产业变革和雇用制度的改变。

具有代表性的例子是日本经济与劳动力市场重组引发的青年不参与社会问题。弗朗(Furlong，2008)对日本青年不参与社会的相关研究进行梳理，发现无论是父母为保护子女在现代社会和经济下行背景下免遭风险，承担青年原本应当承担的责任，还是因传统就业结构崩溃引发的青年社会退缩，众多解释都绕不开教育和劳动力市场的结构制度变迁问题。过去30年，劳动力市场发生了很大变化。伴随着产业结构升级与转型，专业人才与技术岗位的数量有所增加，服务行业的规模呈现急剧扩张的趋势，灵活就业逐渐成为劳动力市场的重要特征。相较过去，青年的就业环境更加严峻：一方面，劳动力市场碎片化与区隔现象更为明显，具有保障性的就业机会紧缩，青年缺乏体面就业的机会；另一方面，教育体系滞后于劳动力市场，更是强化了对技术人才、有工作经验者的偏好，相较于其他劳动者而言，青年更是处于弱势地位，劳动贫困的比例较高。也有研究发现，虽然劳动力市场的技术变革偏好高学历青年，但许多国家都采取高等教育扩招政策，造成高等学历人才的劳动力市场供给大于市场需求(International Labour Organization，2020)。人才培养相对市场需求的滞后、专业设置与市场脱节、教育生态不平衡等多重问题，导致近年高等教育的回报收入下降，对青年群体就业产生较大不利影响。当社会的青年失业比例较高时，其失业问题更容易被解释为结构性问题。当经济环境改善，青年失业比例有所降低时，容易产生青年发展欣欣向荣的假象。那么，为何每当出现经济危机或经济下行时，青年群体总会面临失业问题呢?

尽管为青年发声并不是当前学术讨论的重点，但是无法否认青年面临的失业现象呈现复杂性和多样性的特点。青年群体面临的紧缩的机遇结构会固化社会不平等,表现为社会不参与和失业,诸如“工作贫困”“低水平就业”,导致“马太效应”(Roberts, 2011)。中产阶层的家庭与工人阶层的家庭有不同的教养方式和教育期待,中产阶层对子女的期待远高于工人阶层,他们往往要求青年在义务教育阶段结束后尽可能进一步接受教育,若不如此还可能背负“志向贫困”(poverty of aspiration)的污名。相反,工人阶层则避免自己的子女在义务教育结束后失业。青少年在义务教育结束之后,其发展轨迹深受家庭社会背景的影响。社会经济地位低的青少年,更倾向于选择职业教育道路然后进入劳动力市场,受到学业成绩以及父母的职业、地位的影响,其接受教育和选择就业时所能获得的支持更少。有研究发现,家庭社会背景与子女的失业问题有关,如父母受教育程度较低或居住在高度贫困的社区,会增加子女社会不参与和失业的风险,且他们的教育成就动机也较为微弱,存在“失业文化”(culture of worklessness)的代际传递现象(Schoon, 2014)。也有学者指出,教育成就动机和青年的能动性会减弱这一关系的影响程度,特别是贫困家庭出身的青年为了避免重走父母失业的老路,会寄希望于通过教育改变未来,教育成就动机成为他们改变出身和经济发展劣势的潜在资源。

社会经济地位较高的青年即使教育资历低或缺乏相关的工作经验,也可以依赖家庭的社会和文化资本弥补人力资本的不足。反之,社会经济地位较低的青少年群体,父母难以为他们提供合适的职业规划和职业发展机会,他们对未来的预设并不乐观(Pemberton, 2008)。因此,有学者认为,贫困地区确实存在失业文化,且这一现象很大程度上是由家庭的代际因素造成的,比如家庭对教育系统不了解和缺乏对未来教育的投资,或本身无法成为青少年职业成功的榜样,这些对青少年群体的影响是负面的,使得青少年从事的职业具有代际延续性,他们所追求的大多是有保障的、低技术或低价值的工作,而非职业成就(Pemberton, 2008)。诺赫和李(Noh & Lee, 2017)建构了一个体面就业的框架,包括处于社会中等收入水平、拥有社会保障、在劳动力市场中承担普通员工职责，成为雇主或自雇等三个指标，评估韩国青年从体面就业开始进入劳动力市场的比例，发现有62.6%的20—26岁青年是从体面工作开始职业生涯的。但是若仅考虑收入水平的话，这一比例在低收入群体中只有16.4%，而在高收入群体中则为79.7%。换言之，青年失业现象存在贫困与不平等的代际传递问题，家庭贫困会降低他们获得体面工作的可能性，而且还会衍生出工作贫困问题。

此外，青少年所处的社会时代及其生命历程也会改变他们对就业环境的看法。在社会经济繁荣阶段出生的青少年倾向于将社会变迁和就业的不确定性当作一种机会，认为无论是否离开教育系统，他们都有机会获得成功(Bynner & Parsons, 2002)。就业自我效能感不仅是一个理性判断，更会被人生经历、文化价值塑造(Hodkinson & Sparkes, 1997)。罗伯茨(Roberts, 2009)借助吉登斯的结构化理论和贝克的风险社会理论理解青少年的职业选择问题，认为青少年与其父辈所处的世界不同，他们不再一到16岁就开始工作，而且也不再如父辈一般可以从职业中获得生活的意义和价值感，他们的职业及职业认同在经济重组过程中支离破碎。一方面，虽然青少年的个体选择会影响他们的人生结果，但结果并非全然由个人所能决定；另一方面，阶层仍然在决定青少年未来发展时发挥重要作用，但阶层的影响路径发生改变，教育、职业等社会系统成为阶层分化的动力机制，个体选择和就业能力无法完全解释劳动力市场的变化及青年群体在就业时面临的限制。

麦克唐纳(MacDonald, 2011)认为，年轻人仍是“迷茫的一代”(lost generation)，但是这一词的含义与20世纪有所不同，而是喻指更广泛意义上的社会成员的资格丧失而导致对人生发展状态的迷惘。现有的社会系统鼓励竞争而非合作，在教育系统中失败的青年，加上基础性技能薄弱，造成了比过去更严重的被教育和职业系统所排斥的现象(Bynner, 2012)。教育系统提供的资格认证更是引发不平等的来源，教育政策改革预设了教育系统能容纳更大范围的群体获得教育资格、高教育成就，以及工作与生活机会，同时也能改变他们的就业障碍(Colley & Hodkinson, 2001)。然而，问题在于，即使教育体系能提供同质化的教育成就，其他因素也会发挥社会分化的作用。因此，有学者对青少年就业服务干预实践进行反思并提醒我们，青少年的就业排斥现象背后可能是连带的制度性障碍，并引发文化排斥和社会关系排斥，实践者与政策制定者应当重新审查青少年社会排斥和社会退缩的基本问题，识别可能存在的污名化风险，审慎地制定干预方法及相关的政策战略，避免“受害者有罪论”的问题基调（Wong & Ying，2006）。

三、青少年就业的心态张力

就业意愿是青少年迈入就业系统的第一步，只有当他们感知到自身有能力且有机会实现就业预期时才会做出决定。一方面，青少年失业比例与社会规范都会影响失业青少年的身份认同与自我感知（Jongbloed & Giret，2022）。在青少年失业比例高的社会，这一状况会给予青少年“失业共同体”意识，减少他们面对失业事实时的孤立无援状况，但是又容易造成青少年群体对未来的悲观预测，产生即使自己不断努力也改变不了现状的消极想法。反之，在青少年失业比例较低的社会中，失业状态被看作青少年的个人选择和非常规的社会状态。

另一方面，青少年所处的经济环境也会影响他们的就业处境、就业决定和就业态度（Serracant，2014）。自愿失业的青少年可能并非源自自身就业意愿不足，有可能是衡量就业前景后做出放弃就业的理性考量或务实决策。倘若仅将“自愿失业”归因于个人选择可能会简化其就业处境，容易忽视衍生的“工作贫困者”以及社会关系排斥问题（胡中宜，2019）。譬如，中产阶级和工人阶级家庭之所以在子女教育上的投资存在差异，并不是工人阶级不愿意投资子女教育，而是家庭总体资源稀缺，投资越高，风险就越大，因而他们更倾向于使用社会网络和文化资本去支持他们的子女获取学徒机会或其他体力劳动工作（Roberts，2009）。

以社会退缩的社区青少年为例，部分社区青少年的社会退缩行为看似是青少年自愿选择的生活方式，但还可理解为青少年应对社会评判压力和不断要求进步的现代社会的回避策略(Caputo，2020)。一些学者还关注到不同国家均存在社会退缩青少年，且这一现象在城市地区更为普遍。有学者认为，这部分群体的社会退缩行为可能并非仅仅与自身所处的社会文化有关，还可能与现代社会的关联产物——“现代社会综合征”(modern society-bound syndrome)有关(Kato et al.，2011)。在《穷忙族：忙碌阶层的哀与愁》一书中，门仓贵史(2009)写道，“拥有一份工作，比拥有一份喜欢的工作重要得多。……那条连绵不绝的求职长队，折射出背后无数年轻‘穷忙族’的窘境”，门仓贵史揭露了青少年的就业环境实际上充满了持续性危机、焦虑与不稳定。为了获得“好工作”与“好生活”，青少年需要不断地“自我实现，实现至死；自我完善，完善而亡”，卷入激烈的劳动力市场竞争关系(韩炳哲，2019)。即便如此，年轻人的就业问题也得不到解决，传统终身雇用制的崩溃导致“工作贫困者”的青少年比例陡增。许多青少年不再将教育、培训和就业视为理所当然的理性行为，也不再把“有工作比没有工作好”视为未来的前景或幸福指向，而是在身份认同危机和社会焦虑中选择退出社会和经济生活。若个体在应对就业和升学压力时缺乏应有的抗逆力，则容易产生消极和社会退缩的认知与行为表现，长期的社会隔离还可能会使其产生心理疾病或其他危机，如暴力和自杀行为(Kato et al.，2019)。有学者认为，将青少年的社会退缩行为解释为青少年为了实现工作与生活平衡，或不喜欢被束缚而做出的积极选择这一说法太过理想化，忽视了他们对自己工作处境很少有选择权的现实，严峻的就业环境才是根本原因(Furlong，2008)。

另外，不少年轻女性也因失业问题而出现社会关系排斥问题。马圭尔(Maguire，2018)对57名16—25岁的女性群体进行深入访谈后发现，无论她们是否有就业意愿或就业能力，受家庭照料、怀孕、育儿等多种原因影响放弃就业后，她们常处于一个被孤立、与周围社会失去联系且无法在经济上获得独立的状况，她们往往需要依赖父母、伴侣或福利支持。弗兰科娃(Frankova，2019)还发现，女性的社会退缩行为比男性更为普遍，且常伴随精神健康障碍,诸如社会焦虑、神经性焦虑等。虽然大多数女性群体都试图改变现状,渴望有保障的稳定收入,但是她们没有办法获得体面的带薪工作来支持自己的财务独立。原因在于,她们因生育和家庭照料责任放弃劳动参与的现象不是单独存在的,而是与其他社会问题相伴而生的,实际又受到传统的性别角色分工的社会规范影响,从而使得她们的失业问题难以通过简单的能力提升得到解决(Maguire, 2018)。许多研究都得出了同样的结论,失业风险存在性别差异,女性在就业方面遭遇社会排斥的可能性远高于男性(Yang, 2020)。相较于男性,女性更多地因家庭照料责任而产生看似“自愿”的失业行为。欧盟2014年的劳动力市场调查报告显示,超过1/4的女性因家庭照料责任而无法进行社会参与,而且高达52%的女性群体被排除在公共就业服务之外(Eurofound, 2016)。但也有观点认为,随着女性受教育程度和劳动参与率的提高,更为凸显的是“问题男孩”,社会退缩行为的主体是男性(Legewie & DiPrete, 2012)。有学者对此提出疑问,“社会退缩行为的主体是男性”这一研究结论,是否因女性“自然地”应该待在家里的传统性别角色分工,而隐去了对女性社会参与的考量(Furlong, 2008)? 在性别分工差异背后,劳动力市场“风格化”的事实更应被进一步反思(Malo et al., 2021)。

当下青少年的职业生涯呈现去标准化的高风险特点,面对青少年非传统稳定就业,他们的“自愿失业”究竟是追求超逸的表现,还是个体能力与就业机会匮乏引发的心理退缩? 这一切皆有待我们进一步追问。

第三节 青少年就业政策沿革

我国最早的失业问题是由经济转制引发的,最初的公共就业服务体系旨在应对社会变迁引发的失业问题,以“40”“50”人员为主要服务对象,而后就业政策从解决失业问题向失业保障与积极促进就业转变。伴随社会组织的发展，上海公共就业促进服务体系的实际运作也转向社会服务模式。

一、我国公共就业促进服务政策

1978年我国实行改革开放，劳动力市场和劳动关系随之发生剧烈变迁：一方面，劳动合同的试点及后期在全国范围内的推广，导致大量国企职工被推向劳动力市场，引发了1990年代的下岗潮；另一方面，农村改革也使得农村就业形式丰富多元，且随着人口流动政策放宽，异地就业成为解决农村剩余劳动力的主要方式，大量农民进入城镇寻求就业机会，“民工潮”同样对城镇就业造成巨大压力。

为了能让劳动合同制全面实施，能在全社会范围内灵活调节劳动力，更好地适应社会主义经济体制改革的需要，中共中央、国务院要求建立劳动服务公司，并对公司性质、任务提出具体要求。1986年，原来县级以上各级劳动部门设置的劳动服务公司转变为组织和管理社会劳动力的行政机构或事业单位，负责职业介绍、就业培训、待业保险和组织生产自救等就业服务工作。1990年颁布的《职业介绍暂行规定》正式将组织劳动市场的专业服务机构命名为“职业介绍所”。同时，为安置大量国企下岗职工，国家还开展再就业工程，并从1998年起共实施了两期的“三年千万”再就业培训计划，为下岗职工提供职业指导和职业培训服务。其中，上海两家国有企业率先建立各自行业的再就业服务中心，向本企业的下岗职工提供职业培训、职业介绍、生产自救、代缴养老和医疗保险等管理服务，帮助下岗职工再就业（岳经纶，2011）。1997年，国务院提出要积极推广上海实施再就业工程的经验，要求单个企业建立再就业服务中心，建立国家、企业和社会三方共担财政资金的解决方案，同时坚持企业承担职工生活保障和再就业的责任。1998年，多部门联合出台《关于加强国有企业下岗职工管理和再就业服务中心建设有关问题的通知》，对再就业服务中心与下岗职工双方权责关系进行了界定。统计数据显示，截至1998年年底共有610万国有企业下岗职工，99%进入了再就业服务中心。

此外，为保障下岗工人的基本生活，完善市场就业机制，人力资源和社会保障部提出要实现市场就业机制的“三步走”战略，通过“双轨”“转轨”“并轨”三个阶段，实现所有失业人员进入劳动力市场（宋士云等，2021）。第一阶段的“双轨”是回应国有企业实施劳动合同制后存在的两种用工制度，让原本为固定工的下岗职工进入再就业服务中心，而合同工制的失业人员进入劳动力市场；第二阶段是“转轨”阶段，新精减员工通过终止、解除劳动合同的方式进入劳动力市场，享受失业保险待遇；第三阶段为“并轨”阶段，即所有劳动期满和企业新裁员的下岗职工全部进入劳动力市场，再就业服务中心不再负责下岗职工的失业保障，而是由失业保险和城市居民最低生活保障负责，而且自 2001 年起不再新建再就业服务中心。上海的并轨工作完成得较好，按照年龄分段实施不同的就业政策：对于 55 岁以上的男性和 45 岁以上的女性，实行内退，由企业负责其生活费和社会保险费；40 岁以下的男性和 35 岁以下的女性采取经济补偿形式，使其进入劳动力市场；中间这部分群体则通过签订社会保险关系协定，即企业和职工协商解决社会保险和医疗费用，并自行进入劳动力市场。

2002 年党的十六大提出全面建设小康社会的奋斗目标，进一步提出劳动经济制度改革问题，强调要建立市场导向的就业机制。同年下发的《关于进一步做好下岗失业人员再就业工作的通知》提出，建立公共就业服务制度和再就业援助制度，促进下岗失业人员再就业，为就业困难人员提供援助，相较于过去的以保障基本生活为主的就业政策，这一就业政策被认为是我国积极就业政策的转向（莫荣等，2015）。就业困难人员通常是指城市内 40 周岁以上的女性、50 周岁以上的男性，失业长达半年以上的长期失业人员、零就业家庭的人员等，前两类群体常被称为“40”“50”人员。2005 年下发的《关于进一步加强就业再就业工作的通知》进一步将再就业政策对象的范围扩大至集体企业下岗失业人员。2005 年也成为我国积极就业政策的分水岭。

2005年之后，我国劳动力市场失业问题有所变化，大学生就业难、“民工荒”，以及原有的下岗工人失业问题，多重失业矛盾夹杂，使得失业问题更具复杂性。一方面，我国1999年实施的高等教育扩招政策结果对劳动力市场的学历结构产生历史性改变，2005年大学毕业生人数突破300万人，2008年跃升至500万人。据2009年7月1日的统计数据，全国高校毕业生就业率为68%，大学生就业难问题成为社会关注的热点（宋士云等，2021）。另一方面，“民工潮”现象也转变为“民工荒”。东部沿海地区一些城市在2004年相继出现农村适龄外出务工人员供不应求的“民工荒”现象，有学者认为这是因为农民工工资待遇长期低位徘徊，无法满足物价总体上升的消费需求，加之农民工维权意识加强，不愿再接受缺乏稳定合法的劳动关系和社会保障的结果。受2008年国际金融危机影响，沿海城市企业普遍裁员，加上新一轮的经济增长和生产结构转型，对劳动力技能和诉求要求增加，“民工荒”与“民工慌”现象并存（莫荣等，2015）。因此，虽然2005—2008年这一阶段的就业重点仍是解决体制转轨的再就业问题，但同样要回应城镇新增劳动力和农村富余劳动力转移就业问题。积极就业政策的第二阶段也主要围绕转轨就业、青年就业和农村劳动力转移就业三个相互交织的就业问题展开（宋士云等，2021）。2007年《中华人民共和国就业促进法》出台，明确并强化了政府促进就业的责任，要求建立健全公共就业服务体系和就业援助，提供就业政策法律咨询、职业供需信息、开发和购买公益性岗位，优先提供给就业困难群体，标志着我国的公共就业促进服务体系建设走上了长效化与法治化发展方向。

党的十八大提出，我国以就业更加充分作为就业促进目标，要求实现高质量的就业，并开始实施就业优先战略。“十二五”规划则聚焦我国现阶段的产业结构升级和扶持就业创业，要求既要发挥服务业的就业吸纳优势，又要大力发展高科技密集型产业，同时还鼓励中小企业发展吸纳就业，回应企业职工稳定就业、高校毕业生就业、失业人员再就业、农民工流动就业等多方就业需求。2015年，国务院出台了《关于进一步做好新经济形势下就业创业工作的意见》,覆盖城乡各类劳动者,且侧重青年就业,工作定位从先前的促进劳动者就业转向就业促进和鼓励创业相结合,就业目标转向高质量充分就业。相较此前,就业促进政策更具普惠性特征。"十三五"规划首次将就业优先作为国家发展战略,并在2017年首次发布了我国第一个青年发展规划《中长期青年发展规划(2016—2025)》,将青年就业创业列为十大重点发展的领域之一(桑伟林、蔡智,2018)。

二、上海青少年就业促进政策发展

上海公共就业促进服务体系探索路径基本与全国一致。一定程度上来说,上海公共就业促进服务的建立与完善走在全国前列。上海率先在全国建立了"再就业服务中心"。2002年,上海市原劳动保障局(2008年更名为人力资源和社会保障局)在社区内设立就业援助员岗位,为社区失业人员提供就业促进服务,主要以"40""50"人员为重点服务对象。2011年,上海市人力资源和社会保障局成立局直属事业单位的上海市就业促进中心,下设职业介绍处、创业指导处、职业培训处、来沪人员就业处等8个机构,其职责包括:执行公共就业服务管理的法律法规、规章和方针、政策;承担上海市公共就业服务机构人员培训与业务指导工作;指导开展劳动力资源调查,掌握劳动者就业与失业情况;组织全市职业介绍与指导工作,发布公益性职业介绍机构布点、劳动力供需信息,协助开展创业服务和就业援助工作;组织职业培训工作,开展培训和教育,完善公共实训体系等。

一方面,上海以青少年群体为对象开展了一系列的就业促进措施,以就业能力提升、资源链接为重点,开展就业促进服务。2004年,上海市劳动和社会保障局出台《上海市失业登记办法》,明确登记失业的人员可享受公共职业介绍处提供的免费职业介绍、职业指导、培训和就业促进项目,并要求街道和社区的就业援助员要登记失业人员的求职活动和意愿及其参加培训的情况(张迪,2010)。同时,为提升青少年就业能力,上海市还出台相应的补贴政策并提供能力提升费用。上海市劳动和社会保障局为失业群体提供职业技能培训的补贴政策，并在2003年以农村富余劳动力和非正规劳动组织从业人员为对象出台相关文件，为参加相关职业技能培训的群体提供补贴。以2020年职业技能培训补贴政策为例，失业人员参加职业培训后如获得相关的技能证书可获得100%的补贴，非正规就业或灵活就业者可获得60%或80%的补贴。

从2002年开始，上海市劳动和社会保障局还率先推出了“青少年职业见习计划”，以增加青少年的工作经验，促进他们顺利完成校社衔接。该计划与企业合作，挖掘符合上海产业发展方向的企业和工作岗位作为见习基地，并为参加见习的失业青少年提供生活补贴。2007年，上海市重新界定参加职业见习的青少年群体范围，将政策受益对象聚焦于大专、中专、职校等未就业青少年。考虑到高校毕业生就业形势严峻问题，2009年，上海市还颁布了《关于做好2009年上海高校毕业生就业工作的通知》，其中职业见习计划的目标重心从解决社区青少年就业转变为优先解决高学历青少年就业（陈欢，2015）。职业见习计划的具体运作，主要依赖政府劳动保障部门与企业间的联动，政府搭台委托社会中介机构选择优良企业作为职业见习基地，并从上海市失业保险基金中列支经费作为青少年参加职业见习计划的生活费、代缴费、综合保险费，全权负责见习基地的审核工作、见习过程的监督与服务工作（洪守义，2008）。

2022年，上海市重新修订《关于进一步做好本市援助工作的若干意见》，并将此作为上海市开展就业援助工作的政策依据，进一步将“就业困难人员”界定为“法定劳动年龄内有一定劳动能力且就业愿望迫切，但因自身就业条件差而难以实现市场化就业，连续处于实际失业状态6个月以上的本市户籍人员”，并将公益性岗位作为过渡性安置“就业困难人员”的托底保障。

在“政府主导推动、社会组织自主运作、动员社会多方参与”的方针下，其他社会力量也加入社区青少年就业促进服务之中。2004年，政府主导推动上海“阳光青少年”社工机构，为社区青少年提供就业促进服务，探索公共就业促进服务体系的专业化与社会化运作，旨在对“毕业即失业”的青少年失业问题作出回应，就业服务重点包括“40”“50”人员之外的“20”“30”青少年。上海各区以财政拨款与岗位购买方式购买青少年社工服务，各街镇按照各街镇社区青少年比例配备岗位社工，为社区青少年提供就业促进服务。2004年，上海共青团市委还与上海慈善基金会合作推出“阳光下展翅”项目，旨在提高失业青少年的学历水平，以回应上海青少年就业难问题，面向上海市16—25岁所有初中毕业的社区青少年提供免费的中专教育，开展“中专学历＋职业技能＋推荐就业”一站式服务。[①] 2009年，该项目新增大专学历教育项目，同样提供教育补贴。[②]

为进一步回应青少年由就业观念偏差引发的失业问题，上海还出台相关就业促进政策，将青少年就业纳入政府实事工程。2015年至2023年，上海市政府已连续8年将“帮助8 000名长期失业青少年实现就业”列为市政府实事项目，旨在引导长期失业青少年转变求职观念，指导他们参加职业见习和培训，提高自身就业技能，并对难以完成市场化就业的青少年提供就业援助。为配合项目落实，各级政府出台相关系列政策文件，包括《关于新形势下进一步促进本市青年就业创业的若干意见的通知》（沪府办发〔2017〕39号）、《关于进一步加强本市青年就业创业见习工作的通知》（沪人社规〔2021〕29号）、《关于做好2022年上海市高校毕业生就业创业工作的通知》（沪教委学〔2022〕12号）、《关于实施百万就业见习岗位募集计划的通知》（人社部发〔2022〕11号）等。

---

① 参见“阳光下展翅——上海社区青少年就业教育培训”，上海慈善网，https://www.scf.org.cn/csjjh/n2768/n2773/n2777/u1ai119574.html，2022-09-14。

② 参见“140名首届‘阳光下展翅’大专班学生通过第一期全部课程”，上海慈善网，https://news.sina.com.cn/o/2010-04-24/092017419678s.shtml，2022-09-14。

第二章　上海青少年就业社会工作发展

青少年社会工作领域的萌发、探索与我国社会组织发展同频共振，既受我国社会组织政策与政社关系的影响，又与我国社会经济发展息息相关，内生于社会管理体制改革和政府职能转型所赋予的发展契机与发展空间。

第一节　青少年就业社会工作发轫（2003—2010）

一、社会管理创新与青少年社会工作发展

（一）社会管理创新

我国社会工作的发展与社会管理体制息息相关。改革开放后，我国社会管理体制发生了重大转变，大量社会团体获得了发展空间（韩俊魁，2015）。为加强社会组织的登记与管理，我国于1988年成立社团管理司，并

于次年出台《社会团体登记管理条例》，这标志着社会组织正式进入双重负责、分级管理的管理时期。改革开放的进一步深入，以及1995年“世界妇女非政府组织论坛”在中国召开，极大地促进了我国民办非企业单位这一社会组织类型的发展。1998年，社团管理局更名为民间组织管理局，同年修订《社会团体登记管理条例》。

经济体制转轨和社会结构转型引发的社会问题和社会失序现象得到社会各界关注，专业性社会工作重建被提上日程（王思斌，2011）。1990年代中期，上海各区先后进行社会工作职业化探索，其中浦东新区成立了全国首家正式注册登记的地区性社会工作专业团体——浦东新区社会工作者协会。单位制松绑逐渐弱化了国家的社会整合功能，逆转了“单位制为主、街居制为辅”的城市管理体系。为配合城市发展和经济体制改革，重建社会整合机制，上海不断探索社会管理体系改革。一方面，将行政资源和社会福利事业不断下沉至社区；另一方面，重构社会管理新模式，上海于1996年召开的城区工作会议正式确认了“二级政府、三级管理、四级网络”的社区管理模式，标志着上海社区建设进入深化阶段。

社会管理体制改革为社会工作参与社会管理、承接社会服务提供了发展空间。2002年，党的十六大报告提出要转变政府职能，完善宏观调控制度体系，要求政府重新进入已经退出的公共服务领域，这一转变标志着我国正式步入现代社会管理体制制度化构建阶段。2006年，中共十六届六中全会通过了《中共中央关于构建社会主义和谐社会若干重大问题的决定》（以下简称《决定》），明确提出要支持社会组织参与社会管理与公共服务，增强社会组织的服务功能，推动社会组织管理体制改革。与此同时，《决定》重申政府公共服务责任并非倡导全能型政府回归，而是强调政府的公共服务责任，进一步澄清政府与社会的责任，坚持将培育社会自治力量的重任、建设宏大的社会工作人才队伍、提高专业化社会服务水平作为社会管理与和谐社会建设的重要内容。

在这一背景下，上海在全国率先开始社区矫正试点工作，标志着社会组织参与社会管理的制度化开端。2003年1月，上海市《政府工作报告》提出，要"探索建立职业化社会工作者制度"。同年3月，上海市人事局、上海市民政局联合发布了《上海市社会工作者职业资格认证暂行办法》，旨在进一步推动社会工作队伍的专业化和规范化，使社会工作者与社会工作机构得以具备承接政府职能转移的能力。7月颁布的《上海市社会工作师(助理)注册管理试行办法》，旨在探索社会工作专业发展路径与服务模式。与此同时，为加大社会组织培育力度，上海率先进行改革，尝试取消业务主管单位，浦东新区还为此成立社会组织孵化基地，积极促进社会组织的培育和发展。可以发现，社会管理体制改革、社会工作实践与探索为青少年就业社会工作的发轫提供了良好的制度环境。

(二) 青少年就业社会工作的萌芽

青少年就业社会工作的萌芽与青少年失业和犯罪问题息息相关。上海市劳动和社会保障局于2001年发布的《上海青年失业问题的状况与对策分析》显示，上海市16—25周岁登记失业的青少年总数从1998年的6.91万人跃增至2001年的10.2万人，青年失业率从7%攀升至36%，成为社会失业人群的主力军，远高于"40""50"登记失业群体(石伟平，2006)。此外，还有相当一部分的失业青少年并未进行失业登记。青少年失学、失业、失管的"三失"现象引发政府和社会的关注。在青少年犯罪问题上，2000年11月，中央社会治安综合治理委员会发布《关于进一步加强预防青少年违法犯罪工作的意见》，该意见针对青少年逐渐成为违法犯罪的主体问题，提出应当加强青少年违法犯罪预防。据调查统计，2000年青少年犯罪占刑事犯罪的比例高达34.5%。[①] 为此，2001年，中央社会治安综合治理委员会预防青少年违法犯罪工作领导小组成立，旨在通过跨部门合作建立预防青少年违法犯罪的领导与协调机制。2004年9月，中央社会治安综合治理委员会印发《中央社会治安综合治理委员会关于深化预防青少年违法犯罪工作的

① 参见中国青少年研究中心《新世纪中国青年发展报告(2000—2010)(32)：青少年犯罪状况及预防之青少年犯罪的情况和特点》，http://www.cycrc.org.cn/，2023-01-08。

意见》，并于同年11月正式启动“为了明天——预防青少年违法犯罪工程”。

2000年，上海市政府对闲散青少年违法犯罪问题进行系统调查，并将闲散青少年纳入政府重点关注的五类青少年群体之中，推动了学界对构建预防闲散青少年违法犯罪体系的研究(姚建龙，2012)。2002年1月，时任上海市委副书记刘云耕明确提出社区青少年工作的课题。为从源头预防和减少青少年犯罪，上海市提出运用社会管理的思路加强社区高危人群的管理工作。2002年4月，上海市召开“社区青少年教育管理工作专题会议”，建立“上海市社区青少年工作联席会议制度”，由全市18个委办局作为成员单位，团市委负责日常工作推进与协调，并于同年9月在全市推广试点经验，形成市-区(县)-街道(镇)-居(村)委会四级工作网络。同时，为加强社区青少年教育管理工作，上海市分别于2002年3月在浦东新区、长宁区、杨浦区以及2003年8月在浦东新区、卢湾区、闸北区、徐汇区开展第一轮和第二轮的试点工作，组建社区青少年工作队伍。2002年年底，上海市启动“上海市预防犯罪工作体系”，提出运用社会工作的专业理念和方法开展对社区吸毒人员、社区服刑人员、社区“三失青少年”的社会管理和帮助服务工作(费梅苹，2005)。除此之外，上海市委、市政府进一步将“失业、失学、失管”的16—25周岁的“三失青少年”界定为“社区青少年”，由此取代“闲散青少年”和“三失青少年”这两个带有污名化标签的称谓。随着社区青少年工作范围的进一步拓展，上海市政府将社区青少年教育管理工作的服务对象从本市户籍延伸至上海市行政区域内16—25周岁的青少年，并以此作为上海预防和减少犯罪体系建设的重要组成部分(肖建国、林志强，2006)。2003年8月，上海市委、市政府发文，在团市委下设副局级工作机构——上海市社区青少年事务办公室，办公室在市委政法委和综治委的指导下开展工作，标志着社区青少年工作的发展步入有序轨道。

为进一步加强社区青少年教育管理工作，探索社区青少年工作的新方式与新途径，2004年2月，在上海市社区青少年事务办公室的指导下，上海首家青少年社会工作机构——上海市阳光社区青少年事务中心(以下简称“阳光中心”)正式成立，并按照“委托-购买”服务的运作机制承接政府购买服务(李迎生、方舒，2010)，依托就业的社会联结手段，预防青少年违法犯罪，维护社会稳定。

新组建的青少年事务社工队伍主要由两部分组成。一是司法部门转岗人员，比如由退休干警担任青少年事务社工负责诉前考察青少年，协助检察院、公安部门监督服务对象在诉前考察期的表现，掌握他们的思想状态，进行法律知识教育(费梅苹，2014)。二是面向社会招聘的人员。据统计，截至2005年10月31日，青少年事务社工队伍面向社会招聘比例占82.39%，但公开招聘中高达82%的青少年事务社工为非社会工作专业背景，缺乏系统性的专业理论知识与学习，专业素养并不理想(石伟平，2006)。从人才队伍建设与社工专业性角度看，提高青少年事务社工队伍的专业知识与能力，是机构发展的根本动力。在这一时期，青少年事务社工的专业知识与能力多为岗前培训和实际工作中摸索而得，专业能力有限。为此，阳光中心依托上海高校社会工作专业师资进行社工专业赋能，并选派青少年事务社工前往香港青少年服务机构参访和学习。

从组织良性运作角度而言，制度建设是保障阳光社区青少年事务中心稳定发展与自主运作的重要前提。2006年至2008年连续三年的时间内，阳光中心不断完善与规范中心的管理制度，诸如将《考勤办法》《青少年事务社工考核办法》《社工站评估办法》《社工站站长/干事考核办法》列为年度工作的重要内容。根据“双重管理”的社会组织管理体系，阳光中心的组织架构延续两条主线：一是由团市委—团区(县)委—团工委提供业务指导；二是由市委政法委、市社会治安综合治理委员会及其下属预防办—区(县)政法委和区(县)预防办—街道(镇)综治办为阳光社区青少年事务中心提供直接支持，包括政策、经费和关系协调等。阳光中心嵌入三级行政管理系统，形成“市阳光中心—区社会工作站—街道社会工作点——线青少年社工”的四级工作网络体系(李太斌，2006)。具体而言，上海市社区青少年事务办公室负责市阳光中心的考核评估，并作为业务主管单位承担社团的监督管理职责，负责全市社区青少年工作的推进、社区青少年维权和保护等相关事宜。各区（县）社工站由各区（县）团委负责对接，作为社工站的主要责任部门，同时各区（县）委政法委和综治办对其进行指导。街道社工点在街道（镇）的党委领导与综治办指导下开展工作。作为政府主导型社工机构，阳光青少年事务中心组织架构设置基本复制“两级政府、三级管理、四级网络”与“条块结合、以块为主”的城市管理体制，形成颇具中国特色的政社关系（何雪松、刘莉，2021）。

二、社区青少年就业资源的整合服务

推动社区青少年就业是阳光中心青少年事务社工的核心工作。上海制定了《上海市社区青少年分类管理办法》，将社区青少年分为红、蓝、绿三类。红色服务对象是指经公安、检察院、法院批准，分别作暂缓治安处罚、不起诉、暂缓判决处理的社区青少年；有严重不良行为但尚未构成刑事处罚的违法行为的青少年；具有比较明显的心理障碍的社区青少年。有不良行为且连续失业或待业超过一年，或有比较严重心理问题的社区青少年，被列为蓝色服务对象。针对这一群体，建议青少年事务社工开展个案服务，原则上要求社工每 2 周至少有 1 次接触服务（与服务对象面谈、电话联系、网络聊天；外围访谈等），每个月至少有 1 次与服务对象面谈服务。绿色服务对象是除上述两类群体以外的社区青少年，可根据服务对象需求开展个案服务，要求社工每个季度至少有 1 次接触服务（与服务对象面谈、电话联系、网络聊天；外围访谈等）。

2002 年，上海市首次进行社区青少年状况基线调查。调查结果显示，社区青少年受教育程度普遍偏低，中专及以下学历者构成失业主体。整体而言，社区青少年就业意愿强烈，但由于文化水平低下、技能水平与工作经验不足，加之接受教育培训机会较少，常引发其失业或待业问题。此外，社区青少年的社会支持系统主要来自家庭及其他非正式支持系统，但家庭提供的就业支持非常少，而且对正式支持系统的信息了解不足，缺乏使用这类资源的意识与能力，因而正式支持网络功能发挥极为有限（沈黎、胡如意，2006；黄超，2014）。以长宁区为例，该区自 2005 年至 2007 年间开展服务的有关记录显示，30％的社区青少年存在家庭问题，缺乏父母提供的心理和社会适应指导与帮助，社会化进程受阻，急需亲职教育辅导（蔡忠，2009）。

此阶段青少年事务社工针对社区青少年提供的就业服务内容主要集中于就业资源的整合或就业支持的建构及个案工作、小组工作等直接服务方法的应用。这一阶段，上海市先后出台了职业技能培训政策法规、职业见习政策法规、校企合作政策、就业援助政策等近 40 个政策文件，旨在提升青少年职业技能，促进其就业。譬如，阳光中心联动传统公共就业促进服务体系的劳动和社会保障局、就业促进中心与职介所、青年联合会、共青团系统等多个系统与部门为社区青少年提供就业服务，其中，青少年事务社工作为福利传递体系的政策资源链接者角色所发挥的功能得到凸显。

在服务维度上，社区青少年就业服务延伸至家庭、学校以及社区，不同主体向其提供就业扶持、就业辅导、就业资源整合、亲职教育，以及联校服务等服务（蔡忠，2009）。例如，阳光社区青少年事务中心依托共青团上海市委与上海市慈善基金会合作的“阳光下展翅”项目，为 25 周岁以下家境贫困的社区青少年免费提供“中专学历＋职业技能＋推荐就业”一站式就业扶持服务；静安区“彩虹计划：促进青少年就业”项目组建了四支工作队伍分别为社区青少年提供就业需求评估、就业政策支持、就业服务、社会支持等四方面服务；杨浦区社工站借助区共青团平台整合“区劳动和社会保障局就业科与团区委社青办、街道（镇）劳动科与街道（镇）团（工）委、区四大职介所与青少年事务社工点、就业委员会与青少年社工”四层级就业资源，搭建了包括失业期就业促进系统、求职期社区支持系统、就业后职场适应系统在内的三段联动式的“橙色阳光”就业服务网络。部分经验丰富的青少年事务社工凭借丰富的社会网络与资源整合能力，初步形成了适用于本土复杂工作情境的经验技术（彭善民，2010）。青少年事务社工的工作手法也逐步从教育、感化、挽救转向运用个案工作、小组工作、社区工作三大手法开展工作。但由于工作重点与机构生成具有自上而下的推动色彩，青少年事务社工专业性探索动力不足，工作重点仍以政府目标为导向，出现了社会工作价值伦理理解落后于实践、理论空套实践的局面(费梅苹，2007)。

第二节　青少年就业服务的项目化发展(2011—2018)

社会结构转型与社会管理体制改革旨在回应民生问题，促进社会和谐稳定发展。21世纪初，我国社会工作职业化和专业化发展逐步完善，青少年社会工作依托政治合法性、服务项目化购买机制，获取实践权和社会合法性，由此，政社合作也走向深度融合，迈向项目化服务发展时期。

一、政府购买与社会服务的项目化

自2009年上海市率先在全国范围内实施大规模竞争性购买社区公益服务后，政府项目制购买服务建制化进程也日益加快。在国家层面，2012年财政部出台了《2012年政府采购工作要点》，要求“创造条件推进政府购买服务，逐步扩大公共服务、商务服务及专业服务的政府采购实施范围”。同年，中央财政首次安排2亿元购买社会组织公共服务，并出台《中央财政支持社会组织参与社会服务项目资金使用管理办法》；民政部、财政部出台了《关于政府购买社会工作服务的指导意见》，旨在建立健全政府购买社会工作服务制度。2013年，中共十八届三中全会提出要促进政府职能转型，加大政府购买公共服务力度，建设服务型政府，将“适合由社会组织提供的公共服务和解决的事项，交由社会组织承担”，首次在国家战略层面提出政府购买公共服务的改革任务，表明政府购买公共服务正式迈向制度化(李军鹏，2013)。

在上海市层面，有关购买服务的制度安排最早出现在2011年，上海市委办公厅、市政府办公厅印发了《关于进一步加强本市社会组织建设的指导意见》，要求建立政府购买服务制度，促进政府职能转变，并将政府部门购买服务的资金列入部门年度预算，逐步扩大购买服务的比例。2012年，上海市财政局印发了《上海市市级政府购买公共服务项目预算管理暂行办法》和《上海市市级政府购买公共服务项目目录(2013年度)》，标志着上海市政府购买公共服务制度体系基本建立(李军鹏，2013)。2015年，上海市政府在《上海市人民政府关于进一步建立健全本市政府购买服务制度的实施意见》中，明确提出在2015年至2017年间要在全市范围内逐步推广政府购买服务，基本形成政府购买服务的公共管理平台和运行机制，使政府购买服务成为政府提供公共服务的重要方式之一。该意见同时指出，在涉及民生保障、社会治理、行业管理等公共服务时，同等条件下优先向社会组织购买，使社会组织成为政府购买服务的重要承接主体，到2020年建立比较完善的政府购买服务制度。至此，项目制承接政府购买服务成为社会工作参与社会治理的主流模式，成为青少年社会工作服务方式转型的基础(何雪松、刘莉，2021)。

二、青少年就业危机与就业公共服务发展

2010年后，社区青少年失业问题的人口结构特征发生显著变化，失业对象群体范围由“下岗”群体、“三校生”为主的社区青少年扩大至高校毕业生、农民工。尤其是在2008—2009年经济危机时，高校大学生就业难和民工荒问题逐渐成为社会各界关注的焦点。根据2013年上海团市委、市社区办对14—25周岁社区青少年整体情况调研的结果，发现上海社区青少年的人口结构特征与失业情况也与全国青少年失业情况相似。本次调查主要由三部分构成：一是针对14—25周岁沪籍社区青少年以及14—15周岁非沪籍社区青少年开展“一人一卡”的全口径调查；二是针对16—25周岁非沪籍社区青少年，抽取不同特征区域和性质特点的10个重点街镇进行了街镇内全口径调查；三是针对所有参与调查对象以30∶1的标准进行了长问卷调查。调查基础数据源于市公安部门提供的2013年5月实有人口数据。2013年3

月至7月，在综治、公安、司法、团委等多个部门以及各区县相关街镇的共同努力下，全市青少年事务社工、基层社区工作者、综治协管员等总计3 000多人，开展了历时3个多月的一线摸排和调研。调研结果发现：(1) 虽然2013年上海共有3.1万沪籍社区青少年，比2002年的6.3万人少了近一半，但若加上非沪籍的8.6万社区青少年，则社区青少年总数高达11.7万人，从侧面凸显了农民工就业难与青少年失业问题日益严重的趋势；(2) 社区青少年学历结构发生变化，在沪籍社区青少年中，本科、大专与高职学历的社区青少年占比为40.6%，基本与“三校生”学历的社区青少年占比(36.6%)持平，虽然高校毕业生尚未成为失业主体，但已然出现这一趋势；(3) 来沪青年临时就业比例高，34.9%的来沪青年从事临时工作，部分青年尚未达到法定劳动年龄，非法用工现象突出。此次调研结果指出，社区青少年就业需求已悄然发生转变。

孙立平(2009)认为，2008年的次贷危机间接引发了中国本已在酝酿中的生产过剩危机，经济危机冲击了中国的实体产业，由于中国的产业结构仍以劳动密集型产业为主，社会传递的直接性后果——失业问题——在中国引发了更为严重的社会后果。农民工是劳动密集型产业的就业主体，加之对他们的社会保障体系不健全，首当其冲成了经济危机的波及对象。因劳动力市场的城乡二元结构与劳动力市场制度不完善，以及“牺牲社会保障”换取就业机会的做法，导致他们难以进入正规就业部门，使得工作时间长与劳动强度大的恶性工作条件成为他们面对的常态(杨舸、孙磊，2010)。另外，我国自1999年实施高等教育扩招和产业结构调整与升级以来，高校毕业生供给量与供给结构和经济发展需求规模结构的错位和失衡现象越发严重(潘石、赵岳阳，2010)。高校毕业生人数激增，2001年全国高校毕业生人数为118万人，而截至2010年，全国高校毕业生人数已攀升至630万人，但是2009年高校毕业生的初次就业率不足70%(何仕，2014)。伴随高校毕业生成为青少年失业的又一重要人群，“啃老族”几乎成为“毕业即失业”青少年的代名词，并引发社会热议。第六次人口普查数据显示，青少年失业具有长期失业特征，16—24岁青少年平均失业时间为9.2个月，劳动参与率下降至73.35%，这一变化不乏受到教育年限延长的影响(王璐璐，2013)。不过，虽然青少年整体学历水平提升，但教育年限延长也导致教育成本增长，致使青少年改变教育回报的预期，引发新的失业问题。

2010年前，国家把扩大就业放在经济社会发展的突出地位，相关的就业政策文件陆续将其他失业群体纳入政策保障范围，并不断强调政府承担就业促进责任，加强公共就业服务体系建设是国家的重要议题。比如，2008年《关于做好就业促进工作的通知》除了将就业援助法律规定的各项措施具体化和明确化外，还进一步提出要统筹城乡各类群体的就业工作；2009年《关于做好当前经济形势下就业工作的通知》将高校毕业生就业、失业人员再就业、农民工流动就业工作作为重点工作。2007年的《中华人民共和国就业促进法》与《就业服务和就业管理规定》、2009年的《关于进一步加强公共就业服务体系建设的指导意见》逐步明确政府就业促进的具体职责，要求县级以上人民政府建立健全公共就业服务体系，将各级公共就业服务机构职责明晰化。考虑到经济下行与失业群体年轻化和群体泛化，2012年公共就业服务体系从公共就业服务规范、体系建设、服务水平、经费保障和监督管理等五个方面入手，从制度层面提出公共就业服务建设要点。一是省、市、县三级公共就业服务机构负责落实公共就业服务政策，建设公共就业服务信息平台，县级以下基层公共就业服务平台负责开展以就业援助为重点的公共就业服务；二是扩大公共就业服务范围，包括职业供求信息发布、职业培训和职业技能鉴定、组织见习、就业援助、专门就业服务，以及就业政策法规咨询等；三是明确公共就业服务制度、服务专业化和标准化水平、公共服务信息化水平、服务绩效考核机制四个目标；四是着眼公共就业服务经费保障机制与监督管理。可以发现，在公共就业服务体系制度不断完善的背景下，要求公共就业服务专业化运作的同时也创造了专业性社会组织参与公共就业服务的空间。

2012年伊始，国家从制度层面提倡政府项目制购买社会服务，《2012年政府采购工作要点》《中央财政支持社会组织参与社会服务项目资金管理实施细则》《关于政府购买社会工作服务的指导意见》等多个政策文件，更是推动了社会服务项目制的流行和政府购买社会服务的制度化。而无论是在国家层面还是地区层面，社会工作的发展一直离不开政府的政治承认和扶持(王思斌，2013)。上海社会组织的发展更是具有政府主导推动的特征，甚至可以说，上海市政府的整体规划与政策性倾斜资源促进社会组织的发展，使得上海社会组织的发展具备优良的社会环境。上海市政府对社会组织的培育和扶持理念领先于全国。举例来说，2009 年上海出台《关于鼓励本市公益性社会组织参与社区民生服务的指导意见》，给出 13 项扶持政策鼓励公益性社会组织参与竞争政府购买服务。宏观政策与制度环境共同推动青少年就业社会工作服务方法逐渐从传统的个案、小组、社区三大方法向项目服务拓展，项目化运作亦成为社会工作者提供专业服务的主要形式。

三、青少年就业服务的项目化

2010 年以来，良好的制度环境促使青少年就业社会工作形成专业化的服务体系与服务模式，以回应日益发生变化的社区青少年失业问题。

一是就服务范围与服务对象而言，来沪青少年的服务需求十分突出。目前政府购买的社区青少年就业服务仍主要针对沪籍社区青少年，尚未能及时跟进社区青少年群体的结构性变化，非沪籍社区青少年成为服务盲区。一方面，非沪籍社区青少年中罪错青少年出现低龄化倾向。57.9％的罪错青少年在罪错行为发生之前是社区青少年。青浦区法院调研数据显示，2009 年至 2011 年间，涉罪来沪农民工未成年子女占涉罪未成年人的 60.6％。另一方面，社区青少年学历水平仍较低，来沪社区青少年中初中以下学历者占比为 75.3％，大专高职以上学历的仅有 5.6％，由于他们缺乏就业竞争力，往往进入低端就业市场。社区青少年中来沪青少年占比高、人数众多，而且本次调查还发现 58.7％的来沪青少年表示“肯定留在上海发展”，而且非沪籍社区青少年的就业服务需求强烈，有 79.5％的非沪籍社区青少年强烈表示需要推荐工作。因此，如何平衡城市公共就业服务资源分配，为来沪青少年提供就业服务应引起政府关注。

在城市就业公共服务体系不能全然满足来沪青少年需求的情况下，社区青少年事务中心将服务对象范围拓展至来沪青少年，由社区青少年事务社工服务本辖区内的来沪青少年，并开展来沪人员聚集区项目。此外，考虑到来沪社区青少年的就业能力与职业竞争力有待提高，在原有“阳光下展翅”项目基础上，上海市慈善基金会、共青团上海市委员会、阳光社区青少年事务中心、汇丰银行慈善基金会等联合推出“共享阳光”来沪务工青少年就业援助计划，旨在提高他们的学历和技能水平。2011 年，《上海市人民政府贯彻国务院〈关于加强职业培训促进就业意见〉的实施意见》（沪府发〔2011〕54 号）进一步将外地来沪就业农民工作为九类劳动群体之一，开展农民工职业技能提升专项行动计划。2016 年出台的《上海市社会化职业技能培训补贴管理办法》，鼓励对来沪农民工实施职业技能培训和提供培训补贴，进一步强调提升来沪青年的职业技能水平。

二是社区青少年需要多元化的服务项目。就既有的项目服务内容而言，仅提供中专学历提升的“阳光下展翅”服务项目已经无法满足社区青少年学历提升的就业需求。相关部门需要准确掌握社区青少年就业能力提升途径与失业根源。大学生就业情况不容乐观（王璐璐，2013；何仕，2014），既受到经济下行和高等教育扩招的影响，也受到社会价值观念转变的影响（刘能，2018）。曾燕波（2014）对上海中心城区的 20 名社区青少年和 10 名家长进行访谈，并辅助发放 180 份调查问卷研究社区青少年的失业成因与群体特征。研究发现，相较 2002 年全市社区青少年调研数据，社区青少年就业意愿发生改变，部分青少年存在就业意愿不强的心理，尤其是观念性失业问题需引起重视。在被调查的 180 名社区青少年中，有 67.2%的社区青少年在最近一周内没有找过工作，近 50%的社区青少年失业时间在 6 个月以上，长期失业特征凸显。待业失业的主要原因是对待遇薪资不满意，或是因个人技能不足而被迫失业。其他研究也发现，青少年的就业能力、就业可持续性、就业质量会影响他们的求职动力，进而影响个体的求职效果（林珅，2018）。一些学者认为，我国福利市场化与中国经济腾飞带来了社会就业观念转变，青少年要求在工作中实现自我价值。在这一时期，受到短期经济波动影响，“啃老”为青少年延缓校社衔接提供资源，连同高风险高回报的社会价值理念共同影响了青少年的就业观念（刘能，2018）。

失业青少年常面临经济和心理双重压力，帮助青少年走出失业困境需要从青少年主观心理感受方面提供“增权”服务。为此，2012 年 3 月，上海市人力资源和社会保障部门与共青团组织共同打造了长期失业青年就业“启航”计划，将社区青少年作为重点服务对象。同时，依托“启航”计划推出“五个一”专项措施，包括建立专门的信息库、建立“启航导师”队伍、探索适合青年人的“启航”职业指导模式、制定有针对性的“就业启航计划书”、开展系列“启航计划”专项活动。[①] “启航”计划的重要工作目标是要引导社区青少年转变求职观念，帮助他们积极求职，同时指导社区青少年参加培训见习，为难以实现市场化就业的社区青少年提供就业援助和就业安置服务。[②] 普陀区的“启航”计划将 35 周岁以下有劳动能力、有就业意愿、失业一年以上的社区青年列为服务对象[③]；借助职业指导分级诊疗模式，采取“1＋1＋1”社区指导，即由 1 名职业指导师、1 名专业的职业心理咨询师和 1 名社区职场医生组成指导小团队，分别服务每个街道，提供一对一职业指导和心理疏导服务。[④] 据报道，自上海启动“启航”计划扶持青年失业，登记失业的青年数量从 2012 年 3 月的 8 万降至 6 月的 6.4 万，其中登记失业一年以上的长期失业青年比 3 月

① 参见中央政府门户网站“上海启动青年就业启航计划”，http://www.gov.cn/govweb/fwxx/wy/2012-03/30/content_2103502.htm，2023－01－21。

② 参见央视网“上海启动‘起航’计划扶持失业青年就业”，http://news.cntv.cn/20120331/123000.shtm，2023－01－21。

③ 参见上海市普陀区人民政府网《关于 2012 年扶持失业青年就业“启航”计划的实施办法》，https://www.shpt.gov.cn/rensheju/zcjd-zcwjzhzwzfwj2021/20210810/604806.html，2023－01－23。

④ 参见上海市普陀区人民政府网“扶持失业青年就业‘启航’计划”，https://www.shpt.gov.cn/shpt/cjjy-rlzy/20190325/399126.html，2023－01－21。

底减少了 1 500 多人。[①] 在失业时间长达 12 个月的 2 万名长期失业青年群体中，有 5 200 多人参加了提升技能培训项目，3319 人已实现了就业。[②]

四、青少年就业启航计划

这一阶段上海社区青少年就业社会工作的相关政策和举措亦有较大创新，社会工作方法依托项目制的运作模式得到了系统和全面运用。专业服务的发展助推旨在促进青年就业的“启航”计划。2011 年，中央综治委预防青少年违法犯罪工作领导小组和中央社会治安综合治理委员会办公室联合发布《关于开展重点青少年群体教育帮助和预防犯罪工作试点的通知》（以下简称《通知》）。《通知》指出，要加强为闲散青少年提供公益性职业技能培训、职业介绍、信息咨询等服务，提高其就业技能，拓展其就业渠道；构建以社区为依托的信息管理网络，在有条件的地方探索加强对闲散青少年的联系管理机制，纳入基层综治工作平台体系，动员各种力量，分年龄段、分群体开展有针对性的法治宣传教育。在此政策背景下，上海共青团开展青年就业“启航”计划是上海对闲散青少年提供务实服务的重要措施。自 2012 年上海市人社局、团市委共同启动上海青年就业“启航”计划以来，各部门通过抓基础信息、导师队伍、政策扶持、服务资源、主题活动和媒体宣传等多种手段帮助青年就业。2015 年开始，该项目被纳入市政府实事项目。

2016 年，在群团改革的背景下，共青团愈加重视青少年就业工作，“青少年就业‘启航’计划”被列入团市委十大重点项目，并且由上海市青少年服务和权益保护办公室具体负责。“启航”计划运行的主要步骤如下：

其一，全力会同人社部门做好帮助“8 000 名长期失业青少年实现就业”

① 参见中央政府门户网站“上海实施‘起航计划’使失业青年数量下降到 6.4 万”，http://www.gov.cn/gzdt/2012-07/18/content_2185910.htm，2023－01－21。

② 参见中华人民共和国人力资源和社会保障部官网“上海 1.2 万名失业青年参与‘启航’计划”，http://www.mohrss.gov.cn/SYrlzyhshbzb/dongtaixinwen/dfdt/201207/t20120730_95377.html，2023－01－21。

工作。组织力量配合市就业促进中心和就业援助员做好底数摸排工作；会同人社部门共同推动就业导师团队建设，不断充实导师团队力量，切实发挥导师作用；积极推动就业政策措施落地，推广就业训练工厂等试点项目，引导失业青少年参加职业培训和职业见习，鼓励青少年就业创业。配合人社组织开展“启航嘉年华”“乐业上海”等品牌推广活动，开展有针对性的指导和帮扶；同时，做好多角度、全方位的宣传工作，加强个案宣传和典型引领。至2018年已经实现8400多人就业，超额完成目标。

其二，运用社会工作理念开展重点群体青少年就业创业工作。2016年，各区积极开展就业启航工作项目，其中闵行区、黄浦区、杨浦区、徐汇区青少年事务社工运用社会工作方法开展的就业帮扶工作具有一定代表性和推广意义。闵行区的阳光青少年“启航”计划主要在颛桥地区开展，社工协助闵行区颛桥镇事务受理中心完成18—35岁青年就业指标，探索就业推荐、创业指导新模式，项目要求在服务完成后对服务对象进行就业评估，接受服务的社区青少年整体就业率达到50%。黄浦区开展的阳光励业计划，分成两个子项目——张老师就业指导工作室与彩绘生涯工作坊，共有396人次的社区青少年参加项目开展的各类活动。徐汇区开展的“爱在阳光下”励业项目，为徐汇区30名低收入家庭的青少年提供技能培训、企业实习与工作机会，并通过构建“同伴社区”，在社工的全程跟进中，给予参与项目的社区青少年全面支持，有效解决了他们在学习、工作中出现的技术、沟通、社交以及职场上的各种情绪问题。杨浦区开展困难家庭青少年就业促进和成长服务项目，运用社会工作混合性研究方法，动态有效地收集失业青少年的基本信息、求职意愿和服务需求等。同时，该项目针对重点服务对象开展个案服务，并为长期失业青少年建立《个人职业生涯发展评估档案》。

其三，扩大中职生职业生涯导航工作试点范围。徐汇区于2015年开展“筑梦生涯”上海中职生职业生涯规划辅导项目，项目辐射上海材料工程学校、奉贤中等专业学校、上海信息技术学校等多所学校，分别委托三家社会组织进行中职生生涯规划辅导服务，并委托上海拾星者社会工作服务中心、上海橄榄枝社工师事务所进行项目评估与督导。该项目主要探索推动就业指导师、知名企业力量进入中职院校，针对不同年级、阶段的中职生开展不同的工作，形成较为系统的培训教案和工作模式，打造社会组织、就业指导师、学校、企业四位一体的职业教育体系。同时做好相关宣传和总结工作，进而引发学校、教育等各部门的关注，引导各方面力量共同推动项目开展。

其四，探索社会力量开展互联网实战型就业培训。阳光社区青少年事务中心会同人社部门，通过蚂蚁创客基地等社会化培训机构，选择杨浦区、徐汇区和浦东新区三个区对重点失业青少年开展三期（每期三个月）有针对性的培训，并做好培训后推荐就业工作，提高失业青少年就业质量。该项目在每个区选择20名左右的失业青少年，由团区委、社工负责人员选拔、组织，蚂蚁创客负责开展就业培训、推荐工作岗位。经由项目推荐的社区青少年推荐入职面试率不低于80%，上岗率不低于50%。

第三节　青少年就业的个案管理转向（2019年至今）

就业是基本的民生问题，也是经济发展最基本的支撑。中国共产党第十九次全国代表大会提出，要“坚持就业优先战略和积极就业政策”，提供全方位公共就业服务。中国共产党第二十次全国代表大会在“增进民生福祉”的篇章里重申“实施就业优先战略”，健全就业促进机制和就业公共服务体系，完善重点群体就业支持体系，加强灵活就业和新业态劳动者权益保障，指明新时期青少年就业社会工作的发展方向。

一、青少年就业需求及就业政策的发展

受新冠疫情影响，我国经济发展出现波动，为加快恢复和稳定就业，国

务院办公厅于2020年3月18日出台《关于应对新冠肺炎疫情影响强化稳就业举措的实施意见》，提出支持多渠道灵活就业，重点关注农民工转移就业和高校毕业生就业渠道问题。上海市政府相继印发《关于进一步做好稳就业促发展工作的实施意见》，指出可通过支持灵活就业和新就业形态、托底安置就业、稳定高校毕业生等群体就业等多种方式保障居民就业。这一阶段我国就业政策的重要导向是以鼓励并支持灵活就业作为保障和稳定居民就业的举措。

从政策导向来看，国务院和地方政府一方面运用积极的激励措施促进灵活就业和发展新就业形态，另一方面清退、取消对灵活就业的不合理限制。以上海市为例，上海市政府为平台创业的劳动者提供创业担保贷款和贴息扶持，开通行业准入办理绿色通道，取消行政事务性收费，提供低成本场地支持。同时，引导平台放宽入驻条件和降低管理服务费，协助平台与劳动者建立沟通协调机制。而针对国家明确要求取消灵活就业人员参加职工养老保险的省内城乡户籍限制，上海还推出灵活就业登记制度，规定灵活就业社会保险补贴政策可对服务期满但仍未实现稳定就业的劳动者提供延长一年的政策保障服务。

此外，推进全方位公共就业服务，健全公共就业服务体系，加强基层公共就业服务能力，提升基本公共就业服务水平也是本阶段的就业促进方向。《中长期青年发展规划(2016—2025年)》明确提出，要加强青年就业服务，包括健全城乡均等的改革就业创业服务体系，帮助长期失业青年就业，落实免费公共就业服务，对就业困难青年提供就业援助。2018年，人力资源和社会保障部、国家发展改革委和财政部联合印发的《关于推进全方位公共就业服务的指导意见》要求在“政府主导，多元参与”的原则下，建立贯穿全过程的多元化公共就业服务体系，并附列基本公共就业服务事项清单。2021年发布的《关于实施提升就业服务质量工程的通知》和《关于印发“十四五”就业促进规划的通知》，从国家战略层面提出我国公共就业服务建设和就业目标，标志着我国公共就业服务体系建设迈向新的发展时期。一系列政策文件从国家规划层面提出，到2025年要健全均等化公共就业服务，使就业质量稳步提升，结构性就业矛盾得到缓解，就业形势保持平稳，以创业带动就业，增强失业风险应对能力。上海市政府发布《关于进一步完善本市公共就业服务体系的意见》，明确罗列公共就业服务供给的七项内容，包括就业统计分析、职业指导和职业介绍服务、创业指导服务、职业技能培训服务、失业保险经办服务、就业援助服务、劳动关系指导等。

近十年来，我国青少年群体的人口特征和就业特征在新就业形势与互联网的影响下发生了极大的变化。受多重因素影响，近年来，城镇青少年失业率又攀升至前所未有的高度，因此，需要重新审视青少年的就业需求与失业内涵。上海市综治委预防青少年违法犯罪专项组、上海市青少年服务保护部等部门于2018年在上海市开展的重点青少年群体底数摸排大调研数据显示，青少年整体结构发生以下变化：

一是整体而言，我国青少年学历水平大幅提升，高学历就业难问题凸显。对比第六次和第七次人口普查数据，可以发现我国的本科招生人数从2010年的351.25万上升至2020年的524.34万，硕士招生数量已经高达99.05万人（张翼，2022）。大专学历及以上的失业青少年在16—34岁的各个年龄段，占比均保持在70%以上，意味着高学历失业现象已经出现（孙妍，2022）。地方失业调查数据也得出类似的结论。2018年大摸排的数据显示，社区青少年总数约有4万人，就学历结构来看，大专及以上学历青少年占社区青少年总体的50.24%，已经成为失业主体，具有高等教育学历者失业的特征。为应对上述变化，2022年，上海市人民政府连续发布了六个政策文件回应高校毕业生的就业难题，包括《关于做好2022年上海市高校毕业生就业创业工作的通知》《关于开展2022年届高校毕业生就业工作专项行动的通知》《上海市助推行业强主体稳增长的若干政策措施》《关于给予本市相关用人单位就业补贴应对疫情稳岗保就业的通知》《关于助力复工复产实施人才特殊支持举措的通知》《关于做好本市当前和今后一个时期稳就业工作的意见》。这些政策文件明确表明当前阶段劳动力市场规模急剧收缩，高校毕业生等青少年群体就业难度明显加大，因此需要将高校毕业生就业作为工作的重中之重，帮扶高校毕业生等青少年就业，并加大对失业人员就业帮扶和困难群体的就业援助力度，保障其基本生活。

二是青少年失业是多维就业能力钳制的结果，工作经验缺乏和就业技能不足等抑制了青少年的就业发展机会。2018年摸排大调研数据显示，有34.5%的社区青少年认为，他们失业的主要原因是工作经验和就业技能不足。相较其他年龄段的劳动者，青少年容易因缺乏就业经验遭受就业歧视，而且他们尚未进入劳动力市场积累社会资本，在经济危机来临之际更容易失业。针对青少年失业特征，上海市政府除了开展职业技能培训补贴计划、职业见习计划之外，从2019年起还把"支持培养万名企业新型学徒"列入政府实事项目，印发《关于全面推行企业新型学徒制的实施办法》，开展新型学徒培养，推进技能人才建设，并将企业学徒制纳入市委、市政府印发的《技能提升行动计划》中。

三是2018年大摸排数据显示，有65.5%的社区青少年存在非正规就业现象，这部分群体普遍面临工作不稳定、收入不高、发展前景不理想的问题，失业风险高，尤其是部分来沪青少年容易遭受歧视，就业权益往往得不到保障。为应对经济危机和失业问题，灵活就业成为雇主和劳动力市场备受推崇的就业方式。随着我国互联网技术的发展，"互联网＋"的新就业形态比例逐渐增高，零工经济与弹性就业有别于传统就业模式。研究发现，非正规就业部门的弹性就业方式在传统劳动分工之下，符合女性群体的就业需求，且有年轻化倾向（詹婧等，2018）。党的十八届五中全会公报和2016年政府工作报告均表示要加大对灵活就业和新就业形态的支持。2020年后我国出台重点政策文件关注新就业形态变化，鼓励支持灵活就业的发展，并将其作为重要的就业渠道。青少年就业实践也具有灵活的取向特征，一些学者认为，灵活就业和新就业形态可以增加弱势群体的就业机会，缓解劳动矛盾（张成刚，2016）。

也有研究发现，若员工的可雇用能力较强，其就业转换的选择空间就会比较广，就业灵活性也会较强（詹婧等，2018）。然而，问题在于相当一部分灵活就业人员并没有被基本社会保险所覆盖，尤其是对个体工商户和灵活就业者的社会保险没有强制缴纳政策等相关制度安排（陆万军、张彬斌，2018）。更为重要的是，灵活就业并未改变劳资关系中劳动者的弱势地位，反而在一定程度上增加了劳动者的个人风险。尤其是“互联网＋”的就业新形态，其存在灵活性和流动性与失业边界模糊不清的问题（肖巍，2019）。新时期的灵活就业实践有别于21世纪初肆意发展的局面，国家冀求非正规就业发挥就业和人口城镇化“蓄水池”的作用，平缓地促进农业人口转移，以发挥促进人口市民化与社会融入、维持城镇社会稳定的作用（陈明星等，2021）。因此，国家虽出台众多政策文件鼓励支持市民多渠道参与灵活就业，同时也意在规范灵活就业和灵活经济行为。例如，2020年国务院出台的《关于支持多渠道灵活就业的意见》提出，要极大保障支持灵活经济，包括推动新职业发布和应用，开展针对性的职业培训，实施优化人力资源服务策略，维护灵活就业劳动者的权益保障，并加大对困难灵活就业人员帮扶力度。

四是部分青少年就业意愿低下，且缺乏求职行为，主动失业特征明显，需要关注青少年失业或待业引发的就业心态问题。2018年摸排大调研数据显示，失业且无就业意愿的社区青少年比例达15.6%，26—35岁的社区青少年不愿意就业的比例是18.6%，高于16—25岁的社区青少年（9.5%）。就业意愿降低可能会导致失业长期化现象突出，引发失业“老大难”问题。社区青少年长期失业问题突出，63.5%的社区青少年失业时间在一年以上，30.6%的26—35岁社区青少年失业时间超过3年。而且，70%的社区青少年在近一个月内并没有采取求职行为，近三个月内尝试过求职的26—35岁社区青少年比例仅有31.3%，而未参与求职的社区青少年比例高达65.4%。上述数据表明，服务社区青少年时仅仅链接就业资源可能无法解决他们的失业问题，还需要开展社区青少年就业心态辅导与支持服务，更需要专业化的公共就业服务力量参与。在这个意义上，国家和上海地方政府出台了《关于推进全方位公共就业服务的指导意见》《关于实施提升就业服务质量工程的通知》《关于进一步完善本市公共就业服务体系的意见》，均指出要吸纳社会组织参与，建立健全公共就业服务体系，提升公共就业服务质量。

二、青少年就业服务的个案管理

为使近十年来在社区青少年就业方面的工作经验得到项目化、品牌化、社会化提升，阳光中心于 2019 年抽取了 450 名在册社区青少年展开调研，形成《上海市 NEET 族群状况报告》。根据调查结果，制定了“青橄榄”社区青少年增能项目计划。结合社区青少年群体的特征和需求，依托《中长期青年发展规划（2016—2025 年）》的工作重点，市阳光中心于 2020 年 10 月正式推出“青橄榄”社区青少年增能项目，旨在发挥青少年事务社工精准服务的优势，协助社区青少年实现个人价值，为个体发展、城市建设贡献社会工作专业力量。“青橄榄”项目的服务人群为上海市常住的 18—25 周岁、有就业意愿的青少年，且须符合以下两种情形之一：失业 6 个月以上的社区青少年；低保家庭、低收入家庭中的失业青少年。阳光中心从社区青少年个人关怀、就业指导、就业平台等角度入手，创新工作模式，将提升青少年“就业力”和“胜任力”的工作模式融入项目工作，形成全新的“闭环支持系统”，即“就业观引导、综合能力提升、资源平台搭建”。服务过程既要对各区未就业、难就业的社区青少年提供“就业力”提升服务，提升他们的社会适应力和就业软技能，促进社会参与；同时，需要积极整合社会资源，搭建支持网络，制定更利于青少年就业的社会帮扶政策，促进其实现自我价值，更好融入社会。具体而言，阳光社区青少年事务社工要从以下方面提供服务：

一是根据历年青少年就业/创业工作推进情况，梳理有就业/创业需求的在册青少年信息，做好需求调研、分类统计和筹备工作。

二是开展“就业力”提升服务（见图 2－1）。各区分别招募有提升“就业力”需求的服务对象，并完成服务对象《工作适应障碍量表》前测。针对失业6个月以上、家庭条件困难的社区青少年，通过个案辅导和资源链接，使社区青少年在求职动机、就业条件、就业环境等方面受益，最终提升个人价值感，促进就业成功。

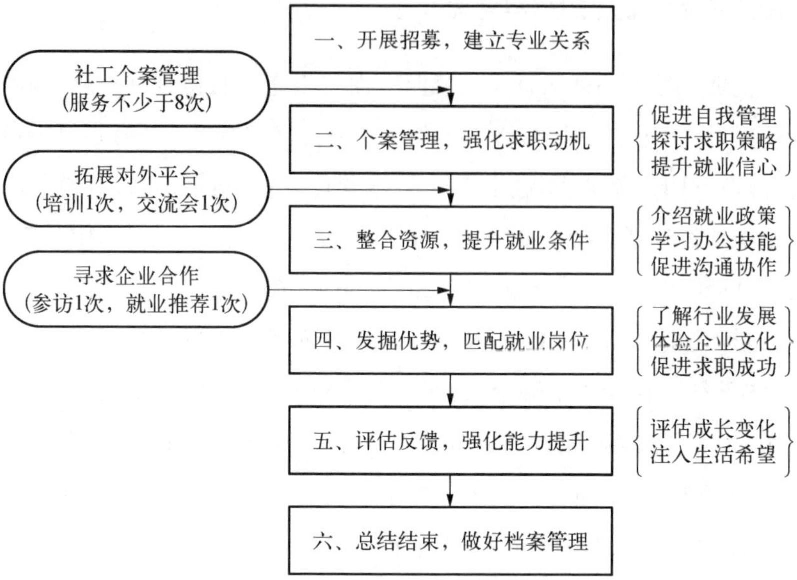

图 2－1 “就业力”介入服务流程图

三是提供“胜任力”提升服务（见图 2－2）。针对有职业发展需求，或处于实习、试用期或已就业但存在职场适应困难问题的青少年群体，通过个案辅导和资源链接，使他们能够在职业适应、职业发展等方面受益，帮助其提升职场自信心和获得感，最终促进个人职业发展。

四是广泛链接就业/创业资源，做好资源信息的统计和报备工作。针对青少年的实际需求开展就业相关活动，包括就业培训、创业指导、职位招聘、就业沙龙、企业参访等活动。

在此阶段，社区青少年的公共就业服务实践具有多部门与多主体共同参与的特征，个案管理色彩明显。

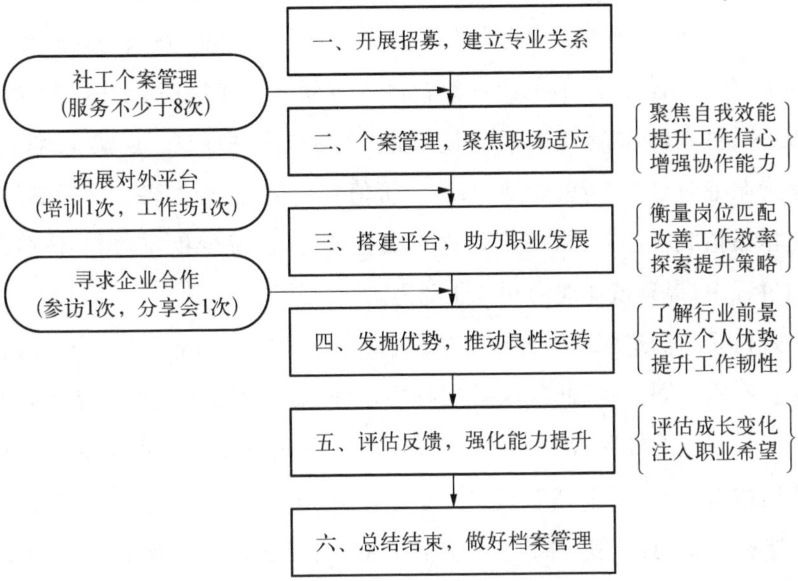

图2-2　“胜任力”介入服务流程图

三、青少年就业服务网络建设

上海市各区县社工站结合本区社区青少年的实际需求与本区就业资源，依托“青橄榄”项目，开发本区的就业子项目，与就业促进中心建立合作关系，建立青少年就业服务网络。

黄浦区的“励业”项目由外滩街道牵头，与黄浦区就业促进中心沟通联系，建立定期沟通机制，对于区内失业青少年名单及近况及时互通，形成合力，共同助力青少年就业。同时，该项目整合黄浦区就业创业基地、就业指导等相关机构，形成《黄浦区青少年就业资源地图》，旨在丰富社区青少年的社会资源，搭建社会支持网络。青少年事务社工通过就业能力调查、个案辅导和工作坊，提升黄浦区失业青少年和职业适应困难青少年的社会适应和就业软技能，积极整合社会资源，搭建支持网络，提升其社会参与，助力其实现自我价值，帮助其更好地融入社会。

徐汇区社工站在实施“青橄榄”项目过程中发现，就业资源匮乏、就业技能缺失、就业认识偏差常成为青少年就业的障碍。为此，在“青橄榄”项目的基础上，共青团徐汇区委员会针对社区青少年开发了“职属于你”青少年就业服务项目，以徐汇区辖区范围内失业 6 个月以上并存在一定就业困难的青少年为服务对象，针对就业动力、就业价值观、就业能力等多方面开展辅导，同时积极拓展就业资源，搭建有效的就业平台，让青少年在参与、体验及学习的过程中，提升就业能力和就业动力。

虹口区与街道职介科合作，以社区青少年的需求为导向，整合社区就业资源。有所不同的是，虹口区瞄准频换工作、就业稳定性较差、存在职业需求匹配性问题的社区青少年，关注失业风险较高且就业不稳定的青少年失业背后的人际交往、情绪管理、家庭关系和社区互动等需进一步改善的需求。区社工站与街道职介科进行合作，通过街道内的三个就业援助站，在社区内建立以闲散青少年就业为导向的“职业气象站”，以此为社区青少年提供就业服务（见图 2 - 3）。一方面，街道援助站可借助信息系统平台获取社区内无业、失业青少年名单，青少年事务社工根据名单进行摸排建档，确保建立准确的青少年信息档案。另一方面，作为政府公共就业服务体系的组成部分，街道援助站的岗位资源、职业指导师资源和技能培训资源十分丰富，可为社区青少年提供就业岗位职业指导与技能培训信息。而青少年事务社工借助三大工作手法，可提供专业的人际交往、情绪管理、家庭功能改善、社区互动与融入等服务。双方可有效实现资源共享，合力服务。

宝山区社工站在“青橄榄”社区青少年增能项目的基础上，开展了辅助项目——“青航驿站　科创枢纽”社区青少年就业特色项目。阳光中心宝山工作站与区就业促进中心紧密协作，双方定期交换失业青少年信息、见习培训和就业讲座等资源。鉴于宝山区部分地区就业岗位资源较少，为推动“青橄榄”项目顺利进行，区社工站还积极挖掘本辖区内企业资源，与华滋投资管理有限公司建立共建关系，链接了 100 多家创新高科技企业，在华滋奔腾大厦设立“青航驿站　科创枢纽”活动中心，为宝山区 75 名 16—35 周岁无业

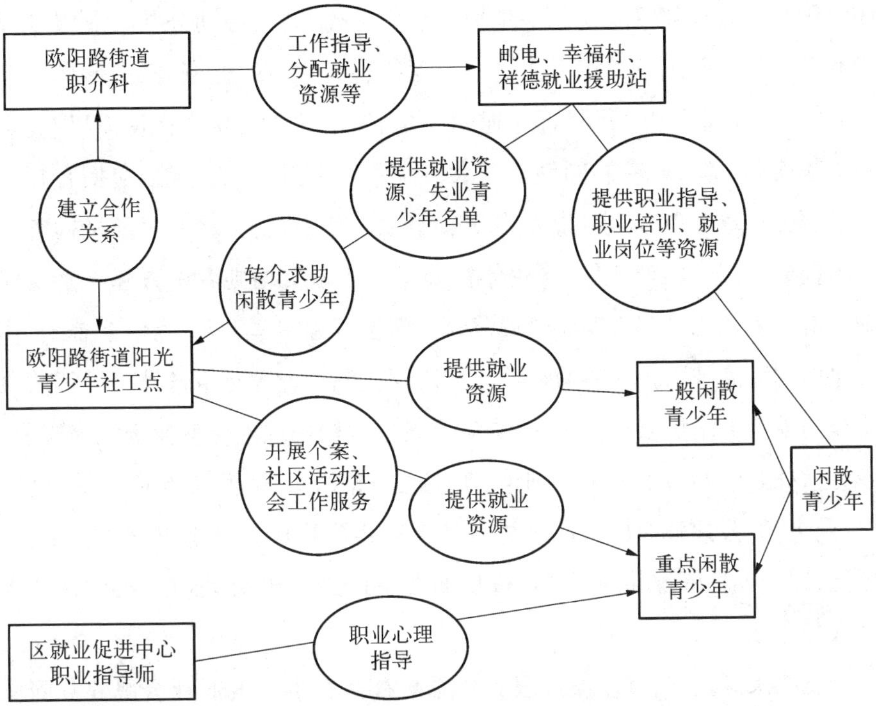

图 2-3　虹口区青少年就业服务网络

失业的青少年搭建就业见习平台。

上述青少年就业服务网络体系建设的共同特点是，建立了公共就业服务机构与社会服务机构之间的信息和资源共享平台，借助双方合力共同解决社区青少年的失业问题。青少年失业问题成因日趋复杂化，就业雇用能力、就业观念和就业心态、就业信息平台、劳动力市场政策等均会影响青少年就业。青少年就业不稳定性与失业风险陡增，单靠公共就业服务部门难以完成多元与全过程就业服务，因此，青少年就业社会服务仍需要政府和有关部门助力，进而为青少年的就业发展创造良好的社会环境和政策支持。

为此，在各区县实践经验的基础上，2022 年上海市就业促进中心与上海市青少年服务和权益保护办公室联合印发《关于进一步加强青少年事务社工队伍支持长期失业青少年就业帮扶工作的通知》（以下简称《通知》），明确团组织与市人社部门双方进一步加强合作共建，持续推动公共就业服务部门和青少年事务服务组织工作协同。围绕整合双方服务资源、队伍专业互补、拓宽服务宣传渠道等目标，《通知》明确提出建立信息交换反馈机制、资源共享协同机制、研究协同创新三大机制。一是服务双方定期交换有帮扶需求服务对象名单、需求，以及帮扶后情况。其中，公共就业服务机构负责能力提升与岗位匹配工作，青少年社会工作服务机构则着重人际关系与就业意愿服务。二是双方建立政策资源与岗位资源共享、服务资源互补、工作力量协同和品牌引领共建的资源共享协同机制。青少年事务社工发挥政策推广与落实的基层服务作用，公共就业服务机构挖掘整合就业资源与岗位，双方依托职业指导和社工专业优势，建立“导师团队”开展专项行动，借助“乐业上海”公共就业服务品牌进行社会宣传与推广。三是双方依托平台、团队、课题项目资源共同开展促进长期失业青少年群体就业的研究，持续推动服务创新。

总的来说，公共就业促进服务体系与社区青少年就业社会服务共同构成上海就业公共服务体系的两条主线。依托市、区两级就业促进中心掌握的失业青少年的一手数据，借助政府系统力量拥有较多就业信息资源的优势，阳光社区青少年事务社工机构与就业促进中心建立信息与资源共享关系，一定程度上可以缓解资源供给不稳定的问题。但是，这一方式未能从根本上解决就业资源依赖性问题，亦即就业资源与青少年就业需求的匹配度取决于就业促进中心和政府供给的资源本身，仍可能出现在就业促进中心和社工服务资源充足的情况下，反而无资源可服务的尴尬局面。此外，双主体的就业服务体系网络隐去了“政府主导推动、社会组织自主运行、动员社会多方参与”原则中的社会多方参与力量，众多具有服务潜力的社会力量，诸如青少年社会工作行业协会、服务一线社工的枢纽型组织，以及其他社会组织尚未被纳入就业服务体系之中。因此，青少年就业服务应当吸纳多元主体参与，构建多元主体参与的青少年就业服务网络体系。

第三章　就业社会工作服务的“三维资本”模式

青少年是社会发展的重要支撑力量，青少年就业不仅关涉民生，更关系社会稳定与经济持续发展，成为社会各界普遍关注的议题。失业是青少年生命周期危机的表现之一。一方面，失业会制约青少年的成长转变，使其更易陷入持续贫困的境地，引发社会和政治参与难题；另一方面，失业还会弱化青少年在社会和人力资本上的积累，加剧他们的心理和社会融入问题，衍生排斥现象。特别是对长期失业的青少年而言，重获社会认可的难度较大。受到疫情和经济下行影响，我国青少年失业问题越发凸显。截至 2022 年 6 月，我国城镇青年失业率跃升至 19.3%，远高于城镇失业率 5.5%。[①]

伴随青少年的高失业现象，青少年就业问题亦成为青少年社会工作重点关注的议题。上海市政府较早将社区青少年列为政府重点关注的五大青少年群体之一，并于 2003 年主导成立上海市阳光社区青少年事务中心这一

① 参见界面新闻“今年 16—24 岁青年人调查失业率创下新高，国家统计局回应”，https://baijiahao.baidu.com/s? id=1738388582369195116&wfr=spider&for=pc，2022-07-21。

青少年社会工作机构，通过政府购买社会服务的方式积极回应社区青少年就业或失业问题。多年来，上海市阳光社区青少年事务中心围绕青少年的人力资本、社会资本和心理资本等三个方面开展社会工作服务，探索出了多维资本整合服务模式。本章通过对该服务模式的梳理和分析，以期更好地推动青少年就业社会工作服务体系与机制的建设。

第一节　社区青少年就业服务需求

一、就业认知辅导需求

就业观念存在偏差的社区青少年最初并非无就业意愿，而是随着失业时间延长导致就业心态发生变化，就业积极性逐渐降低。长期失业造成就业竞争力相对下降，进一步加剧了这一群体的失业问题。就业观念是人力资本、社会资本和心理资本在劳动力市场环境中交织形成的产物，而青少年的就业观念偏差则是由青少年及其家庭的就业回报期待与劳动力市场的回报之间的差距所决定的。

（一）职业规划不清

社区青少年的就业观念偏差表现为他们的就业期待与劳动力市场需求不匹配，或是有职业目标却没有相应的能力实现。职业偏好是当下影响社区青少年就业的重要因素。由于传统的"先就业再择业"的就业观念不再具有说服力，社区青少年往往采取"先择业后就业"的就业形式，当可供选择的工作机会与自身预期不符合时，他们放弃工作选择主动失业。社区青少年中常见的职业偏好包括文员、行政管理工作、公务员、教师或是游戏行业、主播行业等，部分本科毕业的青少年会选择考公考编来获取体制内的就业机会。对这部分社区青少年而言，难以满足就业要求而长期待业的情况造成了他们在人力资本上的相对弱势地位。

职业规划不清晰也会引发青少年就业持续力不足而频繁更换工作的问

题，从而导致较高的失业风险。缺乏职业规划的社区青少年依据自身人力资本所能匹配到的就业岗位进行选择，但当他们就业后发现从事的岗位与心理预期有所出入时，更容易出现放弃的想法。不过，由于这部分群体的人力资本水平相对不高，就业机会受限，无法快速更换工作，因而容易出现长期待业的局面。整体而言，工作转换越频繁，青少年待业时间越长，失业风险越高，越容易对青少年的就业积极性产生影响。此外，频换工作也会使青少年产生短期就业的思维，转而以成本和工资的多少来衡量工作内容和价值，形成注重就业舒适性和短期经济回报的就业心态。因此，这一群体更倾向于选择能“快速抽身”的工作岗位，也更愿意接受具有弹性、临时性的工作，可能会乐观评估就业难度，忽视人力资本提升的需求。

（二）就业需求不符

社区青少年就业需求不符有两类表现，眼高手低和就业信心不足，两者具有不同的失业表征，前者表现出被动失业的特点，后者是主动放弃就业。就业需求是社区青少年综合评估自己的人力资本和社会资本做出的职业判断，这一判断受到家庭传递的就业观念的影响。

只考虑人力资本中的教育因素，不同学历层次的青少年存在差异性的就业期待。以阳光中心的服务案例为例，低学历青少年的就业需求排序为：(1) 岗位的主要工作内容，即这份工作是否可以胜任、是否感兴趣以及工作是否轻松；(2) 在哪里上班、离家的距离，一般而言要求 30 分钟之内的通勤时间；(3) 一个月多少钱，有没有五险一金。而高学历青少年在就业需求的排序上呈现出差异性，表现为：(1) 工作的内容和形式，即岗位的职责，这份工作是否与其专业相关、是否可以胜任；(2) 个人的发展，如公司的规模、知名度、公司的平台；(3) 职业声望，即岗位的职业声望是否与其学历状况相符。

即便高学历青少年没有明确要求薪资待遇或是要求公司为其缴纳五险一金，但是当高学历青少年要求“岗位要好一点，公司要好一点”时，暗含对薪资待遇要求高的隐形要求。相较之下，低学历青少年明确提出薪资待遇和缴纳社保或公积金的要求是出于对低端就业市场的实际认知，他们的学历水平使得他们无法进入或很难进入正规就业市场，只能选择临时的、不稳定的以及缺乏社会保障的就业岗位，因而他们参与工作的热情和动力也相对较低。此外，由于他们的工作岗位多为服务性行业，缺乏专业性和技能，可替代性强，更容易在经济形势改变时被辞退，失业风险更大。只有青少年想打破劳动力市场的学历壁垒的动力大于提升人力资本付出的代价，他们才愿意进行人力资本提升。当对人力资本提升效果存疑，且自身无强烈的经济压力或生存压力时，低学历青少年可能会选择接受一份不缴纳社保或公积金的工作，或是做临时工，并将此类工作缺乏稳定性的特征解释为工作时间和工作形式的灵活性，从而实现从被动接受到主动认可的过程。在访谈中，社会工作者提到："20、30 岁左右的青少年可能刚进社会，也没有想要缴金，觉得能有一份工资自己花就行。"伴随社区青少年年龄的增长，他们为完成人生阶段任务，尝试进入主流劳动力市场，寻求稳定性工作。此时若人力资本存量低的限制凸显，他们可能会考虑提升这一资本。有社工表示，一般超过 30 岁的社区青少年都是有自己的小家庭的，有了家庭压力，会更加注重工作的稳定性以及是否缴金。

低学历青少年受到个体人力资本存量的制约，在就业市场能够给予的薪资待遇的范围内，考虑交通和时间以及生活成本，将距离近的就业单位视为理想选择。社工解释："因为他学历低，他只能拿这一点收入，也就是说他到远的地方也只能拿这些钱。在同样收入不高的情况下选择离家近的更划算。"相较而言，高学历青少年的就业需求高，同时对就业市场的依赖程度更高，他们需要到就业机会更多的市区寻找满足就业期待的工作岗位。当就业回报高于成本时，他们更愿意做出让步。因此，双方对于工作距离远近的接受程度和在工作选择上的不同思维体现了不同的理性选择结果。

与此同时，社区青少年的就业需求也受到所在家庭传递的就业观念影响。高学历青少年的家庭不断拔高就业期待，而低学历青少年的家庭呈现出低就业期待。在社工看来，当前服务群体以"90 后"的独生子女为主，这部分青少年往往获得了更多的家庭支持，父母对他们的期待更多是“不想让他们受苦”“想让他们找一份轻松一点的工作”，无论家庭经济状况如何，某些家庭都给了青少年“未富先懒”的特权。在此基础上，青少年的人力资本与家庭的社会资本共同塑造就业期待，从教育投资回报和社会流动两方面得以体现。

问题在于，就业市场以文凭作为判断青少年是否有资格进入一级劳动力市场的标准，青少年的人力资本水平越低，越容易从事不稳定、临时性、福利和劳动环境差的工作。家庭熟知劳动力市场的运作逻辑，对青少年人力资本进行投资，期待他们能通过就业实现向上流动。社会流动以教育为基础并通过职业进行分层，高学历给家长以青少年可以获得较高社会地位的希望，以就业作为媒介便可以实现社会流动目标。社区青少年的家庭经济条件一般属于社会中等或中上层水平，有保持地位优势的压力（陈文琼，2019），特别是当前“新身份社会”回潮，教育回报更多依赖家庭的先赋因素获得，一定程度而言，获得高学历的青少年，家庭对其投入的教育资源也更多（邓志强，2013）。职业作为分层的标准之一，蕴含着不同职业占据不同数量资源的意味。而且，随着纵向流动渠道变窄，社会固化加剧，若青少年已经取得较高的教育成就，却无法获得较好的职业，这就表示他们可能会向下流动，无法获得高教育回报。同时，这也意味着他们下一代的教育投资和社会流动资本都将减少，这也进一步加大了家长对青少年就业的焦虑。在阳光中心的部分服务案例中可以看到，家长为了避免青少年“向下”就业，从事社会地位相对较低的工作，默许甚至鼓励青少年待业，以期寻求更好的就业机会。

相较于高学历青少年的家庭试图按照人力资本进行选择，低学历青少年的家庭则凸显社会资本与人力资本交织作用。研究表明，当社会资本存量高时，无论人力资本处于何种层次，获得的社会地位都将很高（林南，2020；李黎明、许珂，2017）。社会资本的获得受到先赋地位和自致地位的影响，初始位置越高，行动者获取和使用优质资源的可能性更高（林南，2020）。

前者与个体的家庭社会结构地位相关，如高学历青少年的家庭地位整体而言高于人力资本低的家庭，结构化安置产生不同的就业社会资本（姜添辉、周倩，2017）。后者由青少年个体所处的社会结构位置决定。人力资本低的青少年，其社会交往对象多为同阶层的社会成员，社会网络结构限制大，对人力资本的调节作用弱（Meyer，1977）。因而，家庭虽试图改变就业市场分流，促进青少年向上流动，但是受限于改善青少年就业机会的社会资本不足，不得已向无法实现向上流动的局面妥协，甚至表现出放弃让青少年就业的行为。有少部分低保或困难家庭在权衡青少年就业成本和收益后，甚至倾向于做出抑制青少年正式就业的决定以换取持续的政策补贴。

事实上，可以从社区青少年的就业状况理解他们所在家庭的就业态度。一般来说，低人力资本的社区青少年所从事的工作主要集中在超市、餐饮店等社会保障性较弱的初级服务行业，青少年随时面临被替换的风险，由于缺乏职业发展和培训机会，他们面临着更为严重的失业风险。严峻的就业市场环境和家庭对青少年体面就业的渴望使青少年处于“高不成低不就”的尴尬就业境地。体面就业指平等的社会福利和保障，劳动受到社会的尊重（熊丙奇，2007），但是现实生活中对职业的等级划分以及由此产生的污名化效应对“职业不分高低贵贱”的理想信念构成挑战。同时，我国的灵活就业社会保障制度尚未完善，社会认可和政策宣传力度不足，进一步造成在非正规劳动力市场中工作的青少年“属于劳动市场却又不在就业体制内”，遭遇更多的不公平对待（杨姗姗，2017）。比如，上海市虽然已经落实了无就业单位的个人可在社区缴纳社会保险的政策，但是只针对本地户籍居民开放，若无本地户籍则需要选择回户籍所在地缴纳，灵活就业者的劳动权利无法得到保障。

被安置在二级劳动力市场的青少年及其家庭经历着“排斥—默认—接受”的过程，最后以市场配置作为行动指南。社会成员的社会认同很大程度上取决于流动的希望，而阶层固化可能会阻碍流动，造成消极就业的社会现象，甚至诱发社会冲突（杨文伟，2014）。虽然也存在部分低人力资本家庭对孩子的就业期待过高的现象，但整体而言，高人力资本青少年的家长期待更高，低人力资本青少年的家长期待更低，即便部分低人力资本青少年的家庭并没有直接否定就业的作用，但低就业期待没有改变。家庭因素可能会进一步拉大不同人力资本青少年间的职业期待的差距。

伴随着就业环境市场的变化，工作经验、技能以及社会功能等逐渐成为就业中的重要因素，若社区青少年无法转变就业观念，长期待业或频繁更换工作都会使人力资本难以得到积累，更容易被一级劳动力市场抛弃。

二、就业能力建设需求

青少年的学历、技能、工作经验、社会功能和健康等五个维度是否能够实现协同作用，对青少年的就业具有重要影响（赵磊、朱燕，2018）。就业能力不足会引发劳动力市场的排斥，使得青少年无法获得就业岗位。失业青少年大多学历较低，无技能证书或缺乏相关工作经验，在劳动市场中缺乏就业竞争力，就业机会和选择面较为狭窄。同时，如果青少年存在健康和社会功能不完善的问题，会使得他们的就业问题更加严峻，难以实现市场化就业。

就业市场以学历与文凭作为劳动者就业质量的信号，且二者发挥着越来越重要的作用。调查数据显示，上海社区青少年学历结构整体提升，大专生逐渐成为失业的重点群体。1999 年提出的“高等教育大众化”教育政策，增加了青少年的受教育机会，拓宽了青少年的升学渠道，教育门槛下降与教育回报的吸引力提高使得青少年学历整体提升。但是，访谈中发现社区青少年普遍热衷“清闲型就业”，他们不愿意从事一些较苦、较累的工作，更偏爱文员或是行政类的岗位，导致大专学历和中专学历的青少年大量聚集在特定工作岗位的竞争中，“职业分配论”现象凸显，即收入并非由劳动者个人特征进行分配，而是根据职位特征决定，导致高低学历者共同竞争有限的岗位，并带来过度教育，使得学历提升在劳动力市场上“内卷化”（李骏，2016）。加之疫情影响，就业机会减少，部分企业因效益缩减进行裁员，导致失业人数递增，而且新增岗位数量少于学历提升人数，强化了学历的信号效果。

更为关键的是，青少年的技能水平通过职业资格证书、专业学习和工作经验得以体现，本应避免学历不足产生的市场排斥，但我国的两个职业资格获取体系都对参加评定的人员有限制条件，如学历水平或工作经验，衍生人力资本叠加的问题，使得受教育程度越高的青少年持有职业资格证书的比例越高（李雪等，2012）。在这一情况下，技能并未真正成为学历外的劳动力流动渠道，意外增设了筛选机制，使得青少年面临双重市场排斥。而且，在我国，教育体系主要通过高等教育和职业技术教育等两种方式培育青少年的技能，且存在人才培养相对市场需求滞后、专业设置与市场脱节、教育生态不平衡等问题，导致青少年缺乏实践机会，专业学习停留在理论阶段，操作水平低（盛世明、程强，2020）。

即便入职后培训可改善技能教育无法满足市场需求的问题，但是为降低用人成本，用人单位更倾向于雇用有相关工作经验的青少年。问题在于，很大一部分青少年在毕业离校后缺乏社会经验与工作经验，而市场利益导向要求“有工作经验者优先”，这使其面临第三重打压，遏制了他们进一步提升技能的可能性，使他们难以摆脱失业的境地。缺乏工作经验的青少年除了遭遇贝克尔歧视外，还会在工作适应上面临更大的难度。青少年既要提升技能水平，还需调整思维方式适应工作内容。此时，若青少年的心理资本不足，则可能会出现就业不适应现象。

社会功能是青少年成功就业和稳定就业的重要因素。访谈中社工谈及青少年因社会功能不足而导致面试被拒或辞职的案例，表明社会功能会影响青少年的人际关系和工作满意度，进而对其社会资本和抗逆力产生影响。青少年的团队合作能力较弱，离职风险更高，人力资本的流动、非共享特征使用人单位倾向于招募风险小的求职者。研究表明，相较专业素质和能力，用人单位更加注重求职者的人际沟通能力，青少年可在就业过程中改善社会功能（朱生玉，2009）。在一些情况下，社区青少年因人际交往的负面经验，选择不与人交往的工作或不就业。无论他们因何种原因待业，都会使他们的社会功能进一步弱化。除此之外，部分青少年的社会功能障碍可能源自健康问题，如边缘智力残疾的社区青少年，既未达到残联认证的智力残疾标准，无法获得政策支持，又难以实现市场化就业，社工称之为“灰色地带青少年”。慢性疾病、大病或身体健康水平偏低等健康问题也会给青少年就业的岗位和就业条件带来更多限制。

学历和工作经验歧视形塑就业市场的劳动力筛选方式，抑制了技能作为并行的流动渠道，与青少年的健康问题共同影响着青少年社会功能的发挥，而社会功能的制约效应则贯穿整个就业过程。人力资本不足直接诱发青少年失业问题，但根源在于现有的人力资本积累方式和弱势群体保护政策的缺位。

三、就业资源整合需求

青少年依据自身的人力资本水平寻求相匹配的就业岗位，但容易因劳动力市场的岗位匹配时间差导致失业。当前，完善社区青少年的社会网络是劳动力市场不完善的补充机制，也是弥补其就业能力不足、增加青少年就业优势的资源。

劳动力市场的岗位匹配效率依赖于劳资双方的努力搜寻程度和劳动力市场制度的完善程度。工作搜寻理论认为，青少年会衡量自身的人力资本市场价位，在劳动力市场中寻求最优工作，用人单位也会寻求合适的员工。若青少年在社会保障和家庭待业支持下延长求职时间、扩大搜索范围，则会使得就业成本跃升连带提高职业回报期待，增加岗位匹配难度和失业风险（陈奕庭、董志强，2020）。而经济下滑、科技发展则会减少企业的岗位供给，降低劳动力吸纳能力（黄丽鹏，2012；宁光杰，2015）。当前，上海正面临产业结构模式的转变，第二产业的吸纳和增长空间正在缩小，就业供应增长以知识和技术等生产型岗位为主（胡彬、胡晶，2016；李林矾，2012）。在劳动力供给层面，社区青少年虽整体学历提升，但仍处于较低水平，局限于低端劳动力市场，供需不匹配可能会产生结构性失业(谷彬,2014)。同时,劳动力市场分割机制和制度的不完善使得弱势青少年难以突破市场制度性壁垒以维护自身的劳动权益。劳动力市场将部分青少年群体抛出主流市场之外,并导致其面临个体化的竞争困境。以非沪籍社区青少年为例,双轨就业体系使得他们在强烈的生存需求下,采取以牺牲就业保障获得低成本竞争优势的模式,带来劳动力市场的恶性竞争,难以让劳动者形成集体组织,无法形成与雇主协商的资本,最终的局面是这一青少年群体面临低工资待遇的处境或被迫失业(蔡昉,2005;穆睿,2012)。

此外,劳动力市场的就业匹配很大程度上依赖于市场化的中介平台组织。不过,求职平台不健全,存在如岗位信息欠缺和虚假、同质化等问题,加之监管机制尚未完善,阻碍了平台发挥岗位匹配功能(刘莫鲜,2012)。因此,社会关系网络成为信息不完善的市场就业匹配机制的重要补充机制(郝雨霏、张顺,2016)。有关社区青少年的社会网络研究发现,社区青少年的社会网络关系较为单一,可动员的非正式关系网络,如家庭、亲属和朋辈等社会资源少且质量不高,限制了其信息、求职指导或建议的获得。同时,他们对正式资源的运用能力较弱,且并非所有的青少年及其家庭都有资源整合的意识(黄超,2014)。社工在提供服务时发现,大多数低学历青少年在获得社工的资源后,由于较少拓展新的资源通道,他们寄希望于社工帮助他们判断和分析信息。相反,高学历青少年表现出更强的信息搜集能力,更希望将判断信息的主动权留在自己手里,由自己做判断和选择。因而,个体搜寻工作能否有效促进岗位匹配效率提高深受社区青少年社会资本的影响,这一重要性在不完善的劳动力市场制度环境和低人力资本质量背景下得到强化。

四、就业政策倡导需求

青少年依据人力资本水平寻求相匹配的就业岗位。在理想状态下,有就业需求的青少年可获得相匹配的岗位,但容易因劳动力市场的岗位匹配时间差问题产生失业。当前,协助青少年整合就业资源,拓展其社会网络仅仅是不完善的劳动力市场的补充机制。

由于我国劳动力市场制度的不完善难以保障弱势劳动群体的权益，劳资双方就业信息渠道不畅通、缺乏良好的岗位匹配机制等带来劳动力市场分割，来沪青少年在制度歧视背景下，利用强有力的同质性社会网络，采取以牺牲就业保障获得低成本竞争的模式。这一做法带来了劳动力市场的恶性竞争，加剧了城乡劳动者间的冲突，却是来沪青少年在就业体系中处于边缘位置的无奈之举(周先波等，2016)。

另外，传统的社会性别分工、生育事件和为规避职业性别隔离的社会政策的非预期后果造成女性就业存在多重困境，由此衍生了家庭和社会网络对女性就业支持不足、公共照料服务缺乏等问题，造成女性无法产生良好的韧性资本回应就业压力，转而抑制就业需求成为自愿失业群体。性别人力资本理论认为，女性更容易因婚姻、生育和照料家庭退出劳动力市场，出现职业中断，而男性劳动参与保持率较高，对男性的人力资本投资风险低，收益大于女性，因而人力资本投资具有性别偏好(潘锦棠，2003)。劳动力市场对女性的准入门槛更加严格，让女性面临双重人力资本弱势，失业率高于男性，且工资回报仅为男性的 77.32%，就业中的性别歧视贯穿就业的整个过程(王永洁，2019)。

生育事件会减少女性在职培训和进修的机会，造成职业中断(黄桂霞等，2017；Desai & Waite，1991)。社工发现，在二孩政策放开之后，全职妈妈越来越多，二孩政策后女性就业弱势更为显著。已有研究同样发现，女性是 0—3 岁婴幼儿的主要照料者，男性参与照料比例较低，出于照管费用和托儿服务可及性等原因，家庭照料的公共服务支持依旧受限，增加了女性中断就业的风险(宋健、周宇香，2015；谷晶双，2020)。理论上来说，生育保险和津贴可以提供社会保障，降低生育带来的负面影响，但是生育保险费用的实际承担者为用人单位，而且生育福利保障尚未真正落实两性平等，男性的家庭照料功能未能充分发挥，政策实施也产生了一些非预期后果(庄渝霞，2020；赵梦晗，2016)。我国为避免性别的职业隔离，从平等就业权保障和女性特殊就业权益保护两方面出台了一系列法律法规和相关政策文件，但是雇用歧视以更加隐蔽的形式存在着(余秀兰，2014)。有学者发现，对女性的劳动权益保障更加侧重特殊就业权益保护。在矫正就业平等权时，以男性标准为基础违背了性别平等的初衷，进一步弱化了女性的劳动竞争力，增加了用人单位对女性的歧视，而且反歧视政策尚停留在原则规定层面上，没有对歧视的标准、责任主体和责任后果进行界定，反歧视机构和制度存在缺位，造成女性就业依旧存在诸多障碍(郭慧敏、丁宁，2006；兰庆庆等，2019)。

同时，传统的"男主外，女主内"的性别分工长期存在，虽然两性共同参与劳动生产不断得到确认，但是主流性别分工偏见依然存在，抑制女性的就业期待。前文提及，在社工服务的青少年家庭中，父母对青年女性具有刻板认知，认为女孩子只要能嫁人，工作或不工作都不重要。基于家庭利益的最优选择，女性更可能选择中断职业回归家庭(蒋思睿等，2020)。伴随市场化程度不断加深以及教育成为社会竞争的重要动力，女性被期待回归家庭，扮演培养家庭生产力的角色，她们的劳动参与价值并未真正得到社会承认，形式化的制度保障没有促进女性就业而是强化了职业隔离。当然，并非所有女性在结婚生育后都选择退出职场。家庭收入与女性劳动参与有关：家庭收入水平越低，女性进行劳动参与的可能性越大；女性配偶的收入水平越高，女性自身参与劳动力市场的可能性越低(吴愈晓，2011；张抗私、谷晶双，2020)。一些女性可能因为家庭变故或婚姻问题，改变就业意愿，但是长期不就业使得她们脱离了劳动力市场，她们重返工作岗位的代价和困难也较大，非正规就业市场成为低人力资本女性就业的蓄水池。弹性工作方式契合女性照料和养育需求，但与之相关联的工作贫困、低工资和低福利保障工作也成为女性发展的"桎梏"(谢妍翰、薛德升，2009)。

第二节　"社会、人力、心理"三维资本的构建

青少年事务社工通常从四个渠道获得服务对象名单。一是每个月或季度到社会保障中心的数据网上筛选出16—35周岁未缴纳社会保险金的青少

年。二是在社区走访发现失业或待业青少年。三是村/居转介有就业需求但村/居无法满足其需求的服务对象。社区居委会设置就业援助员的工作岗位，服务社区内有就业需求的居民，主要通过提供就业信息促进“40”“50”人员就业，若是发现缺乏就业意愿的青少年，就业援助员就将他们转介给青少年事务社工。四是其他渠道，如共青团、禁毒或矫正社工转介过来的服务对象。

社工获得服务对象的名单后，先与村/居联系，了解青少年的家庭情况、就学就业基本情况，再通过与青少年及其家庭面谈了解青少年的就业意愿和就业需求。社工会多方综合评估青少年的失业类型和就业障碍，主要由哪一个维度资本存量不足引发，不同资本的就业制约程度不一。

社工先对青少年进行分类服务，若他们有就业意愿，但因人力资本过低或无法成功匹配就业岗位，则提供人力资本提升或社会资本增进服务；若就业意愿偏低或无就业意愿，社工则会分析影响青少年就业意愿的因素，按照就业受挫导致就业信心不足、就业观念偏差引发待业或就业适应力差、无就业意愿等分类进行服务（见图 3-1）。

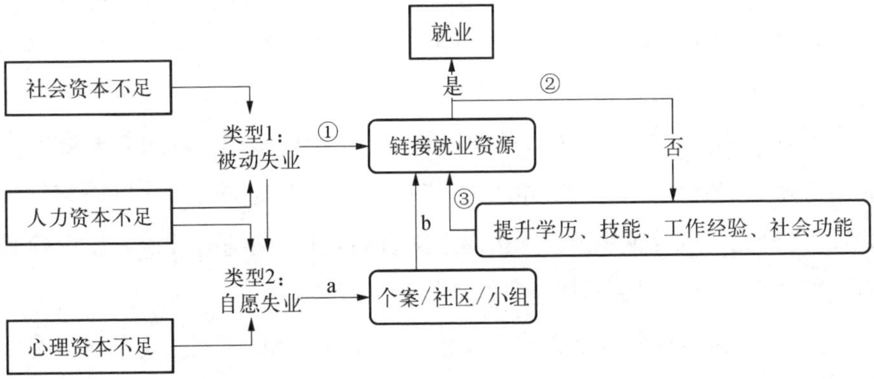

图 3-1　三维资本构建的服务策略

一、心理资本增进服务

社区青少年的心理资本障碍包括自我效能感低、职业定位不准确、韧性资本不足等，通常伴随着较低的就业意愿或是长期失业的状况。社工的首要任务是保持他们与社会的联系，通过开展娱乐康健活动或志愿者活动，让社区青少年重获生活和就业的希望，避免他们就业意愿不断下降，进而对社会参与产生排斥。社工提供心理资本改善服务时，要关注人力资本和社会资本与心理资本的协同作用，帮助社区青少年探寻“如何做”的方法。

（一）情感支持与自我效能增进

社区青少年自我效能感低的直接诱因是他们应对就业受挫时的社会支持不足，缺乏克服就业障碍的能力，由此产生负面的自我评价。因而，社工既要促进社区青少年社会支持网络功能运转，以改变他们负面的自我评价，也要协助他们获得成功的经验和应对就业障碍的资源，增强其就业信心，提高其就业积极性。

首先，在面对自我效能感较低、就业行动不足的社区青少年时，社工通过言语劝说的方式促进青少年意识觉醒，同时开展心理疏导和认知改变服务，为他们提供情感支持。家庭成员是社区青少年的重要他人，能为社区青少年提供情感关怀，也能给予青少年求职的经济和物质支持，是他们应对就业受挫重要的社会支持来源。不过，部分家庭的成员常因青少年的消极就业状态与沟通不畅的问题和青少年发生争执，在其他生活事件摩擦下导致矛盾升级。如果社区青少年已经面对就业受挫的压力事件，失去家庭的支持可能使他们丧失应对风险和压力的能力与勇气，进而使他们自暴自弃。因此，为避免社区青少年孤立无援地应对挫折，社工应适时开展家庭治疗服务，改善家庭的沟通状态，促进家庭功能正常运转。

其次，社区青少年的低自我效能感由就业受挫经验引发，仅靠言语说服难以造成认知改变。为此，社工帮助社区青少年重塑认知，提高自我效能感，其具体做法如下：一是协助他们体验成功经验，并获得新的自我认知，从而解构他们低自我效能的认知。此外，社工帮助社区青少年群体在就业外的其他领域提升自我效能感，较常使用的策略是委派青少年协助社工完成任务或让他们参与志愿者活动，在完成任务的过程中发现自己的优点和能力，也间接培养他们的社会服务意识和责任感。二是提高社区青少年的工具效能，协助他们克服就业障碍。为避免社区青少年因相同原因重复失业，社工需要借助人力资本和社会资本提升服务增强他们的就业能力和信心。三是以替代性经验提升社区青少年的自我效能。比如，邀请曾有失业经历但随后成功就业的社区青少年参加小组和社区活动，分享成功经验，并通过同质性的交往为社区青少年提供情感支持。

总体而言，社工既能够改变社区青少年的自我认知，又能够协同人力资本和社会资本服务提升社区青少年应对问题的资源和能力，体现了增能的积极干预视角，突出了助人自助的服务原则。

（二）职业认知与积极就业观建构

社区青少年就业观念偏差表现为就业需求与人力资本不相符、职业规划不清晰，诱发他们频繁失业或长期待业。社工在重塑他们的就业观念时，注重培养青少年的就业能力，也适时开展家庭服务，从而避免消极的家庭同化作用影响青少年的就业认知，塑造他们积极的就业观念。

社工对社区青少年的职业规划目标和就业需求进行整合评估，了解他们的职业偏好和就业需求状况。当社区青少年职业规划不清时，社工可以通过社区青少年群体的过往经验，如专业、工作经验以及兴趣等寻找相关的工作岗位，结合他们的就业需求，帮助他们进行职业规划。除此之外，社工也可以通过其家庭资源帮助青少年厘清就业方向，进行职业定位。家庭对于青少年就业支持至关重要。一是家庭成员作为青少年长时间的陪伴者，相较于社工短暂的面谈，他们对青少年的喜好等方面把握得更准确。二是家庭为青少年寻找就业资源势必投入物质和时间成本，可以让青少年了解到就业所要付出的代价，避免形成消极就业的观念，以使他们更加认真地思考就业方向。三是家长自己链接就业资源，可以较好掌握青少年就业过程，督促青少年采取就业行动。需要注意的是，社工让家庭系统参与服务时，需要事前评估家庭关系，若家庭亲子关系冲突较大，社工则需要先调适家庭系统。倘若家庭其他成员本身存在观念偏差，社工则需要同时介入家庭开展服务。

如果社区青少年具有明确的职业偏好，但由于自身能力不足无法实现目标，那么社工会协助青少年重新进行职业规划，为他们提供就业机会受挫体验，譬如依据他们的职业偏好链接相关的招聘信息，帮助他们明确就业目标与现实的差距。在此基础上，社工帮助他们识别就业障碍与满足就业希望。到这一阶段，服务转向人力资本提升和社会资本增进策略。为预防青少年出现就业观念偏差，社工在职业学校里为应届毕业生开展校社衔接适应工作，包括就业观念的指导、自我认识与规划、求职准备和面试技巧辅导等，帮助他们做好心理调适工作，并提供就业指导，避免他们因对就业的盲目理想化和对就业市场的不了解导致失业。

需要注意的是，并非所有社区青少年的就业观念都可以得到有效转变。当服务陷入瓶颈时，社工会与社区青少年群体保持联系，等待改变的契机。“先就业再择业”的观念倡导贯穿整个社会工作服务过程，社工不否认社区青少年的主体性需求存在差异，他们希望的是通过自己的服务帮助青少年看到生活的实在性和可为性，让他们拥有“案主自决”的权利和能力。

（三）社会学习与朋辈效应

社区青少年无就业动力与他们的韧性资本存量低有关，这类失业问题与社会变迁紧密相连，是时代的议题也是服务的难点。对于“没有感知服务的需要，社工的赋权服务是否必要”这一问题尚未有探讨结果，因此对于明确表示无服务需求的青少年，特别是全职妈妈群体，社工以定期联系为主。社工在服务就业价值观异化的青少年时，进行了不少实践尝试，但尚未形成系统化的服务模式。因此，本部分内容将围绕社工借助朋辈群体改善社区青少年韧性资本的服务思路进行阐释。

社工认为，朋辈群体相比于家庭是更好的服务介入点。社区青少年具有较强的自主意识和朋辈归属感，家庭影响能力较弱而朋辈影响力大，部分青少年的就业观念还可能受家庭就业形势的不良影响，而朋辈群体提供的正向沟通功能可能会扭转这一趋势，因而从朋辈群体切入是社会工作服务的又一关键点。帮助青少年寻找生活意义是激发他们就业动力的核心。首先，社工会邀请青少年参加社区的志愿者活动，协助他们探索人生的意义和方向。这一服务策略侧重于让青少年进行生活体验，改变他们对生活无意义的认知。其次，社工通过言语劝说、其他朋辈群体的正向影响，刷新青少年的价值观念，鼓励他们走出围墙欣赏世界。社区青少年如果长期不就业或是缺乏社会参与，会形成较为封闭的思维状态。例如，部分青少年会表露出“我这样蛮好”的“随性态度”，甚至在朋辈群体中形成较为统一的消极群体规范和行为。在实践过程中，社工往往认为需要借助其他青少年的生活方式来帮助他们认识到自身生活之外的其他可能性，解构他们对工作和生活现状的刻板认知(杨桃莲，2018)。最后，社工和朋辈群体向社区青少年提供成功的经验和发展的机会，增强他们行动的信心。例如，社工可以分享成功的就业经验，通过替代性成功经验，让他们了解潜在的成功途径，激励他们采取行动获得成功。

二、人力资本提升服务

五大人力资本对社区青少年就业产生的作用不尽相同。一般而言，学历、技能和工作经验三个要素是劳动力市场的门槛，受教育程度不高、无技能或相关工作经验都可能成为社区青少年的就业障碍。缺乏良好的社会功能则会直接导致青少年群体求职失败或就业适应力弱，这一人力资本贯穿求职和就业过程。健康更是决定他们是否可以参与市场化就业的因素。因而，开展人力资本提升服务的重点是评估社区青少年的就业障碍要素和人力资本提升意愿，并链接资源或开展治疗性服务提升他们的人力资本。

(一) 阻碍人力资本提升的要素

社工为社区青少年开展人力资本提升服务时，基础性的工作是评估他们的就业障碍是由缺失了人力资本的哪一个要素导致的，以及评估他们提升人力资本的意愿。社工一般通过社区青少年的学历、技能证书和相关工作经验等客观信息了解他们的人力资本基本情况，并通过与其本人面谈，以及和其他相关者如家庭成员和社区居委会工作人员交谈等，对他们的社会功能和健康情况做出初步的判断，结合他们过往的求职经历，评估妨碍他们人力资本提升的因素。

就业是劳动力市场与个体双向选择的过程，失业可能是人力资本引发的就业障碍，也可能源自职业定位不准确或不清晰等心理资本问题。因而，在特殊情况下，社工还需要为社区青少年提供职业定位的拓展性工作。职业定位能够让社区青少年学会重新认识自己，了解自己的就业需求，同时也是社工开展需求评估工作的重要内容。不过，当面对职业定位明确却又不愿意提升人力资本，难以弥合劳动力市场要求与自我期待差距的社区青少年时，社工应该采用心理资本和社会资本服务相结合的服务策略，而非人力资本提升服务策略。

人力资本提升意愿受到社区青少年的心理资本和社会资本的制约。一是职业定位直接影响青少年人力资本提升的需要。在访谈中我们发现，若青少年想获得好的工作岗位，则往往需要具备相当的教育和技能水平，要求他们付出相应的努力。但当他们在就业中更多考虑"我失业，因此我想找一份工作"，而没有明晰的职业规划或就业需求时，会导致他们缺乏努力的目标和动力，倾向于在与自身人力资本相符的范围内选择匹配的岗位，避免完成人力资本提升任务。二是学习的自我效能感影响人力资本提升的动力。无论是学历提升还是技能考证都需要参加考核，部分青少年学习成绩较差，学习的自我效能感低，对于学习的成果产生怀疑。加之他们可能离开学校的时间较长，长时间未学习，会有畏难心理，不愿意接受挑战。三是家庭的支持程度也影响他们拥有参与人力资本提升服务的资源。青少年普遍缺乏经济基础，若要进行人力资本提升，需要家庭经济支持，部分家庭可能出于经济状况或思想观念等原因难以支持他们。

因而，社工协助社区青少年厘清职业定位和就业障碍后，当青少年有人力资本提升意愿时，社工应链接相关的人力资本以提升他们的资本存量，帮助他们实现职业目标。面对自我效能感低和社会支持不足的青少年，社工还要适时提供自我效能提升服务，并补充他们的社会性资源，也可以鼓励他们采取其他方法，诸如"先就业，积攒提升学历所需的费用"。

（二）链接人力资本提升的资源

在传统教育体制之外，政府还提供了政策优惠和财政支持来帮助社区青少年开拓新的人力资本提升途径，包括学历提升的"阳光下展翅"项目、上海市技能培训项目或市场化技能培训项目、积累工作经验的上海市职业见习计划，以及直接促进就业的社区公益性岗位。后者虽不能直接提升个体的人力资本，但对于难以改善健康状况的社区青少年而言，就业具有重要的弥补意义。社工发挥的作用体现在，整合政府提供人力资本提升的资源，提高社区青少年获取资源的可及性和可能性。

"阳光下展翅"项目是由上海市慈善基金会和共青团上海市委合作推出的，面向上海市社区青少年的学历提升服务，从2004年起提供中专教育的学历提升服务。中专教育为期一年半，学费全免，面向所有具有初中学历的社区青少年，并提供见习和实习岗位，中专毕业后可以获得一张学历文凭和两张技能证书，实施"中专学历＋职业技能＋推荐就业"一站式服务。2009年，该项目新增大专学历教育项目，并提供教育补贴。[①] 学历提升可以增加就业机会，提升青少年就业的工具效能，对于人力资本过低的青少年效果较为显著，对身体素质较差难以从事重体力劳动的青少年而言是较为合适的选择。

职业技能培训项目由上海市人力资源和社会保障局提供，每年会提供一批职业技能培训的名单，培训周期一般是6个月，每周1—2节课，依据职业岗位紧缺程度，不同的群体可享受不同的补贴政策额，失业青少年在参加完培训、获得相关证书后可获得100％的补贴，非正规就业或灵活就业者可获得60％或80％的补贴。青少年还可选择到培训市场中接受培训提升自己的技能水平，但培训费用较为高昂。社区青少年的家庭收入一般是中等偏

① 参见上海慈善网，"阳光下展翅——上海社区青年就业教育培训"，https://www.scf.org.cn/csjjh/n3421/n3592/n5026/n5133/n5137/u1ai248484.html，2023-07-04。

低水平，部分家庭属于困难或低保家庭，按照 2020 年上海市低保的申领标准，三口之家的核心家庭一个月低保金是 3 680 元。因此，培训费用对于他们仍是较大的负担。

2002 年，上海市政府推出了职业见习计划，为青少年提供积累工作经验的机会。而在 2017 年的发文中，进一步规定按照当年城镇职工月最低工资标准的 80%给予青少年补贴，计划覆盖 16—35 周岁高等学校及中等职业学校的应届毕业生。[①] 实习和见习能为社区青少年提供就业缓冲期，减少“工作”带来的压迫感，给予青少年增加工作体验的机会，让他们更能做出“先就业再择业”的选择。对于很多青少年来说，现有的工作机会并不一定符合自身的就业意愿，当他们在对就业岗位不了解的情况下贸然接受就业机会的话，就会出现就业岗位与预期不符而造成心理落差、倦怠或就业不适等问题，此时再去寻找新的工作意味着青少年不仅会浪费为取得该岗位付出的时间和精力，同时还挤压了其他就业机会和可能性。在理性衡量下，青少年通常会放弃当前的就业机会。“就业—失业—求职—再就业”的不稳定就业习惯会提高青少年对短期就业的容忍度，产生不良的就业心态，造成惯性依赖，促使青少年成为非正规就业群体的一员。整体而言，上海见习计划可以协助青少年了解相关岗位职责，进行职业规划，积累工作经验的同时也可以提升他们的就业适应能力，改善社会功能。

如前所述，灰色地带青少年的失业问题很难通过改善人力资本或链接市场资源就业岗位得到解决，而街镇建立的阳光之家提供的岗位安置服务和企业所得税优惠政策不对该类青少年开放，因而服务于存在健康障碍的社区青少年，并为其提供公益性岗位可能是最佳选择。政府为社区青少年提供人力资本提升项目，可部分缩小人力资本不平衡带来的收入差距，社工作为青少年与正式资源间的桥梁与纽带，在传递信息的同时使得政策得以

① 参见上海市人力资源和社会保障局，《关于进一步做好本市青年就业创业见习工作的通知》（沪人社规〔2017〕22 号），https://rsj.sh.gov.cn/tqtwj_17340/20200617/t0035_1388892.html，2017-06-27。

惠及青少年(张义祯,2016)。

（三）旨在促进社会功能改善的专业赋能

社工除链接人力资本来提升服务的资源外,也为社区青少年直接提供人力资本服务,主要集中在社会功能改善方面。社工主要通过整合社会工作三大方法,介入青少年及其家庭促进他们的社会功能改善。

一是通过个案和日常服务,保持与社区青少年的联系,并通过日常交往开展人际交往训练服务。二是借助小组和社区活动,减轻他们的社交恐惧。小组活动和社区活动是社工开展治疗性服务的重要途径。社工认为,对于社交困难或是因负面人际交往经验而出现社会功能障碍的社区青少年,可以鼓励他们担任志愿者,改善他们的排斥状态。在情况有所改善的时候,可以邀请青少年参加小组活动,为他们营造社会交往的场所,并开展一些治疗性活动,帮助他们学习人际沟通技巧等。社工在服务中遇到较多的问题是服务成效的持续性不足,青少年回归原有的家庭系统或环境后容易出现退行。因此,社工也会介入家庭空间,改善父母对孩子的教养和沟通方式,但是社工在促使父母改变想法上往往也遭遇较大阻力。

人力资本提升不仅可以直接增加青少年的就业选择,降低劳动力市场的门槛限制,还可以扩大就业面,获取高收入回报的机会,让他们对就业和未来保持乐观的态度。提升人力资本还可以帮助青少年获得更高的社会地位,拓展社会关系网络,使用好的社会资本更可能成功就业,为青少年提供应对就业压力和就业问题的资源和技巧,让青少年能够应对挫折和挑战,增强他们的抗逆力,从而实现就业目标(姜添辉、周倩,2017)。

三、社会资本培育服务

面对劳动力市场信息获取渠道不畅通引发的摩擦性失业问题,社工关注社区青少年的主体能动性,特别是社会网络对劳动力市场匹配漏洞的弥补机制。社工提供的常规服务是以自我为桥梁搭建社区青少年与多个组织的联系,帮助社区青少年获取丰富的就业资源。此外,社工也利用服务活动完善社区青少年社会网络结构及其资源整合能力，实质性地发挥社会资本的就业促进功能。

（一）案主社会网络的拓展

社会资本通过社会网络发挥作用，帮助社区青少年寻找链接资源的桥梁，拓展他们的社会网络结构，丰富他们可用于就业的资源。一方面，社工利用自身的桥梁作用，拓宽社区青少年就业信息来源渠道，包括就业促进中心、团市委整合的企业岗位资源，以及社工非正式网络系统附带的就业资源，初步筛选后将符合社区青少年需求的信息链接给个体青少年，一定程度上发挥岗位匹配作用。另一方面，社工引导社区青少年参与各项活动，以此为媒介，协助青少年构建自身的社会关系网络。

上海市—区—街镇的三级行政体系均设有就业促进中心。这类中心整合本区域内的就业岗位，通过主动挖掘资源外加企业主动提供资源，面向辖区内所有失业群体，同时在基层社区设立就业援助员，分管社区内的就业促进工作。就业促进中心不定期在网络上发布招聘信息，街道就业促进中心每个月都会举办一场小型招聘会，春秋时节各会举办一场大型招聘会。社工获取就业信息或招聘信息后，将与社区青少年需求相符的岗位信息推荐给青少年群体。不过，就业促进中心提供的岗位大多与辖区内企业类型相挂钩，比如若本区域内有工业园区，企业大多属于汽车生产领域，岗位一般以工厂操作工或销售居多。此外，阳光社区青少年事务中心依托就业促进中心的资源在各区建立了一些就业基地，由就业基地所在街镇的社工负责给社区青少年提供见习和就业信息，以服务本街镇的社区青少年。虽然这类就业信息仍具有较强的区域性，但是经过社工的整合后更具有针对性，也更加符合社区青少年的需求。

另一资源是团市委联动企业整合的就业岗位。2020 年，因新冠疫情影响，失业问题尤为突出，团市委与企业建立共建关系，面向全市整合岗位资源，阳光社区青少年事务中心也依托团市委整合的资源推出 Q 就业项目。该项目与就业促进中心的不同之处在于，岗位不面向所有的失业群体，而是以社区青少年群体为主。岗位有三种类型：第一类是对青少年人力资本要求较高的专业人才或技术岗位，如软件或系统开发工程师、新媒体文案、空间设计师等；第二类是实操性较强的技能或社交类岗位，如厨师或面包师、售后客服、文员等；第三类是初级的服务性岗位，如理货员、营业员、分拣打包员、外卖员等。社区青少年中有部分青少年符合第一类岗位的要求，但是这类青少年的就业速度较快，与市场的匹配程度较高，较少成为社工的服务对象。总体上看，社区青少年的学历整体呈现上升趋势，团市委整合的就业资源层次跨度大，能符合多样的就业需求，但第二、第三类岗位仍是社区青少年求职的主要方向。

对于前两类资源，社工除了直接传达给社区青少年外，还会将整合好的信息以网络和新媒体形式进行传播。社工告知青少年可以获取信息的平台，提升他们的搜寻速度，节省搜寻成本。一些学者进行试验对比后发现，互联网可以减少匹配障碍，随着求职者搜寻范围的扩大，被动失业率减少效果显著，而且可以减少因求职搜寻资源不足而停止求职的青少年数量，避免青少年因就业成本高于失业成本（如领取失业金或低保）而放弃就业（陈奕庭、董志强，2020）。

最后一类是社工通过非正式网络系统为服务对象整合的就业信息。社工会关注自己的社会网络分享或拥有的就业信息和岗位，链接给有相关需求且符合条件的社区青少年。相较前几类，这种资源的个性化比较强，对因健康或社会功能障碍无法市场化就业的青少年而言，社工整合和链接社区就业的岗位也显得尤为重要。[①] 这类岗位对青少年技能要求不高，可以吸纳弱势群体就业，培养他们独立自主的能力，减少对社会和家庭的依赖（吴亦明，2004）。

此外，社工邀请社区青少年参与社区活动，如外出参访或志愿者活动，为他们提供社区青少年间以及他们与社会互动的平台，避免他们因失业或

① 社区就业是政府通过财政购买或以税收优惠方式开发的社区服务和管理的公益性岗位，由社会组织吸纳弱势群体在社区内就业，提供社区服务和管理。

待业而缺乏社会参与，甚至出现因社会功能弱化而导致个体的社会网络规模日益萎缩的情况。社区青少年参与活动，一方面可以扩大社会网络的异质性和广泛性，建立不同类型的社会关系，改善自身的社会网络规模和交往能力；另一方面，活动可以促进青少年之间以及青少年与社工之间产生深入交流，构建情感性支持网络。

总之，无论是社工正式或非正式关系携带的资源，还是社区青少年主动或间接构建的社会网络，都能促进就业信息流转，降低社区青少年工作搜寻成本，提高获取有效信息的可能性，增加他们社会资本的竞争优势。同时，社会网络还能提供情感支持，增加他们可用于就业的社会支持，增强他们的韧性，避免失业问题恶化。

（二）提高资源整合的能力

社工综融三大方法开展服务性活动提高社区青少年资源整合效率，包括提高他们利用就业资源和动员社会资本能力促进就业，并直接作为社区青少年社会网络组成部分发挥社会治理效能。

社工开展提高社区青少年求职技能的小组和社区活动，邀请企业 HR、专业培训教师或志愿者为他们授课，包括简历制作、求职技巧和求职模拟等，确保他们能有效利用就业资源，社区青少年参与活动的另一积极结果是可以扩大和完善自身的社会网络规模。同时，参与授课的老师也拥有就业信息，能帮助青少年获得更为丰富的就业资源（邓睿，2020）。

一些青少年的资源整合能力较弱，虽然拥有资源，但不知道如何使用。社会网络的规模效应和拓展性的作用需要在社会资本被成功激活的前提下才能实现，若青少年动员资源能力不足，未能充分使用、调动最好的社会关系和社会资本，则可能因动员不足导致社会资本回报欠缺（林南，2020）。因而，针对社工描述的“招聘信息写得很清楚但还是一直在问”的青少年，除了链接资源外还需要教授青少年使用资源的办法，如获得招聘信息后应重点关注哪些信息、还可以通过哪些社会网络获取信息、如何使用这些社会网络等。

社工是社区青少年就业过程中拥有的重要的社会资本。对于社会资本较为充裕的青少年而言，社工链接的资源只发挥了补充性作用，但是对于人力资本或社会资本较低的社区青少年，社工动员社会资源具有重要意义。一是社工在一定程度上充当青少年和用人单位的社会信用证明，减少人力资本不足的弱势或信息不对称带来的行动困难（林南，2020）。社工链接就业资源可以增加社区青少年对信息的信任程度，缩短他们筛选信息的过程，同时降低他们因市场求职平台不完善而拒绝求职的可能性，提高就业匹配效率。用人单位可以通过社工增进对青少年的了解和信任，而且社工作为中间人密切了解双方社会关系的联系，提高了规范的效力，可以适当降低用人单位的用人风险，增加青少年被录用的可能性。二是社工可发挥实质性影响，承担用人单位和青少年双方协商的职责，促进青少年和用人单位磨合，匹配就业岗位。比如，青少年面试招聘接待岗位，社工协助青少年了解面试结果和改进建议，青少年依据反馈进行改进，最终获得录用。三是社工链接就业信息对青少年来说不仅意味着具有更多的就业机会，而且一定程度上也提升了青少年就业的信心。对于他们来说，社工链接就业资源意味着上了一道“保险”。他们认为，自己在面试时可以获得优先权，同时更容易被录取。实际上，用人单位并不会因为青少年是社工推荐前来面试的就给予特权，但是社工的代理地位会增强他们被录用的信心，让他们在求职中保持积极乐观的态度。

社工不仅通过丰富社区青少年的社会网络资源增进他们的社会资本，而且还能提高青少年使用资源的能力，减少社会网络的结构性限制。社会资本可以弥补社区青少年人力资本不足的竞争劣势，同时社会资本可以避免他们因短期内未就业或求职受挫诱发的低自我效能，帮助他们以更加积极乐观的心态面对就业压力。

总体而言，社区青少年因不同的资本缺失境况衍生出两种失业类型，即被动失业和自愿失业，其中包含三种就业障碍：人力资本低于劳动力市场准入门槛、社会资本弥补效应不足、心理资本不足引发低就业意愿。被动失业的出现大致有两种情况：一是源自青少年的人力资本不足，缺乏就业竞争力被劳动力市场排斥；二是社会资本不足衍生岗位匹配低效，进而衍生失业问题。被动失业与青少年的心理资本相互作用，则会产生自愿失业问题。自愿失业一般由社区青少年应对就业压力事件的心理资本存量低引发。社区青少年应对就业受挫和就业压力的韧性资本和自我效能、求职过程中的就业需求和职业规划等心理资本，与人力资本或社会资本等相互作用，间接对社区青少年的就业意愿产生影响。需要注意的是，就业意愿并非静止不变，而是会伴随社区青少年所处的不同阶段发生变化。青少年社会工作者针对社区青少年就业资本缺失的问题，主要从社会资本、人力资本、心理资本建设的角度进行了回应。

第四章　“三维资本”培育的就业社会工作服务案例

社区青少年的失业问题与青少年的人力资本、社会资本与心理资本的总体存量息息相关。人力资本，如学历、技能、工作经验等因素反映了青少年择业的可选择空间。社会资本是劳动力市场不完善的重要补充，是弥补人力资源不足以增加就业优势的重要资源。心理资本包括自我效能、就业观念等因素，涉及青少年的就业认知以及应对就业挫折时的自我调整能力。上述资本的缺乏是导致青少年失业的主要障碍。本章内容将围绕社会工作服务开展中的典型案例进行分析。在服务需求方面，社区青少年时常面临着多种资本的缺失，解决就业问题需要厘清社区青少年面临问题的主次关系及其背后所反映的深层含义。在服务策略方面，社会工作者侧重于从个人、组织与社区三个维度切入，不同的切入方式会带来不同的行动策略。为了方便论述，本章内容将以人力资本、社会资本与心理资本的划分维度来介绍具体案例及社会工作的实践对策。

第一节　人力资本重建服务案例

一、学历技能提升

人力资本存量关系着劳动力市场的行业准入门槛。社区青少年在缺乏人力资本的情况下，其就业机会与职业选择空间受到限制，仅能在有限的职业中做出选择，这一现实状况与他们的主观就业期待之间存在张力，失业成为逃避现实的一种应急举措。

2018 年上海市社区青少年调查数据显示，社区青少年中，中专、高中和大专学历的占比达到 62.8%，尽管这一数据与十年前社区青少年的教育水平情况相比较，中专及以下学历为主的学历结构有了较大的进步，但是仍然包含较高比例的函授、成人电大等社会认可度较低的学历文凭，侧面反映了社区青少年群体在就业市场中所处的不利位置。而学历水平与专业技能、工作经验之间有着较高的相关性，由于社区青少年较早进入劳动力市场，在缺乏专业技能训练和工作经验的情况下，他们的就业机会和职业选择范围较窄，大多只能在就业门槛较低的行业就职。这类工作往往伴随着高强度、机械性的特征，不少社区青少年在短暂就业后由于无法忍受工作强度而选择离职、跳槽。然而，社区青少年所累计获得的专业技能和工作经验仅限于特定的行业范围，在缺乏学历支撑的情况下，他们难以跳脱低就业门槛的职业领域，甚至被迫重新回到原先从事的行业。

在小罗的案例中，他在毕业后短暂从事过数份职业，最终选择餐饮行业，并且凭借自己的兴趣取得了调酒师证书。当其就职的咖啡店倒闭后，小罗尝试利用这次机会进行跨行业求职。相对于先前的餐饮行业，小罗将找份办公室的文职工作作为自己未来的发展方向。可是，受限于小罗的学历以及之前的从业经历，他所投递的岗位都拒绝了他的求职申请，小罗跨行业求职的愿望最终没能实现，反而因此导致自信心受挫，陷入了长期失业的困境。

案例：小罗，男，初中肄业。17 岁时开始在外打工，这些年来从事过各行各业，不仅做过兼职，也自己创过业，靠着自己的努力在餐饮行业有了一定的发展。根据自身的兴趣爱好，小罗还考取了调酒师证书。在新冠疫情暴发前，小罗在一家咖啡店担任咖啡师，然而伴随疫情的持续影响，咖啡店的生意一天不如一天，面临着房租的压力和客流量不断减少的困境，咖啡店最终难以为继，小罗也面临了第一次失业。后来，小罗重新开始找工作。不过，他没有回归老本行，而是想利用这次机会尝试一下跨行业求职。在先后向地铁站务员、物业管理等岗位进行投递申请后，小罗受到学历和自身技能的限制，未能获得面试机会，而他也不愿意重回餐饮行业，尽管他在这一行业积累了五年的从业经验，但小罗想要换一个更有发展前途的行业，往文职或是办公室类的岗位发展。在半年时间内，小罗反复求职失败，他从刚开始的信心满满逐渐整日消沉，陷入了长期失业的窘境。（来源：长宁区案例）

值得注意的是，就业选择由就业条件和就业意愿两部分组成，前者是就业市场的客观要求，后者则是个体的主观意愿，过度关注前者容易忽视社区青少年的能动性。事实上，求职过程不仅是社区青少年匹配合适的就业条件的过程，也是他们主动选择的过程。在另一服务对象嘉嘉的案例中，则反映了青少年就业期待对其求职的影响。受限于学历、专业技能和工作经验上的缺失，她未能按照自己的预期找到合适的工作，进而影响了她的心理状态，使她不愿意面对就业。嘉嘉的主观就业期待源于各类社交媒体的宣传，这类媒体塑造了各种各样的成功人士形象。在嘉嘉的设想中，在自己感兴趣的领域中找到一份合适的工作并不会太难，因此她对未来充满美好愿景，满怀壮志地想要在职场崭露头角。与嘉嘉不同，小潘的就业期待是在不断试错的过程中确立的，她在先后从事的两份职业中找到了自己感兴趣的发展方向。然而，无论是嘉嘉还是小潘，她们在实现自己的就业目标时，都因为学历、专业技能和工作经验的欠缺，而未能找到一份满意的工作，但她们又不愿意放低自己的要求，因此陷入了两难抉择。

案例：嘉嘉出生在上海市崇明区的一个普通家庭，父亲是一名社区保安，母亲是超市收银员。从小父母对嘉嘉十分宠爱，尽可能满足女儿的需求，同时不愿意让女儿尝试各种各样的挑战，害怕女儿会在外面吃亏。当嘉嘉中专毕业后，对生活充满期待的她想象着未来从事的行业，想要在自己感兴趣的领域内找到一份工作。为此，嘉嘉积极准备简历，也投递了不少企业。然而，由于缺乏工作经验，仅仅有过在实验幼儿园实习的经历，在寻找工作的过程中，嘉嘉屡屡受挫。据嘉嘉说，她前后参加了几家公司的面试，但均因没有相关工作经验而最终没能被录取。当看到周围其他同学纷纷找到工作时，嘉嘉心里感到非常难受，也由此产生了自卑感，情绪一度低落。她也想过，是否需要放低自身的要求，找到一份稳定的工作。（来源：崇明区案例）

案例：小潘，女，大专学历，电机工程专业，曾在一家工厂工作过一年，虽然工厂环境不错，压力较小，且同事间关系融洽，但是小潘觉得这一份工作并不符合自己的兴趣爱好，不想长期从事这一份工作。然而，小潘对于未来的发展方向并不确定，因此想要在工作中不断试错，找到自己真正热爱的行业。为此，小潘毅然决然辞去了工作，转而在一家小型私人企业做采购助理，该公司的主要业务是为其他厂家提供零配件，在半年多的时间中，小潘不仅需要负责跟货、追单、催发票，还要兼顾行政和后勤。同时，该公司运营不善，拖欠工资，小潘难以为继而最终选择辞职。在事后总结时，小潘认为辞职最大的原因是需要处理许多人际交往的琐事，而小潘自身并不喜欢和人打交道，老是觉得自己嘴笨，会说错话得罪人。在设想未来的目标时，小潘想要在汽车维修、西点制作和中餐烹饪三个领域内有所尝试。这三个领域是小潘最感兴趣的，但是苦于没有相关工作经验，屡次投递简历都遭到了拒绝。可是，在尝试了其他行业后，小潘对这三个行业的兴趣仍然不减，反而因为工作中遇到的瓶颈而越发想要选择自己感兴趣的领域，因为她觉得只有这样才可以有勇气克服困难。（来源：虹口区案例）

在应对因学历、专业技能以及工作经验的缺失而导致的失业时，社会工作者一方面需要化解服务对象自身的人力资本与就业市场所需人力资本之间的冲突，常见的措施包括：(1) 通过辅导培训提升服务对象的就业技能，增加其人力资本存量；(2) 通过沟通交流增强服务对象的学习动力；(3) 链接社会资源，提供与服务对象需求相匹配的岗位信息。另一方面，当涉及服务对象的主观就业意愿时，社会工作者需要甄别服务对象所做出的决定是否出于一时兴起、其职业规划是否清晰等问题。在小潘的案例中，社会工作者展现了如何应对服务对象提出就业方向，确认其做出决定的认真程度，从而为服务对象寻找社会资源，提升其在相关领域的专业技能和工作经历。值得关注的是，社会工作者在确认服务对象意愿时不仅依赖对话的形式，还充分关注到言语之外的身体语言。在服务过程中，社会工作者尊重服务对象的主观择业意愿。但这并不意味着社工对服务对象的意见听之任之，而是有针对性地对服务对象的需求提出建议，使其在可选择的就业空间内找到最优解。可以说，对服务过程中的细枝末节处的把握正是服务技巧的精髓所在。

案例：社工认为小潘拥有清晰的职业发展规划，但是缺乏相关行业的经验，从而可能影响规划的可行性。为此，社工将话题集中在汽车维修、西点制作和中餐烹饪三个职业领域上。在开始交流前，社工先让小潘阅读一些关于三个行业就业前景的相关资料。在阅读的过程中，社工发现小潘确实非常认真，用了一刻钟时间就阅读完十几页的材料。在了解到小潘确实想要在这三个领域发展后，社工开始链接相关资源。在向某职校汽修专业的老师咨询后，了解到目前汽修技工人才普遍缺乏。然而，具体到用人要求时，用人单位普遍希望汽修技工能立马上手，有一定的实践操作经验；同时需要员工经过系统的专业学习，而不仅仅有一张上岗证。老师建议小潘可以先进一家小修理厂，从外围的汽配件发货、后勤做起，边做边学。与此同时，老师还建议小潘参加技能培训，甚至是进入高职系统学习。至于西点制作和中餐烹饪，二者都属于餐饮行业。对一个厨师而言，除了要遵守食品卫生规范外，还需要懂得营养学，以及具有一定创造力。最为关键的是，厨师的餐品要能够得到食客的满意，而这少不了做帮厨的经验。社工提醒小潘，虽然目前她还年轻，但需要注意时间成本和机会成本，社工建议小潘先设定一个目标，向这个方向去努力，看到一定收益，或者做到一定成就再去考虑该职业长期发展的可能性也是可以的。

在社工的引导下，小潘前往职介所办理政府补贴培训所需的培训卡，并开始考虑参加哪个项目的培训。当得知小潘下定决心想要从事西点制作后，社工当即电话联系就业援助员，咨询西式面点的初级培训是否有政府补贴。在得到肯定答复后，了解到参训者一般先付费，待培训结束后，如果参训者通过考核，培训机构将退回之前付的费用。接着，社工向小潘推荐星巴克储备经理的岗位。社工解释说，虽然在星巴克工作不一定能学到面点制作的相关技术，但是能够了解、学习正规连锁西式餐厅的经营模式和管理文化。这对于今后融入具有西方文化特点的工作环境有一定帮助。与此同时，社工也积极联络西点培训机构，帮助小潘踏出第一步。

二、社会功能改善

社会功能主要指个体在社会交往中的沟通能力，是社区青少年在就业过程中不可或缺的一种人力资本，同时也是决定青少年能否成功就业和稳定就业的重要因素。在劳动力市场中，用人单位倾向于招募具有良好社会功能的求职者，以此降低培养成本，提高团队合作效率。良好的社会功能可以帮助社区青少年在处理人际关系和提升抗逆力等方面提供正向积极的作用，反之则会影响青少年的就业体验，降低其就业成功率。即便是成功就业的青少年，在社会功能缺失的情况下，也可能出现较低的工作满意度和较差的团队合作能力，并加剧离职风险。在社会工作服务案例中，小严与小琴的就业经历具有典型性，小严具有较强的工作能力，获得老板的器重；然而，小严不擅长人际交往，忽略了与同事之间的交流，遭到了来自同一部门其他同事的排斥，最终失业。小琴在毕业后找不到满意的工作，在社会功能不佳的情况下，她面临着无人诉说的困境，进而产生了孤独和自卑感，试图通过逃避就业封闭自己的内心。

案例 1：小严是一名拥有日语 N2 证书的本科生，今年 32 岁，他从大学毕业后就在一家日企担任人事，踏实认真的他将所有精力用于工作，缺乏与部门同事之间的交往。因此，小严虽然在工作上得到了老板的器重，但缺乏人际交往的他并没有获得部门同事的认可，不时有同事在背后议论他。在小严父亲的描述中，小严最终因为人际关系应对问题，遭到了来自同部门组长的“暗算”，至此整日消沉，不愿意接触其他人，也不愿意尝试新的工作。“我儿子在日企被他的组长算计后，就丢了从一毕业就开始做的这份工作，现在耿耿于怀，整天大门不出二门不迈，我们做父母的心里着急，但也实在没办法，也开导不了小孩。”（来源：长宁区案例）

案例 2：小琴出生在一个双职工家庭。父亲下岗多年，一直在外寻找工作却屡屡遭遇挫折，而母亲虽然有一份工作，但工作和休息时间并不固定，平时早出晚归，遇到单位设备检修还需要加班加点，无暇顾及小琴的照料与学习。从小，小琴就不与父母同住，而是由爷爷奶奶照看。这样的成长经历使得小琴的生活圈子比较狭窄，不善于人际交往，对自己也十分不自信，在学校里也没有结交到朋友。孤独和自卑感伴随着小琴的成长，自 2011 年从“阳光下展翅”中专班毕业后，她迟迟没有找到合适的工作，在得知班内其他同学纷纷找到了工作，只有她处于长期失业时，小琴变得更加消极、悲观，自己能感觉到心理的闭塞和压抑情绪，但又无人诉说，也无力改变。（来源：宝山区案例）

为了帮助服务对象克服人际交往的恐惧，提升其社会功能，社工通过整合三大方法，介入社区青少年及其家庭，促进其社会功能的状况得到改善。一方面，服务对象在社会功能上的缺失与其家庭之间存在密切联系。从案例来看，亲子关系与隔代抚养是导致青少年社会功能欠佳的一个主要原因。因此，社会工作者通过个案和日常服务形式，与社区青少年及其家庭保持联络，在日常的社会交往过程中训练他们的沟通能力。另一方面，社会工作者需要重建服务对象的社会交往系统，这就意味着服务不能仅仅局限于调动和利用家庭内部资源，同样也需要借助小组与社区活动，减轻社区青少年的社交恐惧，鼓励青少年在社区活动中担任志愿者，减轻其社交排斥问题。比如，社会工作者也可以通过邀请社区青少年参与小组活动，为他们营造社交场所，并分享人际沟通技巧，在必要的情况下开展治疗性服务。在小郭的案例中，他的失业问题受到多方面因素的影响，起先由于缺乏明确的就业方向在短时间内频繁更换工作，这使得他没能积累工作经验，限制了他的就业选择空间。当小郭屡次投递简历遭拒后进一步加剧了他的自卑情绪，导致了长期失业。为此，社工一方面与其家庭建立良好的联络关系，了解到父母在家庭中的长期缺位，小郭时常将自己的负面情绪埋藏在内心的情况，社工建议其父母与小郭沟通交流。另一方面，社工积极联络社区和社会资源，邀请小郭参与各类同龄群体的活动，在这个过程中表达意见、重建社交。在整合式服务影响下，小郭逐渐走出心理阴霾。

案例：小郭，男，24 岁，大专毕业后由于对自身定位不清，同时缺乏明确的就业方向，盲目择业使得每份工作都做不长久，频繁跳槽使得小郭没有能够积累长期的工作经验，缺乏就业竞争力。此外，小郭屡次投递简历遭拒绝后，求职信心受到打击。社工介入后，了解到小郭为人老实，性格内向，不善与人交流。同时，由于人际交往能力弱，社会交往圈较窄，小郭缺乏同辈群体支持。在这样的情况下，小郭因屡次求职遭拒而逐渐变得封闭起来，不敢承受失败带来的压力而选择彻底逃避。长期失业形成了恶性循环，进一步弱化了小郭的社会功能。为此，社工试图重建服务对象的社会网络系统，改变其社会功能不佳的情况。社工从服务对象的家庭入手，了解到小郭的父母因忙于工作，不仅很少倾听小郭内心的想法，而且对他长期待业行为进行指责，双方难以形成良性互动。为此，社工与小郭及其父母进行了开诚布公的交谈。在沟通过程中，小郭了解到父母对自己是非常关心的，而先前因求职问题责备自己是担心自己待业在家总是熬夜，影响身体健康。听到父母的真心话后，小郭陷入沉默，不再说话。这时，社工开导小郭，表示能够理解他在家无聊的心情，但是也希望他能调整好自己的作息让父母放心。双方的沟通交流化解了彼此的误会，同时也减轻了小郭除求职外的家庭压力。在此之后，社工积极链接社会资源，一方面邀请小郭参与社区活动，尤其是针对青少年开展的主题活动，增进其与同龄人的交流。在多次参与社区活动后，小郭的表现有了很大的改变，不仅能够主动与其他成员进行沟通，而且也表现得不再内向羞涩，能够通过交流表达自己的意见。另一方面，社工链接社保中心组织的各类招聘会，与小郭一同参与招聘。社工鼓励小郭大胆说出自己的感受，对自己感兴趣的岗位进行投递。虽然一开始小郭表示没有任何感兴趣的岗位，但在多次参加后，小郭也逐渐改变了想法，认为可以先寻找一个薪资待遇合适的稳定工作，在积累经验的同时寻找自己的兴趣方向。（来源：长宁区案例）

三、身心健康回应

身心健康涉及心理健康与生理健康两个方面，良好的健康状况既是劳动力市场的准入门槛，同时也关乎个体看待自己的方式。在社区青少年中，一部分达到残联认证标准的青少年可以获得政策支持，进而获得就业资源，而另一部分尚未达到认证标准，但又受到就业市场的“隐形歧视”的青少年，社工将其称为“灰色地带青少年”。诸如经历过大病，或是患有慢性疾病或身心处于亚健康状态的青少年，都会面临就业难的问题。这些青少年面临着更大的就业压力，同时也因为健康问题而受到各种不平等的待遇或是陷入自我嫌弃的境地。需要强调的是，青少年的健康状况具有动态性特点，尤其是在心理健康方面。

小杰与小蒋的案例分别代表了身体健康的两个类型：心理健康与生理健康。小杰因长期人际交往不顺而诱发抑郁症，甚至一度想过退学。受限于家庭条件，他在服药一段时间后选择停药，心理亚健康状态使他不愿意走出家门工作。而小蒋从小患有哮喘，这让他意识到自己与他人的不同，也影响了他对自我价值的判断。在错误的认知指导下，小蒋将自己定位为“社会底层职业”从事者，试图通过一种不断更换工作的方式，尽量不让其他人看出自己的“与众不同”。

案例1：小杰是一个瘦瘦小小的男生，父母在他很小的时候就离异了，小杰与父亲一起生活。父亲长期失业在家，靠低保为生，直到申请了廉租房，小杰的生活环境才有所改善。在高中时期，小杰在班级中成绩名列前茅。进入大学后，小杰感受到自己在人际交往方面存在问题，他不愿意和其他同学交流，宿舍生活也不如预期顺利，因此有过辍学的念头。在大四的时候，小杰的辍学倾向越发明显，不愿意与人交流，为此在辅导员的陪同下，小杰去校医院进行过问诊，医生建议小杰前往市内的医院做鉴定。经诊断，小杰有轻微的抑郁倾向。经过一段时间的服药后，小杰感到情况有所好转，因为抗抑郁药物较为昂贵，小杰不愿意再继续服药。由于病情持续发展，小杰在大学毕业后并未参加工作，一直在家中待了三年多，也不愿意出门，甚至都不愿意见家人和亲戚。（来源：杨浦区案例）

案例2：小蒋，男，27岁，中专学历，和父母、外婆共同居住。父母都已经到了退休的年纪，但出于补贴家用的考虑，父亲在退休后仍然寻找了一份临时工作，而母亲和外婆身体不好，需要长期在家休养，因此小蒋承担起照顾长辈的责任。从小，小蒋因为哮喘不常出门，也较少结交朋友。自从毕业后，小蒋虽然内心渴望能够走出去，但是又害怕走出去以后外界会因为自己的身体问题产生不好的看法。在工作的选择上，小蒋比较自卑，将自己定位为“文员”，认为文员工作技术含量较低，只需要会使用电脑打字即可，而大多数文员也仅仅需要坐在办公室里面，不需要与其他人接触，活动范围也相对较为固定，不会引起周围同事的关注。在工作方式上，小蒋选择了一种“半逃避”的方式，避免建立长期的人际交往关系。虽然小蒋先后从事过多份工作，但他从未尝试过长期、稳定的工作，而是以见习和兼职为主，并且每份工作的工作时间都不长，都是在见习期快要结束时选择离职。（来源：个案管理报告 饶翊君）

身体健康问题时常会影响个体的自我认知，在社会层面可能会导致就业歧视现象的出现。社会工作领域的学者对身体健康以及残障问题进行过深刻反思和强烈批判，身体亚健康与残障者之所以面临着诸多歧视与生活不便，是由于社会环境仍然贯彻“健全者中心主义”理念（杨锃，2015）。为此，在宏观政策上，社会工作需要发挥倡导功能，即改变不利于身体亚健康与残障者生存与发展的社会环境，创造有助于恢复健康以及包容亚健康者的社会环境；在微观行动层面，社工需要将亚健康与残障者视为生活主体，发挥其能动性。为了实现这一目标，社工需要运用优势视角或增能理论，前者强调人具有发展的潜力和可能性，同时每个人具有自身的优势。社会工作者聚焦于个体及环境具有的优势资源，发挥其潜能，从而达到解决问题的目的。后者则认为，个人的问题是由环境对个体的压迫所导致的，而社工的目标是帮助服务对象建立自己的权能，以对抗外在环境与优势群体的压迫。

第二节　社会资本重建服务案例

社区青少年的就业问题时常呈现复杂性和动态性的特点。从横向维度来看，复杂性是指社区青少年的就业问题与其他问题相互关联，其中既包含了导致就业困难的问题，也包含了由就业而引发的衍生性问题。从纵向维度来看，社区青少年处于人生的发展阶段，他们在未来发展方向的选择上存在较大的不确定性，在缺乏各类资本的情况下不可避免地会出现反复更换工作、对现有工作不满、选择逃避就业等具体问题。社会资本是社区青少年就业的又一关键衡量维度。社会资本与社区青少年及其环境中可供使用的就业资源有关，在缺少人力资本的情况下，社会资本可以通过调动周边资源，进而弥补人力资本不足产生的就业竞争劣势，并提升社区青少年的就业能力和质量。

一、完善社会支持网络

社会支持网络是社区青少年在应对外部应激事件产生的负面影响时能

够维持自身心理稳定的保障机制。这些负面生活事件包括家庭变故、家庭矛盾、情感困境、学业挫折等，社区青少年能够依靠社会支持网络提高应对外部环境的心理素质。反之，由于缺乏社会支持网络，社区青少年可能会在外部刺激下产生孤独感和无意义感，更有甚者，无法认识到生活的价值和意义，进而走向极端。在另一种情况下，社区青少年会在当前社会支持网络失效的情况下，依靠自身的力量搭建新的社会支持网络。需要强调的是，社会支持网络在提供心理支持的同时，也影响着个体的行为。因此，需要进一步界定社会支持网络的性质，确保这一网络将引导青少年迈向良性发展。在小苏的案例中，她在家庭支持网络失效的情况下寻找建立朋辈群体的支持网络，并认为朋友比家人更重要。然而，朋友虽然为小苏提供了社交与心理的支持，但在行动上却将她引向了犯罪的一端。受到不良社会支持网络的影响，小苏对生活的态度发生转变，转而希望通过成为网红、明星的方式"赚快钱"。在另一个案例中，小杨在家与父母形同陌路，在学校与同学之间也缺乏交流，在未能建立社会支持网络的情况下，小杨受到公司领导的指责后心理防线崩塌，进而选择沉溺在虚拟世界中。

案例 1：小苏，女，18 岁，在家中排行第三，上面有两个姐姐，下面有一个妹妹。小苏时常与姐妹发生冲突，在处理问题时小苏渐渐感到父母偏爱其他姐妹，而对她采取冷眼旁观的态度。由于父母长期在外打工，加之小苏与姐妹之间关系并不好，小苏经常受到欺负，长此以往造成了小苏对家人产生不信任感，和家人之间关系紧张。在小苏看来，朋友远比家人更值得信赖，她觉得只有朋友才懂她，理解她。因此，当朋友提议从中专辍学去大城市打工时，小苏毅然决然跟着朋友一起出去闯荡。由于缺乏社会经验和社会网络关系，小苏进入了一家网络诈骗公司，在公司负责人的诱骗下，小苏通过微信、陌陌等手机软件凭借虚构女性角色结识男性，骗取财物，卷入了一起法律事件，这次不成功的就业体验使得小苏不愿意尝试其他工作。相较之下，小苏在先前工作期间结识了不少社会青少年，他们大多没有固定工作，但都憧憬着通过成为主播、网红进而积攒名气，成为明星。受这些朋友的影响，小苏对工作提出了更高的要求，她不愿意从事那些低工资待遇、低社会地位的工作，梦想着报名参加各类选秀节目，成为明星，享受被人追捧的感觉。（来源：青浦区案例）

案例 2：小杨和父母生活在同一屋檐下，但是和父母形同陌路，情感淡漠。自小，小杨由爷爷奶奶带大，父母忙于工作，忽视了与儿子之间的情感交流，因此平日里小杨和父母很少说话，也很少谈论学校中发生的事情。小杨长大后，父母觉得对小杨的关心不够，内心十分愧疚，想要改善彼此间缺乏交流的亲子模式，但受到了小杨的排斥。他不愿意和父母交流，经常房门紧闭，对他们不予理睬。而母亲的性格比较强势，经常会以训教的形式教育他，引起小杨的不满，双方经常处于冷战状态。与此同时，小杨在学校中也没有形成良好的同辈支持网络，经常独来独往，不愿意与同学发生过多联系。小杨从中专毕业后工作了两年时间，但后来遭到公司领导批评，于是辞职不做了，之后也找过其他工作，但最后都因面试不成功未被录取。几次碰壁后，小杨心灰意冷，大门不出二门不迈，与外界断绝一切联系，整天与电脑游戏为伴，生活作息也严重偏离正常轨道，日夜颠倒，饿了就吃，累了就睡，除了游戏其他任何事情都不干，整个人的精神状态变得萎靡不振。（来源：宝山区案例）

社会支持系统的稳定是个体行动的重要元素，也为个体行动提供意义。不稳定的社会支持网络将造成个人对意义认知的不确定状况，也可能导致个体身心健康问题，进而难以维系正常的生活状态。上述案例描述了社区青少年在应对社会支持网络缺失问题时的两种策略：(1) 选择断绝社会关系，沉溺于个人世界；(2) 尝试重建新的社会支持系统，以维持个体的心理平衡。可以发现，社会支持系统并非局限于家庭内部或是某一群体中，关键在于建构精神、情感与信息的互动过程。在面对社会支持系统不稳定的案例时，社会工作服务在区分社会支持系统的属性后，其常见做法包括：(1) 重建已有的但失去支持作用的社会支持系统，如重建家庭成员之间的互动和沟通；(2) 调动服务对象所拥有的资源，在尚未发生联系的群体内部建立支持系统；(3) 发掘新的社会支持系统。需要指出的是，不同做法之间并非非此即彼的关系，为了确保服务对象能够提升应对挫折的能力，建立多个支持系统极为重要。不过，具体的服务做法需要结合服务对象的实际情况，当服务对象对建立某种联系存在抵触心理，或是在建立关系的过程中产生了消极的副作用，社工需要优先解决服务对象遇到的实际问题，再根据现实情况，有所选择地建立社会支持系统。

在小杨的案例中，社会工作者从家庭与社区两个方面出发，以重建家庭支持系统和建构新的社区同伴支持系统。在建立家庭支持系统时，社工遇到的问题是小杨对于社工提议的方案较为抵触，不愿意配合社工，为此社工选择转换策略，邀请小杨参与社会活动。与此同时，社工与小杨父母保持联系。在小杨与社区同伴建立了良好的关系，同时树立了一定的自信心后，再转而重构家庭关系。

案例： 针对小杨的情况，社工认为问题出在小杨缺乏有支持的社会网络以及应对挫折的社会功能。为此，社工以增能理论与米德的自我理论作为理论支持，从个人、家庭、社区三个方面改善小杨的社会网络，重建社会联系。在个人层面，社工与小杨进行了多次深层的交谈，在了解到小杨遭遇失败却无人诉说，以及在学校、工作场所中遭到欺凌的经历时，社工予以回应。在服务中，社工运用增能理论，对服务对象进行情绪支持，通过邀请小杨参加社工点组织的各类团康活动，鼓励他走出自己的小圈子，扩大交友圈，提升自己的人际交往能力。同时，社工进行了心理压力的疏导，帮助小杨回忆一些在成长经历中的成功体验，引导服务对象发现自身被忽视的闪光点，促进他的自我肯定与自我认同。在家庭方面，社工在了解到小杨父母的教育方式、方法后，寻找问题的根源，定期与小杨的父母进行沟通。社工发现小杨的父母将愧疚转化成了对小杨无条件的爱。社工在给予其同理心支持的同时，指出了这种爱所引起的后果是小杨永远无法长大。随后，社工通过情景分析法，使小杨的父母更加了解孩子的优缺点，也从中认识到了自己的教育方式的不足，最后小杨的父母答应会努力改变自己，改变爱的方式，学会放手让服务对象自己去努力学习和生活，不断提升自身能力，慢慢学会独立。在对小杨的直接服务上，社工邀请小杨参加社区的各类活动，在“三五学雷锋”的社区活动中，小杨表现得积极主动，与社工一起参与捡垃圾环保公益活动。活动之后他告诉社工，他从未参加过如此有意义的活动，与同伴相处十分愉快，同时他对自己的现状产生了思考。与此同时，社工还经常带小杨去居委会，熟悉了居委会的一些工作人员。大家都非常关心他，对他十分热情。小杨逐渐与他们变得熟络，每次见到大家时他都很主动地打招呼，还当上了居委会的志愿者，主动帮助居委会工作人员组织一些社区活动，帮助一些年纪大的社工做一些文案录入工作。当小杨的信心逐渐建立后，社工转而关注其家庭中的亲子关系。小杨透露，他觉得父母根本不了解他，与他们不在一个交流频道上，于是很多事情不愿意与他们分享。社工对他的感受表示理解，表示两代人之间存在代沟是正常的，但是家人是我们每个人最亲近的人，希望他能理解和感受到父母对他无私的爱，希望他能改善与父母的沟通方式。通过交流，服务对象意识到了一直以来对父母的忽视，内心也表示十分惭愧，愿意与父母重新建立关系。

通过一段时间的服务，服务对象的自信及人际交往的能力有了很大的提升，社工与他一起商讨并制定了今后的生活规划和目标，他表示已经做好了走出家门积极工作的准备。为了帮助服务对象踏上工作岗位，积极融入社会，社工充分挖掘和整合各种社会资源，寻找到一份薪资不错的物流单证员的招聘信息，并推荐给小杨。面对这份招聘信息，小杨认为自己有这方面的工作经验，也非常适合做这份工作，但是又害怕面试过不了关。为了打消他的顾虑，社工鼓励并协助他做好充分的前期面试准备，如简历的制作、面试的技巧以及面试基本礼仪培训，在做好充分准备之后，服务对象的自信心有了很大提升，他大胆地走出家门参加了面试。几天后，服务对象来电，激动地对社工说：“姐姐，我刚刚接到岗位录取电话了。”在得知这一信息后，社工将这一消息告知了小杨的母亲，母亲听后非常开心，社工希望小杨的母亲多鼓励和肯定小杨，以此成为小杨不断进步的动力和有力支撑。（来源：宝

山区案例）

二、提升资源使用能力

就业资源的链接能力与社区青少年的择业范围有关。青少年的就业资源链接能力越强，可选择的就业范围就越广，反之则受到限制。常见的就业资源来源有家庭与学校，除此之外，青少年可以通过网络平台渠道获得就业信息。因此，就业资源反映的是青少年及其环境调动资源的能力。当青少年缺乏就业资源时，可能面临多重问题，包括：(1) 对已有就业资源不满，拒绝现有的就业机会；(2) 对已有就业资源不满，选择接受现有的就业机会，但仍然处于焦虑状态。小琴属于后者，在接受了父母的就业推荐的情况下，她仍然对自己的工作抱有不满，憧憬于自己感兴趣的行业，但又缺乏明确的就业方向。她不断围绕着是否辞职的问题进行自我问答，由此陷入焦虑和痛苦。

案例： 小琴，女，中专学历，未婚，目前在某物流公司做电话接线员，月收入 4 000 元左右。小琴是家中独女，父母从小对小琴宠爱有加，要什么给什么，但没有真正关心过小琴的生活及交友情况，使得小琴养成了自由散漫的性格，同时内心比较脆弱，抗压能力较差。在父母的保护下，小琴并未尝试过独立生活，中专毕业后，在父母的帮助下找到了一份接线员的工作。然而，小琴对这份工作并不满意，她觉得自己一直过着得过且过的日子，不仅工作没有发展前途，而且在重复的、机械的接线工作中也得不到任何快乐，因此想要辞职。然而由于没有明确的就业方向，同时也缺乏就业资源，小琴对未来感到迷茫，也不敢轻易尝试辞职。小琴一边工作着，一边感受到痛苦，却又无能为力。这种消极的情绪始终影响着小琴，心不在焉的状态不仅影响了她的工作，同时也对小琴的生活造成了极大的困扰。（来源：闵行区案例）

社会工作的介入为服务对象提供了补充式的就业资源，社会工作者擅长链接资源，其拥有的就业渠道较个体也更为广泛。处理因就业资源不足而导致的失业问题的关键在于如何保证服务对象就业的稳定性。在许多案例中，服务对象出于一时兴起决定在某一行业发展，当热度过去后，他们又开始对其他行业产生新的兴趣。如果仅仅听从服务对象的意见，那么社会工作者容易陷入无效、费时费力的反复服务中，实际却无法真正帮助服务对象实现就业。

因此，这一目标的实现需要社会工作者兼顾其他就业问题，例如澄清服务对象的职业规划、了解和发展服务对象自身的兴趣爱好。在小琴的案例中，社会工作者通过了解小琴的成长经历，得以明确她在做出选择时存在的问题，进而通过具有针对性的服务提升其决定的自主性，鼓励小琴表达自己的看法，发掘自身的兴趣爱好。同时，对小琴在发现自己想要从事的行业后便匆匆做出离职的决定表示反对，建议小琴循序渐进，积累经验。

案例：在小琴父母的求助下，社工介入了本次个案。在小琴的家中，社工第一次见到小琴，小琴传递了一系列消极情绪，包括工作无聊、没有前途、让人失望。在社工看来，小琴的问题主要是缺乏就业资源和对未来的规划，同时与家庭的沟通不足，徘徊于家庭和工作之间，难以做出最终决策。为了解决小琴的问题，社工的行动分为三个阶段。

第一阶段，社工与小琴进行沟通，在了解了小琴的成长经历后，得知小琴从小受到父母的保护，这种保护虽然为小琴提供了稳定、温馨的成长环境，但也造成了小琴的独立性较差、缺乏主见等问题。在了解到这一情况后，社工一方面与小琴进行了多次沟通交谈，通过问答的形式，训练小琴表达自己意见的能力，帮助她确定自己的想法；另一方面，社工在与小琴的父母交流后得知，父母不愿意让小琴辞职是出于担心女儿再也找不到这样稳定的工作。然而，社工告知他们小琴目前面临的压力，以及他们的保护有时候会阻碍小琴的成长。在理解了保护的两面性后，小琴父母也愿意做出改变，与女儿多做沟通，多理解女儿的处境。

第二阶段，在缓解了小琴的家庭压力后，社工引导小琴发掘自己的兴趣和爱好。小琴的问题在于缺乏就业资源，不过，并非所有的工作都有高门槛，也有许多具有灵活性的就业方式可供选择。在社工的引导下，小琴找到了自己的兴趣爱好。她表示自己想要尝试开网店，因为自己有批发衣服的渠道，可以拿到价格相对合适的衣服。不过，对于小琴所说的全职从事网店运营工作，社工并不赞成。社工劝说小琴目前开网店比较难，而且需要一个人承担所有工作，不仅工作量会有所上升，而且可能会面临不成功的风险。小琴对社工的意见表示赞同，但还是坚持自己的想法。在得知小琴的决心后，社工建议小琴可以先尝试边工作边开店，如果网店可以顺利运转且销量不错，那么再转为全职也为时不晚。在社工的屡次劝说下，小琴有所妥协，表示如果卖得好再辞去现在的工作，如果网店开不下去，就老老实实工作。

在第三阶段，社工帮助小琴准备开网店所需的材料，同时辅助小琴确定网店的服装类型、适宜人群、描述简介等具体内容。一个月后，小琴的网店成功开业，并且开业当天就卖出了两件衣服。对此，小琴感到十分兴奋。两件衣服都是通过朋友圈售卖出去的，朋友们说她进的几件衣服都很漂亮，以后还会继续关注。这对小琴来说是一个很好的开始，她对开网店很有信心，同时先前的烦恼也不存在了，她能够安心工作了。

三、强化资源整合能力

社区青少年的就业问题时常与其他问题相互关联，既包含了导致就业困难的问题，也包含了由就业而引发的衍生性问题。在社区青少年的就业案例中，由于就业问题的复杂性，青少年往往需要在同一时间点应对诸多不同的问题，在缺乏相关资本支撑的情况下，青少年容易长期失业。不过，青少年的就业问题并不仅仅是资本缺失导致的，还包括资源整合能力与资源识别能力的缺乏。换句话说，社区青少年没有意识到可供利用的资源，在面临多重问题时失去了对自身所处情境的控制权，由此产生无力感、自卑感等消极情绪，陷入长期失业的困境。小卢的案例表明了资源整合能力的重要性，他的问题来自身体状况、家庭、社交、工作等多方面的失利，在多重问题的影响下，小卢通过“主动”放弃对自己生活的控制权，从而维持自身的平衡。这种状态也进一步使得小卢对未来的发展产生消极情绪，他在否定自身价值的同时也对未来失去了希望。

案例：小卢，男，23 岁，目前失业状态持续了 11 个月。小卢初中阶段是体育生，练习田径短跑，因为落下了腰间伤病，以致久坐或久站都容易导致旧病复发。由于伤病，加之学习成绩较差，小卢在初中毕业后就进入了中专学习。然而，在中专期间，小卢结识了一群社会不良青少年，时常与他们一同出入，无视学校规则，经常旷课。直至 16 岁时，小卢与一群不良青少年参与盗窃，后因害怕同伴举报而投案自首，留有案底。在看守所内，小卢认识到自己行为的错误，迷途知返。毕业后，小卢积极寻找工作，但因学历与技能问题始终没能找到稳定合适的工作，他先后在餐饮、制造、服务等多个行业从事过临时工作或实习工作。由于疫情，加之对低薪酬、高强度工作的不满，小卢选择辞职，希望可以再寻找到一份工资待遇更为丰厚、工作较为轻松的工作。不过，小卢缺乏过硬的技术，身体健康问题也是其就业选择的一个障碍，而其虽然有过在多个行业就业的经验，但工作时间都不长，因此小卢的就业过程并不顺利。与此同时，小卢还面临着来自家庭的问题，父母的离异加上因拆迁引发的房产与财产的分配问题加深了一家人的隔阂，尤其是对父子关系产生了重大影响。而一直与小卢一同居住的母亲则希望小卢可以在家附近寻找一份工作，这在无形间又缩小了小卢的就业选择范围。在多重问题的影响下，小卢始终没能找到合适的工作，整日无所事事，对未来也没了希望。（来源：崇明区案例）

资源整合能力及资源识别能力是衡量社区青少年能否有效利用周边资源的关键要素。在具体案例中，服务对象的失业问题既不是因为全然缺乏各类资本，也并非由资源整合与识别能力完全丧失而导致，其失业处境往往由资本存量不足与资源整合能力不足共同引发。因此，社会工作服务涉及两个方面的内容：一方面，针对服务对象缺乏各类资本的情况，通过链接专业资源以解决服务对象遭遇的切实问题；另一方面，引导服务对象发掘周边资源，提高青少年发掘并利用资源实现就业目标的能力。需要注意的是，在面对不同案例时，社会工作者需要通过对服务对象失业的具体情境做出判断，确定各类问题之间的相关性，并识别服务对象在服务推进过程中所面临的具体问题。在小卢的案例中，他的就业问题来自家庭、学业、身体等多方面。小卢缺乏人力资本而试图通过社会资本获取就业机会，但是他已有的社会资本难以发挥作用，无法为小卢提供理想的就业岗位。在这一情况下，社会工作者通过链接就业平台扩大服务对象的就业选择范围，同时与信访律师建立联系，帮助小卢解决家庭房产纠纷问题。而且，当社会工作者发现小卢的问题不全是由缺乏资本导致，部分是因为小卢在资源整合及资源识别能力上有所不足时，社会工作者通过教授小卢使用资源的方法，如告知获取招聘信息的渠道、招聘信息需要关注的内容、周边可供使用的资源如何查询等，进一步引导服务对象实际使用周边资源。

案例：鉴于小卢面对的问题的复杂性，社工认为既需要改善小卢家庭支持环境，解决家庭财产纠纷，同时也需要引导小卢改善就业和人生心态，培养就业意识，并建立职业规划。而这些目标究其根本关乎资源链接与整合的能力，需要专业力量的协助才可以达到满意的成效。为了解决房屋纠纷问题，社工链接了信访律师资源，协助小卢咨询房产分配相关法律知识，从而解决小卢家庭内部的财产纠纷矛盾。同时，社工积极介入家庭内部，围绕房产问题引发的父子矛盾展开协调。在就业方面，社工与小卢分析其就业优势与劣势，从优势出发鼓励小卢扬长避短、选择自己感兴趣且擅长的领域。此外，社工协助小卢制作简历模板，传授相关面试经验，并进行多次模拟演练。考虑到小卢先前寻找工作仅仅是通过熟人介绍或是社区居委会提供的就业资源，这些资源覆盖范围较小，同时提供的职位也多有限制。为此，社工链接本地宝、所在区和镇创业孵化园的就业资源网络，为小卢推荐工作。（来源：崇明区案例）

第三节 心理资本重建服务案例

社区青少年就业的心理资本包括自我效能感、就业观念、心理韧性等。自我效能感不足容易诱发社区青少年做出错误的归因，将求职受挫、遭遇辞退等经历视为自己的问题，由此产生负面的、消极的自我评价。就业观念偏差通常是指青少年的就业选择意愿与市场的准入要求之间存在张力，出于对理想职业的追求，青少年宁愿采取消极待业的形式也不愿意从事与自己意愿不符的工作。心理韧性问题主要是家庭过度保护导致的，伴随着社区青少年将就业目标建立在“一夜暴富”“一举成名”的侥幸心理之上，当他们的设想未能实现时，他们做出“自愿失业”的选择，而家庭保护则成为他们逃避就业的出口。社会工作者通过提供情感支持、培育社会网络、重建青少年与社会的联系以及建立积极的就业观念等方式增进青少年的心理资本，从而帮助他们探寻“如何做，怎么做”的具体路径。

一、改善自我效能

自我效能感是对自己是否有能力完成某一行为的具体判断。在社区青少年就业方面，自我效能感受到青少年在成长经历以及就业过程中的成败经验影响，同时也受到个体归因方式的左右。当面临挫折和失败时，青少年倾向于将失败经历归因于自身能力不足，由此产生自我怀疑和消极的自我评价。需要注意的是，不同于运气、机遇等偶然因素，向内做出归因的方式通常具有稳定性。换句话说，青少年在经历多次失败后容易形成稳定的、负面的主观解释，并且这种主观解释也会进一步泛化到其他社会情境中，进而影响青少年的就业活动。小海的案例具有典型性，当家庭环境发生变化时，小海发现自己与周围同龄人不同，他拒绝与同伴玩耍，并产生了“低人一等”的想法。受到错误归因的影响，小海将自己在中考时的失利视为能力不足的表现，并产生了自卑心理。这种自卑情绪延续到了小海的求职经历中，甚至在尚未行动时，小海就对自己下了“不行”的判断。

案例：小海，男，1992年生。小海从小是一个活泼开朗的孩子，脸上时常挂着甜甜的笑容，也十分招邻里街坊的喜爱。然而，一次次的意外影响着小海的成长轨迹，造成了他的自卑情绪和低自我效能感的表现。第一次意外源于小海小时候父母的离异，在父母离异后，小海不愿意再和平日的伙伴一起玩耍，在学校也变得独来独往。随着母亲再婚，小海也跟着进入了新家，但大多数时间他只会在吃饭时与家人有所接触，其他时候将自己封闭在房间里。同时，小海的母亲和继父的态度也表现为两个极端：母亲对他宠爱有加，同时也过多干涉他的生活；而继父则对他放任自流，不予约束。由于原生家庭的破裂，加上缺乏相应的疏导和心理关怀，小海陷入了自卑情绪，总是认为家庭原因使自己比别人低一等。第二次意外发生在中考时，小海仅差三分无法如愿考入高中，他拒绝母亲为他选择的另一所学校，最终勉强参加成人高中学习修完学业。学业方面的受挫让小海进一步确信了自己的感受。而在毕业后，小海不愿意继续学习，认为自己并不擅长学习，转而寻求就业。在多次尝试投递简历遭拒后，小海变得更加消沉，他彻底失去信心，不愿意与人交流。一次次的受挫在小海看来不过是确证了自己的感受，他在方方面面都表现得不如别人。这样的认知影响着小海做出判断的能力，在还没采取行动前，小海就给自己下了“不行”的判断，当最终结果不佳时，进一步增强了他的负面认知。长此以往，小海表现得极度自卑、不自信，拒绝尝试其他可能的选择，在他看来，这些选择最终也会导向失败。（来源：宝山区案例）

社区青少年对发生事件的错误归因容易促成自证预言的发生。在结果尚未明确时，青少年出于对自己能力的判断起到了事先预测的作用，并促使预测的消极结果的实际出现。当面对因自我效能感不足而导致失业的情况时，社会工作者采取的行动通常包含三部分内容：(1) 寻找低自我效能感的产生来源。在开展行动前，社会工作者需要厘清服务对象产生低自我效能感的来源,回答两个问题,即为什么服务对象采取消极的归因方式?为什么他们没有从失败中吸取教训,反而带来了挫折感?因此,社工关注情境的影响,了解服务对象的错误归因的认知,及其植根情境的特殊性。解决问题需要关注社会情境的变化对服务对象带来的实际影响。(2)解构服务对象的错误认知与归因方式。了解服务对象如何看待问题、如何处理问题的经历是服务的第一步,社会工作者在明确了问题来源后,可以采取多种治疗方法改变服务对象的错误认知。例如,心理社会治疗法是一种常见的方法,该疗法认为个人过去的经历、观念影响着现在的行为,因此需要了解早年经历。同时,心理社会治疗也强调问题产生的背景与成因。理性情绪治疗是又一常见的治疗方法,认为人的情绪问题源于非理性信念,通过挑战人的非理性信念,促使他们放弃原先的信念,从而建立新的认知。(3)重塑服务对象的职业认知和就业观念。社会工作既关注青少年个体的就业观念,同时也通过开展家庭服务、搭建社会网络等方式提升服务对象的资本存量,塑造积极的就业观念。一方面,家庭对于青少年就业有着至关重要的作用,家庭功能不足通常是服务对象建立错误认知的来源之一。另一方面,社会网络能够提升服务对象在遭遇挫折时的抗逆力,尤其是同辈群体的支持能够帮助服务对象以积极的态度吸收失败带来的经验,而不局限于消极的情绪体验。

案例(个案做法):社工在介入小海的案例后发现,小海有严重的自卑情绪,并且陷入了低自我效能的困境。在尚未做事前,小海就预先给自己下了“不行”的判断,当结果不佳时,小海进一步确证了自己的想法。在小海的经历中,低自我效能源于一次次的“意外”,这些问题时常是相互联系的,核心问题的解决可以使其他问题也同步得到解决。社工判断,小海的问题更多的是心理方面的,而这一问题源于家庭成长环境的强烈变化。为了帮助小海走出困境,社工在取得服务对象及其家人的信任后,将家庭关系作为谈话的切入点。小海的母亲在面谈沟通中表示,希望小海能够踏踏实实找一份工作,而不是逃避。当社工告知其母亲,小海同样希望早日独立,不再依赖家庭，其母亲表示震惊，在她看来，小海从未表达过类似的观点，自己也没能关注到小海的心理状况。社工指出，这就是关键所在，家庭亲子间缺乏有效沟通，希望其母能改变以往的做法，主动和儿子多沟通，让孩子在家里能够表达自己的意见，展现真实想法，对其主动表达的行为表示肯定和赞赏。在和小海的对话中，社工反复与小海澄清，“低人一等”的想法限制了他的认知和行为，并不断在小海的生活中扮演着“预测未来”的角色，导致他陷入了“失败”困境的恶性循环。然而，这并非小海的能力问题，社工要求小海写下自己的优点，并谈谈在他的成长经历中有过哪些成功的经历以及聊聊为什么会成功。与此同时，社工链接社区活动资源，帮助小海重建社交网络。在不断参与活动的过程中，小海发现，在交往中自己认为“低人一等”的失败经历并没有受到嘲讽，其他参与者也没有刻意疏远他。了解这些问题不过是自己的“一厢情愿”后，小海变得更加释然，积极参与各类活动，也愿意听取社工的意见，重新进行自我定义。在多方努力下，小海参与了就业指导培训，同时开始了新的求职之路，并成功获得了一份工作，虽说这不是他原来想要从事的职业，但小海认为这也提供了锻炼的机会，对自己来说也是一次新的开始。（来源：宝山区案例）

二、澄清就业观念

就业条件是就业市场的客观要求，就业观念是主观就业意愿，二者之间存在的张力影响了社区青少年的就业选择。许多社区青少年受到网络环境的影响，建立了不切实际的就业目标，他们中的大多数希望通过从事主播、游戏行业来赚取自己的“第一桶金”。因此，对于这部分社区青少年而言，传统的“先就业再择业”的观念不再具有说服力，取而代之的是“就业即择业”的新型观念。这一观念包含一种假设，即存在门槛较低、待遇薪酬较好的工作选择。当现有的就业资源难以符合这一预设时，社区青少年面临就业意愿与就业条件之间存在着巨大差距的剧烈冲击，并选择以待业替代就业的形式追逐自己的就业目标。

案例1：小刘，男，由于贪玩、不爱学习，学习成绩排名比较靠后，受到家长的责骂和老师的批评，在学校里与同学也较为疏远。在初中临近毕业时，小刘不想继续完成学业，想找一份工作自食其力。而母亲觉得，自己就是吃了没有文化的亏，工作辛苦且不说，还遭受待岗、下岗、买断工龄、再就业等种种不幸。她不想让儿子步自己的后尘，坚决不让儿子失去读书的机会。而小刘报名中考后，瞒着父母在考试当日缺席，因此引发家庭矛盾，导致亲子关系异常紧张。然而，小刘认为，父母的态度只是因为他现在还没找到一份好工作，当自己在外面打拼出名堂后他们自然会理解他。小刘有自食其力的想法，也想要证明自己有立足社会的胆识和能力，在毕业后一直在寻找工作条件好、工作轻松，同时离家近且薪酬高的工作。小刘在居委会就业援助员的陪同下，参加了所在区就业促进中心举办的招聘会，然而由于学历偏低，对就业市场的认识不清，且自身期望过高，这一尝试并不顺利，甚至没有企业向小刘发出面试邀请。在多次受挫之后，小刘心理失衡，逐渐失去生活信念，对未来的发展也迷失了方向。同时，他也难以面对父母，先前因缺席中考造成家庭关系破裂，使得小刘无法向家人告知就业情况，只能一个人默默忍受，甚至选择逃避现实。（来源：黄浦区案例）

案例2：小金，男，1994年出生。小金在大学毕业时对工作提出了较高的要求。一方面，小金想要进入国企、机关或事业单位；另一方面，小金希望薪资可以达到税后5 000元。然而，在大学毕业后，小金并没能如期找到合适的工作，不是嫌工作地点太远、工作单位不符合要求，就是认为工作待遇不符合预期。对此，小金父母虽然对儿子的就业情况表达出自身的焦虑，但由于害怕给儿子增加负担，也不敢过多催促或询问就业进展。久而久之，小金成了“待业青年”。在小金看来，第一份工作关系到未来的职业发展前途，而自己本科毕业，也具有一定的就业优势，因此对工作的各个方面都提出了理想标准。小金认为，需要谨慎考虑工作的各个方面，才能在就业后避免出现各类问题，比如同事间的关系问题、劳资问题等，宁缺毋滥成为其找工作的第一准则。在小金的圈子里，他与周围的朋友之间保持着良好的关系，是圈子中的核心，然而随着朋友们纷纷找到了工作，小金觉得大家找到的工作都十分不错，而自己尚未找到工作，内心比较焦虑，但想到大家的工作情况，又不愿意降低对工作的要求，不愿意成为朋辈群体中"混得最差"的那一个。（来源：黄浦区案例）

在上述案例中，小刘与小金的问题在于他们的主观就业期待与客观现实之间发生剧烈冲突，并最终导致了他们的心理状况发生改变，不愿意面对就业实际。他们的主观就业期待源于各类社交媒体的宣传，这类媒体塑造了各种各样的成功人士形象，鼓吹门槛低、赚钱快、工作待遇好的新型工作。在社区青少年的想象中，在自己感兴趣的领域中找到一份合适的工作并不会太难，因此他们对未来充满美好愿景，满怀壮志地想要在各行各业崭露头角。然而，现实的就业岗位却设立了一系列的门槛要求，包括学历、工作经历、专业技能水平等，因此社区青少年并不能如愿找到一份满意的工作，但他们秉持着宁缺毋滥的态度，不愿意放低自己的要求，沉浸在一种由社交媒体制造的理想型职业幻想中。社会工作者发现，这类问题普遍是因为服务对象对行业的碎片化认知导致的，社区青少年通过网络搜集资料、建立就业认知，却没有深入了解某一行业的生态系统。对此，社会工作者率先通过澄清行业的相关信息，避免服务对象的就业意愿建立在错误的信息源上，同时也起到了明确服务对象就业方向的作用。此外，社会工作者通过与服务对象进行深入对话，帮助服务对象在对相关行业有充分了解的基础上确立未来就业的方向。社会工作者促使服务对象的就业意愿落实到择业行动中，辅助服务对象制定就业的阶段性计划，帮助服务对象搜集相关行业准入资料，积极准备相关岗位的笔试与面试。

案例1(个案做法)：社工将小金的问题定位为对自身定位不清晰，就业观念出现了偏差。依托任务中心模式，社工希望一方面可以增强小金解决问题的能力，另一方面改变小金在就业上的错误观念。为此，社工与小金进行了多次访谈，了解到小金对进入国家机关单位有着浓厚兴趣。但长期以来，小金缺乏信心，认为自己没有能力通过公务员考试，因此从未参与过此类考试。为了增强小金的信心，社工联络了小金的父母，将他们的期望和鼓励告知小金。同时，社工列举多个成功案例，告知小金其能力能够通过考试。为了确保顺利就业，社工也建议小金可以做好两手准备，可以在有收入的情况下积累相关工作经验，争取到自己理想的岗位，即便是公务员岗位，也需要有基本的工作经历。在社工的引导下，小金开始了行动，在浏览上海市公务员招聘岗位后成功报名，与此同时也积极准备简历，做好两手准备。在社工的帮助下，小金开始了备考，同时在找工作时也有了积极的心态，有了具体的目标。在一次与社工的交谈中，小金表示在微信公众号上关注到一家企业正在招聘储备人才岗位，并表示有意投递简历，参与面试。社工帮助小金找到了单位的联络电话，并成功获取邮箱，发送给了小金。小金表示已成功投递了简历，这一个小小的动作，已经是小金一次大大的进步和社工服务成效的显现。

三、增强心理韧性

心理韧性是指社区青少年在适应挫折和困难时的应对能力，在社区青少年的就业活动中体现为他们在求职失败时的灵活应变能力和应对策略。心理韧性问题的出现可以归结于多种因素，既包括家庭的过度保护，也包括青少年的主观就业期待与实际就业情况出现冲突。需要强调的是，心理韧性问题的来源并不固定，因此需要根据服务对象的具体情境做出判断。不同的服务对象由于经历、体验、感受不同而存在差异性。在嘉嘉的案例中，她的问题源于从小受到父母的过度保护，这种保护阻碍了嘉嘉接触社会，当她在毕业后试图寻找工作时，屡屡因缺乏工作经验遭到拒绝，因此产生巨大的心理落差。

与嘉嘉不同，小刘的问题源于他的就业期待与实际就业情况之间存在冲突，小刘沉溺于网络世界，并且认为父母对自己的不理解是由于他们缺乏途径获取网络信息，处于信息滞后的位置。因此，只要他找到一份工资待遇好且轻松的工作，父母的不理解也会随之发生转变。然而，当小刘屡次求职失败后，他发现自己接收到的信息并没有带来实际的就业机会，出于先前向父母夸下海口，小刘选择独自应对这份压力。不过，无论是嘉嘉受到父母的溺爱还是小刘对工作建立了错误的认知，二者所面对的问题都是源于理想状态与现实之间的强烈反差。社会工作者在应对此类案例时，通常选择倾听服务对象表达观点，同时对其表达中一些值得商榷的地方进行进一步追问，着重引导服务对象思考自己逻辑中存在的问题，寻找问题产生的根本原因。

案例 1(个案做法)：社工在接到小刘母亲的求助后开展个案服务，第一次接触到小刘是在小刘的家中，社工约小刘外出喝茶聊天。在这一过程中，小刘表现出严重的抵触心理，面对提问时沉默寡言。此后，社工时常邀请小刘参加一些社区活动，增进相互了解与信任，慢慢地，小刘开始信任社工，敞开心扉。当社工问起他对生活的满意度时，小刘觉得非常无奈。他告诉社工，自己参加过"无数"次招聘会，也在相关就业网站投递了很多份简历，但未获得面试机会，他觉得没有能力改变现状，对未来感到迷茫。社工在服务过程中以倾听为主，同时加以引导，让小刘可以尽情宣泄，消除心理障碍。同时，社工着重引导小刘思考问题，让他自己寻找"参与招聘屡屡受挫"的原因，究竟是哪里出了问题。在对谈中，小刘意识到自己的实际能力有限，在应聘工作时缺乏相关工作经验，不可能在开始时就获得高薪待遇，需要脚踏实地，从基层做起。在此后的服务中，社工陪同小刘参加自主创业方面的活动，以便了解同辈群体的生活与工作情况，以此培养其继续社会化的信念与能力。同时，社工寻求小刘家人的帮助，帮助小刘建立社会支持系统。在一系列行动后，小刘对就业的认知发生了变化，也不再试图逃避现实。同时，小刘认识到自己的学历偏低，想要寻找理想的工作是有一定困难的，必须寻找与自己能力相匹配的工作。在社工的帮助下，小刘找到专卖店销售工作。在之后的跟进服务过程中，社工发现，小刘在工作中意识到了倘若要在职业生涯中有所作为，必须提高学历层次。社工因势利导，建议小刘参加电视中专的学习，为了打消小刘的思想顾虑，社工联系到了区业余大学的教务老师，由该老师与小刘进行对话，给予小刘旁听的资格。通过一个阶段的学习，小刘惊奇地发现，读书并没有想象中那么难，相反还有很多意想不到的趣事。（来源：黄浦区案例）

另一种常见的做法是开展小组工作。对于青少年而言，同辈群体之间往往有着更多的共性，小组活动的形式可以帮助社区青少年更快地打开自己的内心，将自己的观点诉说出来，同时也可以听到他人的观点。在小组中，社会工作者不仅可以通过游戏的形式帮助服务对象表达自身的就业观念，同时也可以通过情景模拟的形式，向服务对象传授相关就业面试技巧。

案例 1(小组做法)：对青少年而言，就业是建立在自我认知的基础上，根据自身的专业特长、知识结构等要素，结合社会环境与市场环境，为将来要从事的职业以及要达到的职业目标做方向性选择。然而，社工在服务中发现，许多青少年在为自己未来的职业生涯做出关键性决策时常常会感到迷惘，不少服务对象由于遭遇多次失败，自信心受到较大程度的伤害，进而采取逃避的态度，逐渐自暴自弃。社会工作者细致分析这一现状后，认为绝大多数青少年对未来的规划不清晰，即使找到工作也无法维持稳定，他们的想法反复变化。针对这一情况，社工开展了“携手阳光 扬帆起航”小组活动，以技巧讲座、情景模拟、游戏竞赛、互动分享等形式，帮助青少年在学习互动中更加了解自我、了解职业、了解社会，协助他们总结以往职业规划的不足与失误，达到促进他们思考未来、做好打算并为之奋斗的目的。

社工采用“镜中我”理论，该理论认为人的行动取决于自我认识，而自我认识主要通过与他人的互动形成。为了帮助小组成员对职业规划产生清晰认知，小组设计了三个具体目标。其一，设计“认识自我”“探索人生”“我不认输”等主题，促使小组成员了解自身需求与兴趣，认清就业形势与就业选择范围。通过一系列活动，从浅入深，帮助小组成员建立自我认识。例如，通过“自画像”促使小组成员认识自我，发现自身优点，同时对其他成员的作品进行评价，了解“他人眼中的自己”。有的组员还分享了自己求职路上的感受和想法，但个别组员性格较为内向，不善于表达。社会工作者及时给予他们鼓励，积极用肢体语言回应，并给予正向反馈，希望每位组员能够扬长避短、积极走向职场。在“绘画”游戏中，社工引导组员画出“现在的我与未来的我”，进一步加深组员对自我的了解，提高他们自我反思、自我觉察的能力。在对自身有了足够了解的情况下，社工引导组员说出自己的理想，以及面对的压力与困难。在团队氛围中，组员对这些问题进行讨论，建立互助体系，增添面对困难的勇气。其二，当小组成员自我认识逐渐清晰，并建立了良好的小组联系后，社工邀请专业指导老师讲解分析职业生涯规划，通过技巧学习讲座提供一般性指导，同时社工帮助小组成员结合自身的特殊情况对职业生涯做出合理规划。其三，当组员明确了发展目标后，社工组织开展求职情景模拟，教授组员求职技巧，并进行角色扮演，由小组成员分别作为面试官与应试者，提升他们的相关技巧，进一步增强他们的社会适应力。（来源：金山区案例）

案例2(小组做法)：青少年就业不足和失业使其无法充分参与社会生活，难以健康成长，容易因发展受挫而产生各种各样的社会问题。社工发现，青少年失业的一个重要的原因是青少年群体缺乏就业所需的观念、技能、知识和经验，社工希望通过就业小组帮助青少年认清就业形势、学习面试技巧、树立就业信心。为了实现这一目标，在设计小组活动时，社工将衡量重心放在如何有效调动青少年就业积极性，提升他们的自我效能感上。在理论的选择上采用了马斯洛需求层次理论，试图通过开展小组活动，让青少年群体对工作产生多维度认知。该理论将人的需求从低到高分为生理需求、安全需求、社交需求、尊重需求和自我实现需求五个方面。工作不仅是为了挣钱，满足吃饱、穿暖的现实要求，也是让青少年群体获得尊重和认可的渠道，最终可能完成自我实现。在小组活动的开展上，最初的小组通过“自画像”和“价值大拍卖”等游戏形式在成员间建立联系，教导组员们发现自己的优点，用欣赏的眼光看待他人。良好的小组氛围为开展小组工作打下了坚实的基础。接下来的小组活动围绕对职业的认知和看法展开，包括小组成员自己希望入职的行业、收入和职位，以及按照职业期望写出他们认为自己符合的条件，如学历、性格和工作经历。在这一过程中，社工不断引导组员们思考他们选择某一职业的理由是什么，不少组员认为工作不单单是为了挣钱，也需要符合自己的兴趣爱好和特长。与此同时，工作也是一种价值的体现，只有感受到工作给自己带来的提升和自己在工作中获得的价值感，才能把工作做得更好。当小组成员对职业有了更深刻的理解后，社工提出问题“是否发现自己的理想和现实存在差距”，建议小组成员开展情境式角色扮演，通过让不同组员扮演不同角色，来让组员理解现实工作可能遇到的困难和工作情境的复杂性。之后，社工帮助组员拟定“职场计划”，讲授入职前需要做好的心理准备、需要了解的礼仪知识以及对行业的了解等，确保组员建立起对工作的认知，确立自己的职业发展方向。（来源：宝山区案例）

第五章　社区青少年就业个案管理探索

针对社区青少年的就业问题，既有研究围绕问题成因、影响、后果及应对措施进行了大量讨论(叶明华，2010；任云霞，2012；陆士祯，2004)。其中，社会工作研究强调以互动的视角审视青少年的行为意义，并以此建构社会工作的服务框架和服务体系(费梅苹，2009)。秉持这一理念，社会工作服务综合运用个案工作、小组工作以及社区工作等三大方法进行干预。然而，伴随着服务对象问题和需求日益增多以及社会服务资源的日趋复杂化和多元化，社会工作直接服务的“三大方法”在全面回应青少年就业需求、有效解决就业问题方面面临挑战。

为了回应服务对象的多元化需求，反思服务形式单一化现状，个案管理作为一种新型的社会福利服务供给模式，在20世纪70年代的西方社会应运而生，它源自传统的三大方法，并逐渐发展为西方最为关键的服务提供方式之一(仝利民，2008)。相较于传统的服务模式，个案管理是对资源多元化、服务对象问题多重性以及新管理主义的有力回应，这一模式注重效率和成本控制，能够更好地协调、管理各类服务资源。在国内社会工作领域，个案管理模式逐渐受到学界和实务界的重视。2019 年，阳光中心在个案工作、小组工作、社区工作的基础上探索社区青少年就业的个案管理服务，具体开展了青橄榄社区青少年增能项目（以下简称“青橄榄项目”）。本章以阳光中心开展的青橄榄项目为例，通过跟踪社区青少年就业的个案管理服务过程，总结社会工作服务的实践经验，并对个案管理运行过程中存在的问题与困境进行探讨，进而提出优化策略。

本研究采用主观抽样的方法，对阳光中心的 9 名工作人员、1 名校外督导和 4 名就业援助员进行半结构访谈。通过访谈，试图了解社区青少年的就业需求、社工解决就业问题的途径以及个案管理服务体系存在的问题。同时，研究者对就业援助员展开访谈，旨在了解就业援助员在社区青少年就业服务过程中提供了哪些就业资源和支持，以及多主体之间共享资源的方式。表 5-1 和表 5-2 为访谈对象的基本信息和编码。

表 5-1　社工受访者编码及基础信息

社　工	身　　份	工作年限/年	访谈日期
S1	一线社工兼同工督导	16	211029
S2	一线社工	5	211013
S3	一线社工	15	211110
S4	一线社工兼项目主管	17	211118
S5	一线社工转任行政主任	17	211202
S6	社工机构校外督导	16	211211
S7	一线社工	9	220228
S8	项目运营主任	10	220301
S9	项目部干事	9	220301
S10	中心研究员	15	220301

表 5－2　就业援助员受访者编码及基础信息

就业援助员	身　份	工作年限/年	访谈日期
J1	就业援助员	12	211126
J2	就业援助员	3	211126
J3	就业援助员	14	211203
J4	站长	8	220226

第一节　青少年就业的多重需求与困境

伴随社区青少年的就业问题逐渐成为影响广泛、意义重大的社会问题，阳光中心于2019年开启了青橄榄项目，该项目源于既有社会保障体系和就业服务难以满足社区青少年就业的多重需求，难以为社区青少年提供有效支撑，同时也无力解决他们面临的差异性困难。

一、高就业期望与低就业能力矛盾

就业期望是指个体对就业的态度倾向，包括个人对能否就业、就业的职业类型以及工作发展成就的自我希望（曾向昌，2007），就业期望既受到当前就业形势的影响，同时也受到不同信息来源的影响（王效仿，2004）。由于受到社会网络环境的影响，社区青少年产生了高就业期望，他们期待获得一份“体面的工作”，这类工作往往具有稳定、高薪和清闲的总体特征（朱中原，2022）。

具体而言，社区青少年的就业期待体现在职业期待与收入期待两个方面。2003年《上海社会报告书》的数据显示，社区青少年在职业选择上倾向于寻求高稳定性的工作，其中具有稳定合同的工作（18.4%）与国家公务员（13.7%）是这一群体最常见的选择。与此同时，社区青少年在职业选择上与社会主流媒体所宣传的价值观念之间存在密切联系。流行的直播、电子竞技等线上娱乐工作被建构为具有高自由度、收入丰厚且职业技能要求低的工作类型，因此吸引了社区青少年将其视为理想职业。此外，社区青少年的收入期望也发生了显著变化。2019 年阳光中心开展的"上海市家庭困难闲散青少年就业意向"调查发现，社区青少年期望获得的月薪集中在 3 000 元至 7 000 元区间，其中 45%的受访对象选择了 5 000 元至 7 000 元这一区间。而同期某高校的毕业生就业质量报告显示，本科生月均签约薪资为 6 935 元。这一数据表明，尽管社区青少年在学历水平和专业技术能力方面处于劣势（李太斌，2006），但他们仍然期望可以获得平均水平的薪酬待遇。

然而，社区青少年的高就业期望与就业市场的现实要求之间存在矛盾，这一矛盾体现在三个方面：其一，与高就业期望匹配的岗位往往要求较高的职业技能和学历水平，这与社区青少年较低的学历水平和工作技能之间存在矛盾。相对于理想就业岗位的门槛来说，大部分社区青少年的学历层次较低，并且较少接受过专业和系统化的职业技能学习。其二，岗位要求的工作经验与社区青少年缺乏工作经验之间存在矛盾。大部分社区青少年在离校后从事过一份或多份实习工作，由于并非正式的工作经验，且从事时间往往较短，这些经验并没能转化为实际的就业能力，同时也不被就业市场所认可。在社会工作者的访谈中可以发现，社会工作者和就业援助员在服务过程中接触到的服务对象中有多名青少年不具备任何工作经验。其三，理想就业岗位所需的职业技能与社区青少年具备的技能之间存在矛盾。社区青少年的就业期待受到社交媒体的影响，他们普遍期待在直播、游戏等行业就职，但是这与他们实际接受的教育和职业技能之间存在冲突。当青少年发现自己所学习的课程和掌握的技能与他们期待从事的行业所需技能不一致时，他们会对学习产生倦怠感，同时也会进一步影响到他们就业的信心。

二、就业能力发展需要与社会支持匹配矛盾

就业市场的转型与行业的发展促使求职者不断更新自身的技能和知识

库，以匹配变化的岗位准入要求。为了适应就业市场的变化，社区青少年需要不断发展自身的就业能力，常见的方式包括职业培训和继续提升学历。社工在访谈中发现，具有明确就业意向和职业发展目标的社区青少年倾向于参加特定行业的培训，而对未来发展缺乏明确就业方向的社区青少年则更加在意工作薪酬、工作地点和可支配时间等要素，并以此作为选择职业和进行职业培训的依据。此外，由于大部分社区青少年的学历在大专以下，以初中、中专学历为主的群体难以匹配以学历水平作为准入门槛的市场要求。为此，不少社区青少年希望可以完成先前放弃的学业或是选择进一步提升学历。

需要注意的是，青少年是否能够实现就业目标既与他们自身的就业意愿和选择相关，同时也受到政策、社会环境、家庭等支持系统的影响，而缺乏外部支持已然成为制约社区青少年做出选择的因素。这类支持包括家庭提供的资金层面的支持和社会政策提供的社会资源支持。

在家庭支持方面，当父母对青少年的职业规划与他们自身的想法不一致时，尚未具有经济独立能力的青少年由于依靠来自父母的经济支持而丧失了话语权。而受限于经济状况，一般或困境家庭也无力为青少年提供就学和培训支持。

在社会政策层面，政府制定各项就业扶持政策，并由政府部门和专业社会组织落实具体帮扶。针对长期失业青少年所采取的就业扶持政策主要是通过向青少年本人和用人单位或者见习基地提供经济补贴的单一形式实现，补贴类型包括就业见习生活费补贴和带教补贴、留用见习青少年补贴、招用启航青少年岗位补贴、启航青少年灵活就业社会保险补贴等。与此同时，就业政策为社区青少年提供就业“缓冲”区，根据职工平均工资和最低工资标准给予失业青少年补贴，并给予为期一年的社保与医保补贴，以此保障失业青少年的基本生活，减轻家庭负担，同时也能刺激长期失业青少年主动就业，并通过补贴形式鼓励用人单位和见习基地吸纳失业青少年就业。自2015年起，上海市政府首次将“帮助8 000名长期失业青少年实现就业”列为政府实事项目。

既有就业援助服务一定程度上反映了政策试图解决社区青少年就业问题的努力，政府通过“块”的统合力量打通“条线”之间的壁垒，联合残联、团委以及企事业单位共同参与互联网就业创业服务平台的建设。不过，在政策层面，就业援助服务表现出多方面的不足，主要反映在以下方面：

其一，就业政策和就业资源的供给相对不足。相较于社区青少年的整体存量，官方提供的就业岗位因数量不足和单一性而难以满足社区青少年的就业需求。一方面，就业岗位具有“保底”性质，多数就业岗位限制在技术工人的范围内，而缺乏对不同社区青少年的就业偏好、学历水平和性格特征的考虑，难以满足青少年的差异性需求。虽然社区青少年能够胜任一些服务性岗位，如快递员、服务员，但并非所有青少年都愿意根据既有的就业资源来选择就业。相反，他们倾向于寻求社会地位更高或更加稳定的岗位。另一方面，当就业岗位和就业资源下沉到具体的行政区域时，不同行政区域间的资源缺乏流动性，使得某一特定区域内的可供利用的就业资源相对有限，而政策宣传的不到位则进一步加剧了资源的不平衡现象。

其二，就业政策对社区青少年群体的认知存在偏差。已有的就业援助政策预设了失业群体能够主动寻求再就业，而在社区青少年群体中，存在着大量缺乏就业意愿和试图逃避就业的青少年，对于这部分没有就业意愿的青少年群体，已有的政策难以发挥实际作用。另外，就业援助形式单一，提供的援助方式难以帮助社区青少年养成良好的行为习惯，甚至受到青少年的抵制，由此导致政府的就业援助政策没能实现社区青少年从“权能取向”走向“自我效能感”提升的目标。

其三，就业援助政策在制定和实施过程中缺乏监管。由于尚未形成有体系的信息管理系统，相关补贴政策和鼓励政策存在漏洞，进而导致社会不公平现象出现。一方面，受助者接受援助的行为背离了政策所期望的再就业目标。部分失业人员通过领取不同的补贴资金来维持生活，而不是将补贴用在再就业上。另一方面，企业借助招聘符合补贴标准的失业人员来获取政府补贴，在这一过程中，社区青少年被视为完成任务的“指标”，从而丧失了主体性。

其四，政府提供的技能学习资源和培训资源也难以匹配青少年的需求。对于渴望从事“潮流”工作，如网络主播、游戏职业选手等工作的青少年而言，政府提供的岗位大多是基层的技术型岗位，包括水电工、维修工等，这些岗位往往难以引起青少年的兴趣。此外，就业补助政策具有严格的条件限制，进一步影响到补助政策对青少年起到的实际作用。据社会工作者介绍，“政府虽然会在培训中给予补助，然而需要先缴费完成培训，在拿到证书之后相关补贴才会发放”。

三、人际情感支持需要和情感支持错位矛盾

人际情感支持需求是指社区青少年对相互理解、相互倾听并相互支持且具有正向引导作用的情感沟通和交流的需求（武晓雪，2021）。作为社会支持的重要表现形式之一，情感支持不仅为社区青少年提供了意见表达和情绪宣泄的渠道，同时也有助于提升青少年的自我效能感和抗逆力。在青少年的成长过程中，来自家庭和同辈群体的情感支持对社区青少年的就业起到了重要作用，而二者又受到社会大环境的影响。

具有高包容性、接纳多元化的社会大环境是社区青少年就业的前提保障。在社区青少年的就业过程中，来自社会观念的歧视和偏见时常引发对社区青少年的负向情感输出。同时，对社区青少年群体与主流群体的区分，造成了对社区青少年群体的“污名化”。在污名化的影响下，社区青少年的价值选择发生了变化，他们通过反抗主流社会观念来建构自身的价值认同，这使得他们更容易出现社会越轨行为，甚至走上违法犯罪道路（屈琦，2010），进而陷入恶性循环。值得关注的是，社会观念同样影响就业援助员的援助行为。一名曾经犯罪的青少年接受了观护帮教服务，同时也没有在档案中留下犯罪记录，却面临着就业困难。有就业援助员在得知其有过犯罪行为后，就拒绝为其提供服务，认为“这种孩子就是心理有问题，还不如去

吃低保”(S4,211118)。

除了社会观念的影响外,家庭的情感支持也发挥着重要作用。家庭是青少年人生发展中最重要的情感支撑,在缺乏外界支持的情况下,社区青少年依赖家庭提供的情感支持。在访谈中社工发现,社区青少年对家庭的支持需求集中在情感层面,包括期望父母对其就业行为予以正向支持,在就业受挫时获得其他家庭成员的鼓励或者安慰,以及期望父母降低对其就业过程的关注,以此来减轻就业压力。然而,在社区青少年的家庭中,情感支持通常呈现为两类极端。一类是父母溺爱放纵。家庭成员的溺爱导致社区青少年沉浸其中,缺乏与社会的交流,逐渐失去与他人建立关系的能力,也逐渐丧失独立生活的自信。“之前接触的一个社区青少年找工作时都是他爸妈代劳的,包括来登记信息这些,他本人是不来站点参加活动的,家里人觉得也没关系。”(J3,211203)“我去年的服务对象也是,爸妈都很溺爱他,考证什么的也是他爸妈忙前忙后,即使要求他去上班,也给他许多钱,他觉得完全够生活了,不需要工作。”(S3,211110)另一类是父母过度严厉和冷漠,在缺乏沟通交流的家庭中成长使得社区青少年产生了自卑情绪,并保持着较低的自我评价。一名社会工作者在家访中了解到服务对象的父亲在教育中缺位,而母亲则以强势的姿态“指挥”着她寻找工作。家庭关系的冷淡使得服务对象感受到巨大的压力,在压力无处释放的情况下,她尝试采取逃避姿态。“服务对象的妈妈比较强势,爸爸是比较冷漠的,妈妈觉得她干什么都不行,每次面试都失败,她妈妈认为只有严苛的责备才能激励她工作。而事实是服务对象对此感觉压力巨大,甚至想要退缩。”(S1,211029)两类极端的家庭关系不仅难以给予社区青少年正向的情感引导,而且降低了青少年主动表达的意愿,造成他们在就业方面的消极态度。

此外,同辈群体的沟通交流也有利于培养社区青少年对社会的信任感,使其融入社会。然而,由于长期处于失业状态,社区青少年与同辈群体间缺乏交流的话题,很难形成正向的社会支持网络。一项研究揭示,社区青少年的社会交往范围大多限定在同辈群体之中,接触较为密切的同伴大多是离校前关系较好的同学，或者是辍学以后认识的其他社区青少年。而对于沉溺于网络的青少年而言，他们更依赖和网络好友的交往，并且维持着更加封闭的交往圈（张琦，2021）。由于依赖同其他社区青少年、不良青少年群体或是网络好友的交往，社区青少年群体回归有序生活节奏的进程遭遇阻碍，与同辈群体的分散会使得他们产生“被遗弃感”，同时缩小他们的朋友圈范围，不利于社区青少年的就业。由此，社区青少年陷入了一种进退两难的境地。一名社会工作者表示，“服务对象在混混群体中感觉很好，至少可以玩到一起，在家里还要面对爸妈，找工作也需要配合他和朋友的时间，他需要和朋友们一起”（S4，211118）。

第二节　就业服务个案管理的增能设计及实践

个案管理（case management）服务模式最早可以追溯到1863年美国马萨诸塞州成立的第一个慈善委员会，而个案管理在社会工作实务中的广泛应用则要追溯到20世纪60年代英美等国家兴起的“去机构化”运动（孙斐、黄悦，2022）。“去机构化”运动的兴起既是由于封闭式的照料机构所提供的服务往往具有单一化、去人性化的特点，难以满足服务对象的多元化需求，同时也是因为大型照料机构的建设费用、管理费用和运作成本使得政府财政负担过重，社区照料被认为能够减少财政支出（李伟，2013）。在社区照顾的推行过程中，个案管理的服务模式逐渐走上历史舞台，其衍生于传统社会工作三大方法，并发展出了一套系统化的工作模式（仝利民，2005）。美国个案管理员认证委员会（CCMC）将个案管理定义为“预估、计划、实施、协调、监控和评估满足案主健康和人类服务需求所需的选项和服务的协作过程”，主要特点是倡导、沟通和资源管理，并促成高质量和成本效益的干预措施和结果（CCMC，2013）。阳光中心青橄榄项目是运用个案管理服务模式的一次尝试。该项目开始于2019年，项目初步形成了明确的操作规范、理论指导以及服务要求，并从个案预估、个案服务、资源对接、人职匹配、结案评估五个方面规范了就业服务流程。

一、社区青少年个案管理的增能设计

（一）规范化服务流程

1. 个案预估

社会工作者通过社区走访和了解服务对象信息系统等方式主动寻找到符合服务条件的服务对象，在确定服务对象后进入预估阶段。在该阶段，社会工作者需要进行至少一次面谈预估，从而了解服务对象的基本情况，使服务对象个人、家庭等基础信息完整度达到90%。同时，结合工作适应量表对服务对象进行前测，了解其生理、心理和职业态度以及就业动机和适应状况，并参考“职业分类表”和其他职业相关量表进行需求和问题分析，定位服务对象的需求，与服务对象一起制定服务计划和服务目标。

2. 个案服务

在预估阶段制定服务计划和目标后，社会工作者需要根据服务对象的具体情况制定服务计划，包括从促进自我管理、探讨求职策略、提升就业信心等方面展开服务，并针对这些就业需求进行至少五次面谈。在个案服务阶段，社会工作者注重情境对服务对象的影响，针对服务对象个人及其家庭开展服务，并结合服务对象以往成功或者失败的就业经历及其阻碍就业的个体因素展开面谈，以此改善服务对象信心不足的心理特征，并尝试根据就业市场、企业需求以及服务对象需求，制定具有个性化的职业规划。

3. 资源对接

个案服务和资源对接构成了个案管理服务的两个主要部分，后者着重于发掘服务对象周边可供利用的各项资源，以解决服务对象可能面临的多重问题。社会工作者通过链接资源，帮助服务对象提升资源运用能力，具体的服务包括介绍就业政策、学习办公技能、促进沟通协作、辅导简历制作、提供职业培训信息等与就业相关的服务，同时也包括处理家庭关系与人际关系、重建社会支持系统等其他层面的实际问题。

4. 人职匹配

在服务对象制定职业规划后，社会工作者根据服务对象的需求、爱好以及实际条件，向其推荐职业。在这一过程中，社会工作者从安排服务对象参加企业参访、职业体验、就业信息推荐等方面开展工作。根据项目规定，社会工作者在个案服务过程中至少需要推荐两个岗位信息，鼓励青少年参与两次单独或集体的岗位面试，如参与训练营培训、集体参与招聘会。除了开展服务之外，社会工作者还需要在开展服务过程中围绕服务对象在态度、认知、能力等方面的变化进行阶段性评估，并完成从开案申请、需求评估到阶段性评估等信息的记录工作。

5. 结案评估

社会工作者和服务对象共同制定的服务目标的完成度是个案管理服务结案的主要评估标准。一方面，社会工作者采用量表形式评估服务对象的实际变化。例如，对服务对象进行工作适应量表的前测与后测，对比前后测各指标分数，由此判断服务对象的改变程度以及服务目标的实现情况。另一方面，社会工作者结合服务对象目前的就业状态和心理状况制定个性化的跟进计划，维持 6 个月甚至更长时间的跟踪，随时监督服务对象的就业就学进度，跟踪了解社会工作服务的有效性。与此同时，项目主管也会在结案后进行满意度电话回访，了解服务效果，并反馈意见。在个案管理服务设计中，阳光中心的督导队伍和项目主管队伍全程参与到各个区级社工站的服务中，包括个案管理服务过程中的问题、服务记录撰写等。督导助理督导站点的中级社工，中级社工督导一线社工，形成阶梯级的督导队伍。

（二）增能性服务内容

青橄榄项目以增能理论作为开展实务工作的理论基础，增能理论强调从个人、人际和社会三个层面对个体进行增能。具体服务包括激发青少年的自我意识、进行职业辅导和技能提升等个体层面的增能，以及人际层面的社会交往技能的提升，为服务对象的社会融入创造机会。

1. 提升社区青少年自信心，增强自我效能感

社区青少年普遍存在自信心不足和自我认知偏差的问题。在青橄榄服务设计中，社会工作者从就业管理和就业信息两个维度提升社区青少年的自信心，改善其消极的自我认知。由于服务对象的自信心问题和自我认知偏差与其成长经历有着密切联系，为此，社会工作者在服务过程中需要对其成长经历予以特别关注。

一是了解其校园经历与社会交往情况。社会工作者在提供服务时需要重点观察服务对象的反应，包括语言表达的反应、面部表情的变化以及肢体动作，尤其是服务对象详细介绍校园状况中某事件时或者校园时期重要人物的想法时，观察其音调的大小变化、情绪变动、表情变化。另外，校园生活也能够提供正向的、积极的叙事。社会工作者通过挖掘服务对象在校园生活中的美好经历，使其建立正向、积极的叙事。

二是了解服务对象的家庭状况以及与主要亲属的互动关系。在社区青少年需求调查中可以发现，服务对象的家庭情况都比较复杂，包括父母离异和再婚家庭、经济困难家庭、隔代抚养家庭等。为了解家庭环境对服务对象就业选择的影响，社会工作者关注服务对象对其家庭和家庭成员的看法，并针对青少年存在的家庭问题进行有针对性的服务。

2. 就业能力的整体提升，促进服务对象助人自助

提升服务对象就业能力是青橄榄项目的目标之一。社会工作者在服务过程中基于两方面的原因关注就业能力问题：一是需求调查显示，服务对象的就业能力整体偏低，需要社会工作者作为专业人员去改善和提升；二是就学就业是长期的服务目标，社会工作者需要通过长期跟踪来确保服务成效。

提升就业能力以简历制作能力、面试技巧两个方面为主。社会工作者根据服务对象的优势与长处，指导服务对象制作简历。同时，社会工作者整合就业资源，将互联网上发布的优秀简历模板推送给服务对象，使其对简历有初步的认识和了解，并结合服务对象的特点以及不同岗位和企事业单位

的需求取向，为服务对象提供修改意见和建议，使服务对象的优势更为突出。

在面试技巧方面，社会工作者结合服务对象的简历以及应聘岗位进行模拟面试和角色扮演，由社会工作者和服务对象互相扮演面试官和面试候选人。同时，社会工作者根据自己就业服务的工作经验以及网上和实地了解整理的面试问题进行集中提问，观察服务对象的表现，并给出专业的建议，一步一步解决服务对象的面试问题。在此过程中，服务对象也可以直观地看到自己的不足，不断自我反思和提升。此外，社会工作者通过告知服务对象面试过程中的注意事项，如着装需要或要求、妆容、说话的语气和逻辑、面试的礼仪等，为服务对象提供全面的面试指导。

3. 提升服务对象的社会参与能力，增强社会参与意识

社区青少年在社交层面上的问题主要来自两个方面。一是社区青少年长期缺乏与外界的联系，沉浸在自我的世界中，或是沉迷于网络游戏和虚拟社交，不与父母和朋辈群体进行接触。二是社区青少年在离开学校系统后，未能建立良好的家庭关系，并结交社会不良青少年从而导致自己与已有的社会系统的联系发生断裂，长期受到亚文化群体的不良影响。面对此类社区青少年，社会工作者常见的做法是在初步了解服务对象目前和过去的社交状况后，根据其所在社区或者机构内的资源给服务对象提供自我提高的机会，邀请服务对象积极参加本社区或者附近机构举办的社区活动，以志愿者或者参与者的身份融入社区。在活动过程中，社会工作者鼓励、建议服务对象积极表达自己，积极发言，学习如何与他人进行沟通，以及如何建立人际关系。

4. 就业资源直接传输，增加社区青少年就业机会

社区青少年在缺乏社会支持系统和资源识别能力的情况下，难以依靠自身获取可利用的就业资源。因此，在青橄榄增能项目中，社会工作者依靠其资源链接能力为青少年争取到有用的资源，同时教导其合理使用资源的方法。常见的做法是社会工作者通过与就业援助站建立联系，获取招聘岗

位和招聘会信息等资源。社会工作者作为资源链接者，通过将就业援助员发布的岗位信息传递给服务对象，由服务对象决定是否合适、是否参加岗位面试，再依据青少年的实际需求提供针对性的帮助。在整个过程中，社会工作者作为资源链接者负责将就业援助站给到的资源转介到服务对象手中，不参与服务对象的决策，尊重服务对象的自决权利。此外，在官方资源之外，社会工作者也可以主动寻求与周围具有潜在招聘需求的公司建立合作关系，用于提高资源的多元性。

二、增能取向的个案管理实务：以Z某为例

（一）个案基本情况

小Z，女，22岁，大专学历，上海市本地居民，未婚，身体状况良好。从学校毕业后因为专业不对口、专业实用性不强等，未能在专业领域内找到对应工作。多次就业受挫后，服务对象逐渐对就业失去信心，长期待在家中，其间服务对象有过断断续续的就业经历，先后在影院、游乐园兼职，但在疫情防控期间，娱乐场所的关闭加剧了服务对象的求职困难，在多次求职面试无果后，服务对象产生了自卑心理，逐渐产生自暴自弃的想法。在家庭状况方面，目前服务对象仍与父母居住在一起，其是独生女，父亲有稳定的工作，母亲是全职主妇，家庭经济条件较好，不存在经济困难。沟通中，社工发现该服务对象因就业失败有很深的挫败感，不善于与人沟通，肢体和口语表达受限，无法直视他人的眼神，存在巨大的人际沟通交流障碍，不能面对面地与他人沟通。除此之外，服务对象不能直接依靠自身获得社区的就业资源，处于被动位置，因此对社区、政府的就业资源也不是很清楚，大部分时间都依靠网络应聘。服务对象主动求助社工机构，想找份离家近、比较稳定且与人接触较少的工作。

（二）个案初始评估

个案管理的过程主要分为初始评估、计划制定和落实三个阶段。初始评估是个案管理的首要环节，是对服务对象及其环境的诊断，涉及与服务对

象的初步接触、问题识别以及收集初始评估资料，重点是评估服务对象的需要或其所请求的服务，判断是否与机构提供的服务相契合，并确定服务对象是否有资格得到服务。在个案管理中，社会工作者的预估工作主要是针对服务对象的主要问题、需求、问题成因、个人状况、家庭状况以及服务对象系统所具有的优势和劣势进行预估和分析。

1. 主要问题和需求

在就业问题方面，服务对象已经失业 8 个月，失业时间较长和就业屡次受挫的经历对服务对象的心理和社会融入产生了负面影响。与此同时，服务对象主观能动性较弱，对改变现状的积极性不强，加上服务对象家庭经济状况良好，父母缺乏对其心理状态变化的关注，父母的态度使得服务对象的自我效能感逐渐朝着低水平方向发展。在就业追求方面，服务对象对自己的要求并不高，只是想找一份稳定的工作，摆脱目前长期失业的状态，同时希望工作离家不要太远，由于不擅长交际，服务对象希望寻找与人接触较少的工作。社会工作者在与服务对象进行多次沟通后，总结出服务对象主要存在提升人际交往能力的需要、提升个人就业能力的需要、改善自我认知的需要、改善家庭关系的需要以及链接就业资源的需要。

2. 原因分析

在本案例中，服务对象面临着多重问题。从个人层面来看，服务对象就业失利的原因，一方面源于其缺乏就业资源，学历与所学专业在就业市场中并不具备优势，另一方面服务对象在社会交往能力方面有所欠缺，由于不善于与人沟通，服务对象刻意选择不需要与人交流的职业，进一步缩小了就业选择范围。此外，服务对象的心理状况也影响到就业，在低自我效能感的影响下，服务对象产生自卑情绪。在家庭层面，家庭成员对服务对象的失业现状表达了不满，却缺乏对服务对象心理状态的关注。服务对象的母亲是家庭权力中心，拥有绝对话语权。当服务对象多次面试失败后，母亲表达了不满甚至失望的情绪，认为服务对象长时间在家待着没有上进心。而在服务对象长期失业的情况下，母亲更是以近乎“威胁”的口吻告知服务对象，如果再找不到工作，就与其分居。在社会层面，服务对象存在社会支持系统缺失，与朋辈群体未能形成良好的互动关系，伴随就业形势的严峻和就业市场对长期未就业群体的歧视与偏见，服务对象能够掌握的就业资源较少，进一步限制了服务对象的就业选择范围。

结合服务对象遭遇的问题，可以发现服务对象的优劣势明显，表 5-3 从服务对象自身心理、生理、技能、社会支持、资源等层面进行优劣势分析，从而挖掘服务对象潜在的优势以及可利用的资源，以进一步明晰解决服务对象就业困难的措施。

表 5-3　服务对象的优劣势分析

分类	优　势	劣　势
个人	自身有较强的就业欲望	失败就业经历较多，稳定就业时间短，自信心不足
	身体健康，有正确的价值观	需要考虑安全问题，离家近，下班时间正常，早九晚五
	就业经验：做过影院、游乐园的兼职，面试经验较多，对就业环境有一定了解	几乎没有就业技能，面试技巧也较为匮乏，简历制作水平不高
	服务对象性格温和，善良，有爱心	自卑，自我效能感低
	服务对象求职有一定目标及方向，不好高骛远	目标和现实差距较大，缺乏职业目标相关的技能
人际	社会支持：家庭、朋辈等	家庭的负面压力比较大，父母管束比较严格，朋辈群体数量变少，缺乏交到新朋友的环境和时间空间
社会	社区有就业资源，社工可提供就业帮助，家庭可保障其基本生活	存在社会偏见

（三）服务计划制定

在服务计划制定阶段，社会工作者以提升服务对象的就业能力和职业规划能力，实现服务对象正式或非正式就业为服务目标。在个案管理具体实施过程中，服务计划的制定会根据实际情况而有所不同，结合服务对象的需求和情况，服务计划的制定过程和内容大致包括设定服务目标、选择介入系统和确立服务计划三部分。

第一部分，设定服务目标。社会工作者根据服务对象在预估时表达的需求设定本次服务的目标，并借助目标的制定过程再次厘清服务对象的问题，将其作为后期评估的标准之一。在与服务对象的交流中，社会工作者主动向服务对象介绍关于制定服务计划的含义以及服务目标的定义和意义，使服务对象清晰地了解制定计划的重要性。同时，社会工作者邀请服务对象一起参与服务目标的制定，以服务对象为主，最大限度地挖掘服务对象的潜能，提升其自决能力。经过商议，总目标设定为协助服务对象提升求职软实力，顺利找到一份适合的工作。具体目标包括：第一，帮助服务对象正视目前择业中的问题，调整心态，提升抗挫能力。第二，整合青橄榄就业项目资源，为服务对象提供求职信息和就业机会。第三，鼓励服务对象与家庭有更多正向的沟通，增进亲子良性对话。

第二部分，选择介入系统。社会工作者在与服务对象的交流中发现，服务对象所能利用的外部资源十分匮乏，很多可利用的资源是在服务对象及其家庭成员不知情的情况下错失了。为此，社会工作者尝试通过介入为服务对象链接到周边可供利用的资源，而具体的介入系统包括个人、家庭、团体、组织和社区五类，试图解决服务对象在社会交往、就业能力以及家庭关系等方面存在的问题。服务对象所面临的问题，一方面是因为个体社会交往能力欠缺而引起的社会适应困难，另一方面是环境因素对服务对象产生的不良影响。社会工作者选择介入服务对象系统和家庭与社区系统，改善服务对象在社会交往、就业能力、家庭关系等方面的境况。就服务对象系统而言，社会工作者从其角度出发，拓宽其获取就业资源的渠道，提升服务对象就业技能，改变其对就业环境和自我的认知，提高其社会交往能力等。在家庭与社区系统层面，社会工作者从构建服务对象的社会支持网络出发，介入重点是家庭环境的改变、非正式沟通系统、增加服务对象与社区资源的社区联系等。

第三部分，确立服务计划。服务计划是为了实现总目标和具体目标所制定的一系列的行动措施，在制定服务计划时，社会工作者需要和服务对象确定每一步行动的具体内容，确定服务对象是否能够参与具体的行动。值得注意的是，由于服务过程充满不确定性，行动计划并非一成不变，社会工作者需要通过实时评估，在行动过程中确认服务对象的状态，对计划做出适当的调整。具体行动计划包括以下步骤：(1) 引导和分析服务对象的优势，提升其自信；(2) 鼓励服务对象的家长可以给予服务对象更多关爱；(3) 与服务对象分析当前的就业形势，拓宽服务对象的视野和思维；(4) 协助服务对象确定职业定位，明确就业目标；(5) 辅导服务对象提升面试技巧，增加就业成功率；(6) 为服务对象提供就业岗位资料和信息，链接各类周边就业资源，激发服务对象对自我价值的肯定；(7) 培养服务对象的参与意识，帮助服务对象链接社区资源，参加招聘活动和社区、社会组织举办的各类活动，了解各行各业具体工作如何开展，拓宽就业选择面，提升人际沟通能力。

（四）服务传输与服务协调

社会工作者采取增能视角，运用个案管理的服务模式，强调培养服务对象的自我认同感，增强其对生活的掌控能力。在服务过程中，社会工作者围绕四个主要方面开展服务：一是服务对象的心理问题，在本案例中具体表现为服务对象表现出低自尊和低自我效能。二是服务对象的社会交往能力不足，社会融入困难。三是服务对象的家庭关系。服务对象与其父母之间不合理的沟通方式是家庭矛盾的核心，也是解决服务对象就业问题的关键。四是就业技能和面试技巧等能力不足。社会服务旨在提升服务对象就业软实力、就业竞争力和优势，整个服务过程可以细分为六个部分。

第一部分，与服务对象深入面谈，了解服务对象存在的问题及其就业需求。在初次面谈中，社会工作者了解到服务对象的就业近况及其对就业受挫的归因。社会工作者得知，服务对象电话联系过多家用人单位，无一例外遭到拒绝。在服务对象看来，问题在于自身缺乏面试和表达技巧。社会工作者关注到，服务对象通过一款求职APP寻找就业单位，方式较为单一，没有关注到周边潜在的就业资源。与此同时，服务对象在寻求就业资源时，意向岗位的差异跨度较大，表明服务对象并没有清晰的就业方向。为此，社会工作者首先帮助服务对象认识自己的就业需求，澄清服务对象对就业岗位的要求。在社工引导下，服务对象明确了就业单位需要满足通勤距离、上班时间、工资薪酬和交往需求等方面的要求。同时，社会工作者向服务对象介绍社区、街道和所在区发布的就业招聘信息，并告知服务对象获取这些就业资源的具体方式。在综合比较各岗位后，服务对象最终选择将“来伊份”作为初次面试的单位，并计划提交个人简历。考虑到服务对象多次失败的面试经验，社会工作者在服务对象确定岗位后，针对岗位的要求，进行简历撰写辅导，并与服务对象进行模拟面试，纠止服务对象在表达过程中存在的问题。

第二部分，跟进服务对象的面试状况。服务对象向来伊份公司投递了个人简历后收到面试邀约，社会工作者与服务对象确认面试地点以及到达面试地点的路线，鼓励服务对象做好规划。面试当天上午，社会工作者与服务对象联系，询问其是否到达面试地点，面试进度如何。在得知服务对象因乘车过站等原因错过约定的面试时间时，社会工作者建议服务对象争取机会，询问工作人员是否可以进行面试。然而，服务对象最终仍然未能参加面试。此次面试经历使社会工作者了解到服务对象在社会交往能力上的不足，在面试途中的“失误”反映了其逃避心理，而社会工作者在电话交谈中与服务对象确认了这一事实，了解到服务对象平时的社交范围较为狭窄，缺乏同侪系统支持，长期待业在家的经历加剧了服务对象逃避社交的心理状态。社会工作者在了解到这些情况后，与服务对象约定将促进社会融入作为阶段性的服务目标。

第三部分，活动参与助力社交互动。社会工作者发现，服务对象所在的社区常年举办各类社区活动。同时，所在街道和各类社会组织也会不定期组织面向这一年龄群体的活动。不过，由于长期缺乏与外界的沟通，服务对象对社区开展活动的情况并不熟悉，更不知道其他可以参与社交的机会。为此，社会工作者联系社区居委会，邀请服务对象参加“清凉一夏，欢乐一夏”的社区活动，增进其人际互动能力。在参与活动前，社会工作者提前告知服务对象本次活动的内容，并邀请服务对象以志愿者的身份参与活动。然而，当社会工作者建议服务对象参加才艺表演时，服务对象以不具备相关才能为由拒绝了邀请。在整场活动中，服务对象的表现有所进步：一是在上台自我介绍及送祝福环节，相较先前内向、害羞的状态，服务对象以更加自信的态度展示自己，较自然地上台做自我介绍。二是服务对象全程参与率较高，很好地融入了现场。在活动结束后，社会工作者与服务对象进行交谈，肯定其在社区活动中的积极表现。服务对象表示，在社区活动中发现人际交流并不困难，在交流中可以收获快乐。伴随服务对象观念的转变，社会工作者向服务对象介绍其他活动资源。

第四部分，打破社会交往瓶颈，教授求职面试经验。服务对象的求职问题与其社会交往能力之间有着密切联系，社会工作者通过邀请服务对象参与社区活动，改变服务对象认为“社会交往是困难的”“自身缺乏与人沟通的能力”等错误观念。在参与多次活动后，服务对象逐渐建立起与人交往的信心。为此，社会工作者再次向服务对象推荐求职信息，并鼓励服务对象主动对接联络人，而不是被动等待社会工作者联系。同时，社会工作者与服务对象约定在面试结束后进行下一轮面谈。在面谈中，服务对象向社会工作者反馈了面试结果和自己的表现。服务对象表示，数次面试均以失败告终，她逐渐对自己的能力产生怀疑，并认为自己缺点太多。为此，社会工作者运用优势视角，鼓励服务对象发现自己身上的闪光点，不能因为面试或者求职不顺而否定自己。社会工作者也表示自己会陪伴服务对象成长，克服现在的难题。同时，社会工作者也帮助服务对象联系就业援助员，通过情景再现的方式，一同讨论面试中存在的不足，并通过反复练习来弥补不足，增强服务对象参与面试的信心。

第五部分，了解服务对象求职心理变化，推送就业信息。考虑到服务对象在经历了数次面试失败后信心受到打击，社会工作者就专注于向服务对象提供心理疏导服务。社会工作者了解到服务对象的就业表现与其父母不断施压有密切联系。出于家庭压力，服务对象将就业作为短期目标，巨大的压力不仅没有帮助服务对象顺利就业，甚至使其一度对自我能力产生怀疑，甚至想要逃避。为此，社会工作者联系服务对象的父母，展开了数次家庭成员间的对话。在对话中，家人逐渐了解到服务对象面临的压力，也意识到原先采取的策略虽然本意上是为了激发服务对象的就业动力，却产生了反效果。当家庭关系得到一定程度缓和后，社会工作者并未在第一时间联系服务对象寻找合适的就业岗位，反而多次邀请服务对象参与社区活动，提升其社会交往能力。在此过程中，社会工作者与服务对象定期保持电话联系，并约定了面谈时间。在新一轮面谈中，服务对象向社会工作者透露自己通过58同城招聘网向一家公司投递了兼职岗位，并收到了面试邀约，但由于不确定该公司是否为“皮包公司”而陷入纠结。社会工作者对服务对象积极的就业态度表示肯定，一方面建议其制定职业规划，确定就业方向，另一方面建议服务对象做好就业岗位的筛选工作，调查面试公司的背景，在确保信息真实的情况下参与面试。

第六部分，邀请服务对象参与线下招聘会。当服务对象的心理问题及人际交往状况得到一定程度改善后，社会工作者为其链接到两场大型招聘会信息，由于时间冲突，社会工作者告知服务对象可以根据两场招聘会预告的岗位需求和招聘条件选择其一参加。同时，社会工作者还给服务对象布置了一个小任务，要求服务对象向两家单位投递简历或进行现场登记洽谈。除此之外，社会工作者建议服务对象可以寻找其他就业资源和就业机会，不仅依靠招聘网站。根据服务对象的就业要求，社会工作者建议其可以在周边商场中寻找是否有单位发布招聘信息。随后，服务对象寻找到一份影院的岗位招聘信息，并表示想要在该行业发展。服务对象在社会工作者的陪同下来到影院，由影院经理进行第一轮面试。在面试中，影院经理详细介绍了岗位工作情况及工作内容和工作要求,服务对象表示能够接受并填写了报名表,等待第二轮面试。面试结束后,社会工作者和服务对象就服务对象的面试表现展开了讨论,社会工作者提醒服务对象,在等待面试结果的过程中也可以寻找其他面试资源,确保抓住所有可能的工作机会,提高就业成功率。最终,服务对象投递了数份简历,并成功入职。

（五）服务评估与结案

服务评估是对个案管理服务过程、服务成效及服务质量做出的评价,涉及服务目标的完成情况、服务对象的改变和满意度等,是个案管理不可或缺的环节,贯穿整个服务过程。根据服务评估的结果,社会工作者在明确问题得到妥善解决,服务对象的相关能力得到提升后,进入结案阶段,解除与服务对象之间的专业关系。需要注意的是,在结案后,社会工作者需要进行持续跟踪,对服务对象的情况进行回访服务。

1. 服务评估

社会工作评估是针对社会工作服务开展的评估,是用科学的测量手段对社会服务项目的设计、策划、实施和效果方面进行的评价活动(顾东辉,2009),其主要目的是对服务的介入效果及服务对象的改变程度和目标的实现程度进行监测。在本案例中,评估方式主要分为过程评估和结果评估两部分。

首先是过程评估。过程评估是对整个介入过程的监测,也是社会工作者对自身服务的反思过程。在本案例中,社会工作者通过收集服务对象档案资料、对服务面谈过程进行观察以及让服务对象填写相关问卷量表的形式积累了丰富的材料,便于在服务的不同阶段对服务的方式方法和服务成效进行评估。在过程评估的作用下,社会工作者得以建立弹性服务计划,根据服务对象在介入过程中的变化,及时调整社会工作的介入方案,改变专业社会工作的介入策略,更为合理地使用专业社会工作技巧。

其次是结果评估。在本案例中,社会工作者完成了与服务对象共同设立的服务目标,包括实现了就业、改善了人际沟通能力和家庭关系。社会工作者为服务对象树立了正确的就业观,拓宽了服务对象应对挫折时可供使用的资源，提升了抗逆力。后来，服务对象的就业能力也有所提升，在服务后期，服务对象先后参加影院、超市等多个单位的面试，并能够根据企业的招聘需求主动修改自己的简历，模拟面试场景，进行自我演练。

除此之外，评估还包括了服务满意度的测量。在督导的回访中，社会工作者发现服务对象及其家人对该服务项目持肯定态度。满意度调查表的结果也显示，服务对象对该服务项目的满意度达95%。服务对象表示，在接受服务的过程中可以感受到社会工作者的认真和负责以及对她的关心。

2. 结案

结案是社会工作者介入过程的结束阶段，社会工作者将和服务对象一起计划结束他们之间的工作关系的过程。结案不仅仅意味着助人关系进入结束阶段，从成功介入的角度而言，也表示服务对象从此可以在没有专业人员的帮助下独立开始新生活，这是社会工作助人自助服务目标的实现（朱眉华、文军，2006）。在本案例中，服务对象最终确定就职于超市，并办理了健康证明，通过5天试用期后就可以正式上岗。至此，服务走向了结案阶段。不过，由于服务对象在就业理念和职业规划上仍然处于不断摸索的阶段，其就业行为具有不确定性。为了服务对象持续稳定就业，社会工作者在结案后仍然需要进行跟踪服务，以确认服务对象的就业行为所反映的真实逻辑。在本案例中，社会工作者宣布结案后持续跟踪了解服务对象的就业情况，并了解到在确定工作后，服务对象放弃了工作机会，最终前往烹饪学校进行了为期一年的封闭式学习。

第三节　个案管理服务的现实困境及优化路径

从个案管理服务体系上来说，就业个案管理服务所需的就业资源不足，同时，就业促进中心、专业青少年服务机构、政府民政部门、社区等多主体间缺乏协作，难以形成有效的就业资源网络以支撑个案管理服务的开展。而且就业服务指标体系不切实际、难度较大，加重了社会工作者和督导团队的负担。除此之外，社会工作者作为个案管理服务过程中的服务提供者，缺乏能动性和个案管理服务的能力，也使得个案管理服务面临困境。为应对目前就业个案管理服务面临的困境，本研究认为需要从构建个案管理服务体系、提升社会工作者个案管理服务能动性、增强社会工作者个案管理服务能力三个方面入手，提升社会工作者的主动性，实现对机构和社会工作者的赋权增能。

一、个案管理服务的现实困境

（一）个案管理服务体系不成熟

1. 就业公共服务体系松散

个案管理服务模式强调资源的有效链接，由于服务对象面临的问题具有多重性特点，应由多学科的专业团队提供服务，该模式能够有针对性地解决服务对象的问题，提高服务质量。然而，在实际运作中，提供服务的主体构成的服务体系相对松散，未能起到“多对一”服务的实际效果，甚至产生资源的浪费现象。

松散的关系体现在各个服务主体在服务过程中扮演的角色上。就业援助站与社会工作机构是就业服务过程中常见的两类主体，二者以松散的联系维持着彼此的合作，并且彼此在职责上存在明显的界限。以就业援助员与社会工作者的关系为例，社会工作者擅长处理服务对象面临的心理问题及家庭关系问题，能够让服务对象“走出来”，而就业援助员则擅长向主动寻求帮助的服务对象链接就业资源，提供就业培训、企业参访等具体服务。理论上，社会工作者和就业援助员的合作可以为社区青少年就业提供接续性服务。然而，在实际服务过程中，二者有着独立的领导部门和工作流程，双方在工作上的交叉点较少，因此未能形成密切的合作关系。就业援助员表示，“合作这块我们是不能做主的，上面还有区就业服务中心，还有市就业服务中心，我们有自己的工作时间安排，只能在阳光中心和上面的领导达成一致后，我们才能进行合作”(J2，211126)。

此外，服务目标不同进一步造成了松散关系的出现。社区青少年的心理问题是这一群体面临的常见问题。由于社区青少年家庭情况复杂，单亲家庭较多，青少年受原生家庭的影响，大多存在自卑、自我认知偏差等心理问题。另外，部分青少年因为长期处于失业、受挫等不稳定状态，所以他们信心不足。另一个常见问题是法律纠纷问题，社区青少年长期处于失业状态，为了维持社会交往需求，他们有可能结识不良青少年群体，并将其作为自己的“知心朋友”，并在不良青少年的驱使下成为越轨或者涉罪青少年。提供法律援助和普及法律知识能够最大限度地帮助社区青少年形成正确的认识，避免走上违法犯罪道路。然而，在实际服务中，不论是心理咨询还是法律咨询，都涉及专业团队，且大多是营利性质的。因此，社会工作者在链接专业资源时往往难以协调各个服务主体的利益诉求。

2. 指标体系不完善

指标体系不完善，指标的制定未充分考虑社会工作者的工作压力、实务能力以及服务群体的特殊性。机构在指标数量和体系的制定过程中并没有邀请机构站长和一线社会工作者参与，导致考核指标脱离现实。符合条件的服务对象需要满足年龄、家庭经济条件、失业时间和就业意愿等四方面的要求，由于满足条件的青少年数量较少，社会工作者花费大量时间寻找合适的服务对象。在考核日期日益临近的情况下，为了完成指标，社会工作者寻求在短时间内完成结案，不仅忽视了对专业技巧和专业理论的实际运用，并且可能造成对服务对象的二次伤害。“最开始时，接到通知说，每个社工需要完成两个青橄榄项目指标，我就感觉压力挺大的，因为这个规定了必须是社区青少年，失业六个月以上，并且有求职意愿啊，要求很多，那我自己怎么去找呢？我接触过的青少年没有符合的，最后是其他社工给了我一个，我最后就完成了一个指标。”(S3，211110)

3. 个案管理的督导支持不足

阳光中心个案管理服务要求一线社会工作者参与就业服务，从新进社会工作者到老资历的社工督导都需要完成一定数量的就业服务指标。这就意味着就业服务提供者的专业水平存在差距。年轻的社会工作者需要在社工督导的帮助下完成整个服务过程，包括每个阶段如何进行、如何介入、记录报告的撰写等。同时，在服务过程中，年轻社工也会遇到一些难以解决的专业问题和难以摆脱的伦理困境，需要督导社工给予专业的指导。

就青橄榄项目而言，该项目的督导社工一般由工作经验丰富的社会工作者担任，比如S1社会工作者和S4社会工作者，在社会工作行业内积累了十几年工作经验，在专业性上远远超过年轻社工和高学历的社会工作专业学生。但是由于督导社工在站内的工作比较繁重，除了需要共同完成的工作内容之外，他们还需要进行专业学习，到基层挖掘更多资源以备后期使用，同时还包括一些行政工作任务。因此，督导工作容易出现督导不到位或者不及时，甚至是缺位的情况，不能及时地针对年轻社工的问题给出专业的指导。除此之外，虽然督导社工在项目实施之前就提前确定了名单，但其在项目推进过程中仍然可能因为突发事件而被派到其他工作中，当未能及时调整相应的工作安排时，可能出现督导空缺的现象。某站负责人表示，“项目刚开始没多久，我这边的项目督导就因为疫情防控需要到机场去工作，我当时特别慌啊，项目督导不在，那指导工作怎么办？后来又临时指派另一位社工去做督导工作。之前的项目督导很专业的”(S5,211202)。

（二）社会工作个案管理服务能动性欠缺

阳光中心在设计指标时，并未考虑到社会工作者的激励机制，因此社会工作者在就业服务上的参与热情不高。一方面，由于各个部门之间的割裂以及服务目标的差异，社会工作者往往难以链接专业资源的目标。“我之前有去找就业援助站的就业援助员，但是人家也有自己的工作，某些事情我们是可以共享的，但是有些就不行。”(S1,211029)“很多社工都会反映说，我们去找企业，人家不知道你社工是干什么的，你怎么说服他呀，没有可信度。”(S9,220301)另一方面，社会工作者的工作负担过重，很难优质地完成就业个案管理服务。社会工作者需要完成个案、小组、社区多个板块的工作，涉及联校工作、社区工作等多个方面，而就业个案管理服务只是其中一部分，为了完成整体工作内容，社会工作者分身乏术，难以完美达到就业个案管理服务的效果。“我们除了为社区青少年提供服务，还包括普通的社区青少年、贫困儿童社区探访、矫正服务。”(S4,211118)

因此，当社会工作者缺乏相应的激励制度，同时又难以完成高标准、严要求的个案管理服务时，他们转而将在规定时间内完成任务视为主要目标。首先表现为社会工作者仅仅为了完成任务而进行文字记录，这些记录不仅缺乏专业性和理论性的沉淀，同时也未能反映实际的服务效果。其次是社会工作者的服务方式，由于无法整合各类资源，难以形成“多对一”的服务方式，因而社会工作者又跳回原先的服务模式，选择擅长且常用的工作方法。

（三）社工个案管理服务能力不足

青少年社会工作者对青少年事务的认知程度可以从职业伦理、工作模式、专业技能和方法以及职业契合性认知等多个维度考察（丁少华，2017）。结合本章的研究，从个案管理的含义和特征、工作流程、社工角色等方面切入，可以发现社会工作者对个案管理服务的认知状况仍然处于较低水平。

首先是对个案管理定义的理解。在服务过程中，仅有极少数的一线社会工作者清楚地了解个案管理和个案工作的区别，了解个案管理服务的重点在于资源整合和服务协调。“以前在培训和书籍中有学习过个案管理，个案管理强调的是为有多重需求的服务对象整合资源，和个案工作还是不一样的。”(S1,211029)而对于大部分的社会工作者而言，从三大方法到个案管理的变化仅仅是对外声称的改变，对于实际开展服务，他们仍然可以运用自己擅长的实务工作方法。出于这一理念，他们并不关注两者概念的区别。正是由于对个案管理服务所提倡的整全式和持续性照顾等特征的理解不到位，社会工作者不能以全人的视角看待社区青少年，也无法提供整全服务，跟踪服务也未保持长期性。“就业服务我们就专注解决就业问题，其他的只能大概关注一下。”(S4,211118)“当然也会有跟踪，联系较多的话持续大概几个月，后面就慢慢减少。”(S2,211013)

其次是社会工作者目前对个案管理工作方法认知尚浅。在个案管理服务中，大部分社会工作者和负责人仍按照个案工作和社区工作的方法开展个案管理实务工作，根据社会工作者的工作经验采取个案工作的实施流程和原则。例如，在预估环节中，社会工作者习惯从家庭、社区、服务对象自身评估服务对象的现状和问题，而没有从工作环境、学校、朋辈等多角度定位服务对象，对于社区青少年的评估是浅层次的。“如果没有挖掘出这些青少年深层次的就业困难的原因及其现状，就没有办法干预到位，效果也达不到最初的定位。”(S6，211211)而在服务评估阶段，社会工作者未按照个案管理标准对此服务进行归档和评估，而是采用个案工作统一的模板进行整理和记录，没有凸显个案管理的特点，将个案管理的服务流程与传统个案工作混合处理。社会工作者表示，“在服务过程中，都是按照个案服务进行操作的。之前的个案也有开展就业服务的，流程都是差不多的”(S4，211118；S3，211110)。“在服务流程设计上，我们是要求社工必须做前测和后测的，作为后期评估的参考，但是目前还没有做评估，只收集到了数据，还没有分析。”(S9，220301)

最后是社会工作者对个案管理服务中所需扮演的角色认识不清。个案管理服务强调社会工作者作为资源链接者或管理者，而在增能就业服务中，社会工作者的管理者角色完全没有体现，资源链接者角色也有待有效体现。社会工作者表示，“在就业服务中，我更像是陪伴服务对象一起成长的人，而不是去教育她”(S1，211029)。“就业能力提升一般就是社工给服务对象做一些求职辅导，包括情景模拟，让青少年可以自己发现就业中的问题，也有一些简历制作的辅导，培训的话以前有一个训练营，直接过去就可以了，现在就比较少了。”(S5，211202)

二、增能型个案管理服务之优化路径

（一）健全个案管理服务体系

1. 构建资源平台：业务主管部门赋能

服务整合与资源充足是个案管理服务能够有效运作的先决条件，依据

“服务”与“资源”维度，个案管理可以分为四种类型：整合——服务整合度高且资源充足；分配——服务整合度高但是资源有限；中介——服务整合度低但是资源充足；开发——服务整合度低且资源有限。在青橄榄项目的实践中，亟须联合社区部门、政府部门、企业等多部门，形成具有体系的服务系统。

首先，社会工作机构需要与政府部门建立合作关系，二者相辅相成。一方面，政府作为国家行政机关，是社会规范性、稳定性和权威性的有力代表，政府的介入有利于为社会工作机构或社会组织赢得社会的信任，提高组织的公信力。另一方面，社会工作机构良好发展也是政府部门绩效的一部分，社会工作机构在一定程度上满足了政府部门互惠的需求，同时政府本身拥有非常丰富的组织资源和较强的资源分配协调能力，与政府合作，利于打开机构资源整合局面，建立和拓展自身的资源网络（彭善民等，2007）。另外，政府部门的参与一定程度上有利于社会工作机构与企业以及其他合作主体建立联系，如政府部门下的就业促进中心和社区居委会、企业以及其他社会组织，这些主体能够带来就业信息资源、就业创业补贴或就业培训资源。

其次是资源协调的多主体。政府作为资源主体，为搭建有效的资源平台提供有力支持。然而，社区青少年就业问题的解决不仅仅依靠政府的协助，同时也有赖于各类专业组织发挥实际作用。事实上，不同的专业主体在青少年就业问题上发挥着不同的作用。例如，企业可以通过为社会工作机构提供相关的就业岗位资源，搭建“企业—社会组织—社区青少年”的资源网络，为社区青少年提供见习岗位。在这一过程中，社会工作组织需要依托政府的中介作用，与其他专业组织实现联络并开展合作，通过设定一致的合作目标，多主体的协作体系得以搭建完成。

总之，在资源平台构建工作中，企业和政府两大重要力量都需要积极参与和做出贡献，为社会工作机构提供开展有效就业个案管理服务的机会，将政府和企业的资源整合到同一平台之上，实现各主体之间的资源共享。除此之外，社会工作机构还可以寻求心理咨询专家、法律援助单位以及福利学校的支持和加入，不断扩大资源平台的规模。

2. 完善指标体系：服务机构赋能

社工服务指标是社会工作机构对社会工作者进行绩效考核的维度之一，社会工作者能否完成指标是目前社会工作机构衡量社工能力与工作效果的重要标准。运作得当的指标体系能够体现出社工的能力和机构的文化理念，甚至关乎机构的未来发展。结合阳光中心在服务指标体系制定中的问题，需要进一步完善：首先，社会工作者作为指标体系的重要参与者，对指标体系的构建应是最合适的发言人。因此，阳光中心应该在现存的指标制定体系中邀请一线社会工作者参与，结合社会工作者的实务工作经验和现实困难制定指标的数量和内容，实现从理论取向到实务取向或增能取向的转变，使得指标更符合社会工作者的实际工作，提升社会工作者的获得感和能动性。其次，反思数量化思维，提高社会工作服务质量。阳光中心出于政府购买的压力，试图通过服务案例的数量优势突出机构的贡献与成效。然而，个案管理的服务模式提倡更为精细化、全面化地解决服务对象存在的多重问题。因此，社会工作者从预估到资源链接整合，直至跟踪阶段需要有较大程度的投入，服务周期较普通个案更长。此外，面对服务模式的转变，原先一贯使用的指标考核模式可能会出现失灵。新的考核体系需要考虑到上述改变，针对全新的服务模式制定一套具有契合度的考核方式。除此之外，新的考核模式也需要兼顾服务的专业技巧和理论、社会工作价值观与伦理等的实际运用。

（二）社工个案管理的能动性提升

1. 建立多元激励方式

适当的激励手段可以激发社会工作者的服务热情，避免社会工作者出现职业倦怠。为此，阳光中心需要建立多元化的激励方式。在物质激励方面，机构可以结合案例实效、案例资料撰写情况以及服务对象的满意度等指标，予以发放奖金、颁发奖品等。例如，若一项社区青少年增能服务被选定为机构典型案例，则可以给予社会工作者一定的奖金补贴。更为重要的奖励方式是精神激励，即对个人的承认和尊重（胡燕，2020）。对表现优秀的社会工作者不应局限于口头赞扬，可以给予适当的荣誉奖励，并提供深造的机会。

物质激励必不可少，因为每个人都需要生存，需要物质支撑个人、家庭的生存。精神激励是针对人的内在需要，一个人得到承认和尊重时会感受到满足和愉快，这种感觉会持续很久，产生的激励效果也会更持久（胡燕，2020）。但是，如果只是单一的精神激励无法满足社会工作者的需求，对社会工作者也会失去吸引力，丧失激励制度的意义。

因此，阳光中心需要设置多样的激励方式，使社会工作者保持新鲜感，保持充足的动力。在物质激励方面，机构可以结合绩效提高工资、发放奖金、提升职位等。社会工作者对机构事务的参与度越高、自主权越大，社会工作者的责任心就越强，向心力也更大（曹丽莉、甘钦云，2018）。因此，在精神激励方面，阳光中心对表现优秀的社会工作者不应局限于口头赞扬，可以给予适当的放权，如成立社会工作者个人工作室等，或让优秀社会工作者参与各站点或中心的相关决策，给予其荣誉奖励，并奖励其学习深造的机会等。阳光中心要全面考虑到一线社会工作者的多种需要，结合社会工作机构的企业文化制定激励制度。

2. 完善督导支持制度

社会工作机构督导制度的完善也能为社会工作者的专业服务提供支持。社会工作督导不仅仅承担专业服务管理和建设的责任，还能够在服务过程中为社会工作者提供支持和帮助，承担着教育者、心理支持者的职责，为一线社工服务提供有力的支撑。目前，阳光中心正在对督导评估体系进行改革，形成了包括“中心督导—督导助理—同工督导”的阶梯级督导队伍。结合阳光中心督导人员数量较少以及同质性强的特点，可以从机构外部的高校引入一部分具有学术背景的督导，如上海各大高校的社会工作专业教师，从而建立内外结合的督导制度。一方面可以起到增加机构外督导人员督导频率的作用，不局限于某个绩效考核时段，从原本的 3—4 次增加到 10

次，根据社会工作者的需要和服务周期进行适时调整。另一方面，借助高校资源可以增加对社工队伍的理论指导，使理论和实践相结合。除此之外，张骥(2016)认为督导是一个传道授业解惑的过程，以提升被督导者的服务水平及质量、明确工作思路和方法、明确工作目标和方向为目的，提高被督导者对社会工作专业的认同感及社会工作者在工作中的成就感。因此，需要强调督导的教育职责，从而起到培养专业社会工作人才的目的。

(三) 社工个案管理服务能力提升

1. 资源整合能力

社区青少年作为社会弱势群体，面临着就业能力不足、就业资源短缺、自我认同感低以及社会交往能力差等多种问题。一线社会工作者作为个案管理者，需要与不同的资源主体进行沟通协调，保证资源输送管道的畅通，充分调动政府部门、社区、学校、居委会、企业、家庭、志愿者等正式和非正式群体的资源，为社区青少年提供支持和帮助。因此，社会工作者的资源整合能力尤为重要，是决定个案管理服务能否成功的关键。阳光中心可以从两个方面提升社会工作者的资源整合能力：第一，阳光中心可以利用组织优势为社会工作者提供更多的资源渠道，而不仅仅是要求社会工作者自己寻找就业资源。例如，阳光中心可以凭借自身多年积累的资源为社会工作者提供其他社会组织、政府部门、学校社工信息，形成资源信息表格或联系清单，节省社会工作者单独寻找资源的时间，同时也可以将每次链接的就业资源进行整合，以便形成可供参考的资源清单。第二，阳光中心需要在机构内部培训中着重提高社会工作者链接资源的能力，确保社会工作者能够在服务中起到串联作用，解决服务对象面临的多重问题。

2. 需求评估能力

在青橄榄项目中，机构内外督导反映社会工作者在需求评估环节出现的问题较多，包括评估主体单一、评估方法和工具单一、主观臆断影响较大，这些问题影响了社会工作者专业服务的水平，导致个案管理服务的成效较低。为了改变社会工作者在需求评估方面的不足，可以从以下三个方面入手：

一是阳光中心需要给社会工作者提供关于需求评估理论方面的培训和学习机会，以此提高社会工作者的专业水平。机构可以邀请国内外学者、高校教师、机构督导开展需求评估理论讲座，可以将培训设置在每期项目开始之前或者新员工培训中。

二是评估工具的多样化。阳光中心应该为社会工作者提供各种需求评估工具，包括职业量表、需求问卷、观察量表、前后测工具等，使社会工作者可以有足够的工具资源开展需求评估，真实准确地评估社区青少年的多重就业需求，并形成完整的个案管理服务资料和信息库。

三是社会工作者需要跳出常规个案服务的评估思维，将社区青少年作为多重需求对象，将服务对象纳入社会系统中去评估，包括社区、家庭、学校、社会组织、企业等，多维度评估社区青少年的现状和需求，并在此过程中锻炼和提升社会工作者的实务能力。

3. 团队合作能力

社会工作者良好的团队合作能力在个案管理服务中能够促进组织内部之间的资源共享，在机构外则有利于社会工作者更为迅速地链接更多有效的资源。为了提升团队合作能力，阳光中心可以通过在内部开展团队合作的形式，向社会工作者、机构传递团队文化和核心价值观。此外，可以组织新进社工与老社工开展团建活动，提升凝聚力，促进彼此间的相互交流，为社会工作者相互了解提供机会。除此之外，阳光中心应当组织社会工作者参与团队合作能力建设或人际交往能力的培训课程，或邀请能力出众的社会工作者进行经验分享，使社会工作者对团队合作的重要性有深刻的理解，从而提升其合作能力。

第六章　学校青少年就业社会工作服务

上海市阳光社区青少年事务中心不仅在社区层面为“失学、失业、失管”的社区青少年提供就业方面的服务，而且积极联系学校，采取“联校社会工作”和“驻校社会工作”的模式，以项目化形式融入学校的就业教育，为学生提供就业咨询、职业生涯规划、资源链接等服务。继社区之后，学校成为青少年就业社会工作的又一阵地。

第一节　学校就业教育需求及挑战

一、学校就业教育需求

就业是民生之本，以就业择业、职业规划、职场发展为主要内容的就业教育，是大学和职业学校教育的重要内容。1997 年，全国高校毕业生就业指导中心制定了《大学生就业指导》教学大纲，标志着我国高校毕业生职业发展及就业指导教学工作正式开始。大中专学校毕业生的就业问题直接关系着社会经济发展和人才发展战略，就业率被视为专业发展和人才培养质量的试金石。2002年高校大幅度扩招后的首届毕业生面临严峻的就业挑战，就业率备受关注，追求高就业率成为就业教育受到重视的初衷和目标(严奉姬、闫志刚，2012)。国内大中专院校对学生的就业率十分重视，在学校体系内专门设置就业办公室，并且由学校主要领导分管。近年来有关就业咨询、职业生涯规划方面的讲座或课程、毕业前夕纷至沓来的各类人才招聘会等，在大中专院校如火如荼地展开。

从学生的角度而言，高质量的就业是学有所成的理想结局之一，为实现高质量就业，学生一方面需要掌握好专业知识和专业技能，另一方面也需要了解就业状况，掌握就业的基本技能和方法。基于自我决定需要理论，从开展大学生就业的实践角度，有学者指出大学生就业需求包括精神慰藉的关照需求、追求待遇的生存需求、获取信息的求知需求、自我提高的发展需求、心系家国的责任需求等五个方面的内容(董朝辉，2014)。严峻的就业形势在一定程度上加剧了学生的就业焦虑，使得学生更加需要就业教育来满足他们在就业认知、就业指导以及就业资源整合等方面的多样化需求。

二、学校就业教育挑战

客观而言，纵向来看，就业教育近年来越来越受到重视，但从横向上与海外相对成熟的就业教育相比，国内大中专院校的就业教育质量处于较低水平，就业教育缺乏系统性、科学性和规范性。部分高校简单地把就业指导工作和就业教育二者等同，只注重提供信息和指导求职技巧，忽视了职业素质教育、生涯发展指导和个性化心理辅导。相对于专业教育而言，就业教育课在绝大部分高校中处在边缘位置。就业教育往往只安排在大学四年级的短短几周内，是名副其实的毕业前夕的突击教育。从形式上看，就业教育课程单调，缺乏富有生机与活力的实践体验。以中等职业学校的就业教育为例，尽管中职生的就业能力一直是中职学校的培养重点，但中职生的职业认知与职业素养令人担忧。以上海为例，相关研究表明，近三分之一的中职生在学校的职业规划学习和生活中没有清晰长远的目标，也不了解自己适合往哪些职业方向发展（项秉健等，2014）。助力学生就业能力发展的职业生涯教育课程尽管很早就被列入学校教育的课程体系，但在整个教学体系中仍处于相对边缘的位置，大部分中职学校未将职业生涯规划教育纳入专业课程体系，不少中职学校的职业生涯规划教育通常只是在学生毕业前集中进行几次就业指导咨询，且授课教师多由德育课教师担任，具有职业指导师资质的专业师资力量相对缺失，授课形式单一，授课内容缺乏实践性等。目前国内的中职学校职业生涯规划教育总体以学校教育为主导，辅之以校外企业或单位的合作形式，普遍缺乏活力，缺乏系统性、连续性、专业性、针对性以及实效性等（鄢木秀，2011）。

为摆脱学校就业教育的困境，提升就业教育质量，不少研究者提倡协同视域下的就业教育，即从专业教育、职业教育、创业教育和就业指导教育四个方面探讨大中专院校的就业教育内容，主张有的放矢的专业教育、以能力为导向的职业教育、以就业为导向的大学生创业教育和以职业能力为基础的就业指导教育等践行途径（崔伟，2019）。面对学生广泛的职业认知需求、职业规划需求、就业机会需求和职业见习需求，单靠学校自身的力量难以满足和实现学生的就业教育需求，学校就业教育亟须创新社会化和专业化服务模式。上海阳光社区青少年事务中心是一家聚焦青少年就业能力提升与犯罪预防的社会工作专业组织，自 2005 年开始探索学校社会工作，主要采取联校社会工作和驻校社会工作的服务模式，参与到大中专院校的就业教育之中（彭善民，2017），其中中职学校学生的职业生涯教育是青少年社工开展的主要活动形式之一。

三、社工介入学校就业教育个案

上海市阳光社区青少年事务中心徐汇工作站于 2015 年 1 月—2015 年 5 月针对上海市 L 中职学校 2014 级电子商务专业的 43 名学生开展“筑梦生

涯”中职生职业生涯规划辅导项目，是青少年社工介入大中专院校就业教育较为典型和颇具代表性的案例。在服务期间，社工们开展了一系列针对中职生职业生涯教育的活动项目。

1. 活动一：“我的未来不是梦”生涯规划设计大赛

“我的未来不是梦”生涯规划设计大赛分为启动仪式、个人赛、团体赛、大赛奏鸣曲及分享交流五个部分。

(1) 生涯规划设计大赛启动仪式。2015 年 1 月 7 日，在 2014 级新生中举办“我的未来不是梦”生涯规划设计大赛启动仪式，仪式上介绍了本次大赛的目的、意义、活动规则、时间节点以及活动中的注意事项，引起了全年级学生对此项活动的关注和兴趣。此外，阳光社区青少年事务中心徐汇工作站的社工还邀请区职业指导师为全年级新生开展职业生涯规划讲座。

(2) 生涯规划设计大赛个人赛。2015 年 1 月底进行个人赛。个人赛以个人为单位，以上海市 L 中职学校开设的“生涯规划设计”课程为主，参与者须上交一份纸质版的“生涯规划设计方案”。由校方统一收取方案，并进行评分。个人赛评分项内容包括自我认知、职业认知、职业决策、行动计划与策略、作品完整度。个人赛优胜者在“生涯规划设计大赛分享交流会”上进行分享和展示。

(3) 生涯规划设计大赛团体赛。2015 年 3 月—4 月进行团体赛。团体赛以上海市 L 中职学校 2014 级电子商务专业的 43 名学生为主体，6 个人为一个小组，共分成 7 个小组(其中一个小组有 7 名组员)。团体赛以小组为单位进行 PK。团体赛即“梦想训练营”，具体内容为“梦想训练营小组”“演讲培训及比赛”“社区公益活动”三个部分，具体内容详见活动四。

(4) 大赛奏鸣曲。在“梦想训练营”活动中，指导并鼓励一年级新生，尤其是 2014 级 43 名电子商务专业的学生以团队的形式完成各项任务，并以活动过程中的进展、感悟为主题，以通讯、简报、黑板报、海报等各种形式在校内开展宣传和分享活动，让全年级的学生看到参与者在此过程中的各种变化和想法，一方面引起全年级学生对生涯规划的重视，另一方面也通过看到同辈的变化促进自身改变。

(5) 生涯规划设计大赛分享交流会。2015 年 5 月 6 日，团体赛及个人赛中的优胜学生以演讲的形式呈现自己在“筑梦生涯”中的收获及自己的职业生涯规划。当天的分享交流会以视频的方式回顾了 43 名学生在“自我认识”工作坊及“梦想训练营”中的情况，另外还邀请学校领导、兄弟学校代表、2 家走访企业代表共同为演讲者进行点评。生涯规划设计大赛分享交流会的参与者为全体 2014 级学生，活动进一步提升了 2014 级学生对生涯规划的重视，鼓励学生结合所学专业进行早思考、早规划，早日实现自己的梦想。

2. 活动二：职业生涯规划辅导

2014 年 12 月进行个案筛选。由于前期对 2014 级电子商务专业的其中 38 名学生进行了“职业倾向性测试”，并对 10 名学生进行了访谈，社工筛选了 10 名测试结果与电子商务专业明显不符的学生或在访谈中明显对该专业无兴趣、自我认识不足的学生展开个案辅导，主要是协助学生寻找个人兴趣、测试结果、所学专业之间的结合点，并能改变学生对所学专业无用的想法，认同现在所学的专业，并积极做好个体的职业生涯规划。

3. 活动三：“自我认识”小组工作坊

2015 年 1 月上旬至中旬，社工针对上海市 L 中职学校 2014 级电子商务专业的学生开展了“自我认识”活动。活动以小组的形式营造了融洽的氛围，引导组员全面了解自身性格特质，并感受到个人的独特性；启发组员对自身价值观进行积极思考，并协助其了解职业价值观对职业规划的重要性。同时，社工协助组员全面了解当前所学电子商务专业的发展前景及专业优势，思考自身能力与专业的匹配程度，并为接下来的职业生涯规划做好全面准备。整个小组活动分为 6 节，活动的主题分别是性格、兴趣、职业价值观、能力、专业及优劣势分析。

4. 活动四：梦想训练营

2015 年 3 月—4 月开展“梦想训练营”活动。活动具体分为“梦想训练营小组”“演讲培训及比赛”“社区公益行”三部分，此三部分的内容构成“生涯规划设计大赛”团体赛。

(1)“梦想训练营”小组。2015年3月16日—4月2日,“梦想训练营”小组活动主要以小组工作的形式协助组员全面了解自身,明确优势,激发参与项目活动的动力;同时带领组员走访三家电子商务专业相关企业,如腾讯上海分公司、徐家汇商城集团电子商务有限公司、上海彩亿信息技术有限公司,让学生明确个人职业能力与社会需求的匹配程度,直观认识和了解自己所学的专业,以帮助组员树立对未来学习的信心。此外,该活动旨在帮助学生形成对职业发展中的团队合作与职业责任等重要概念的正确认识,并激发参与者成为具有可持续发展人才的信心。

(2)演讲培训及比赛。2015年4月15日,由社工前往该校2014级电子商务专业班,为该班级的学生进行演讲培训。培训主要从演讲者应具备的三种特质出发,引导学生提升面向公众演讲的能力。4月16日举办演讲比赛,7个小组均派出小组代表参与演讲,分享各自在“筑梦生涯”项目中的收获及感悟,从中选出3名优胜者参与2015年5月6日的分享交流会。

(3)社区公益行。在“梦想训练营”小组中,社工派给各个小组任务,让组员收集相关资料。其中,有两组负责收集网络购物风险宣传资料,两组负责收集电话诈骗预防宣传资料,三组负责教授社区居民如何使用智能手机及微信。各组收集材料后,在规定时间内将宣传资料上交给社工,由社工整理好后将所有内容发送给学校,最后由学校负责联系广告公司制作KT板。2015年4月20日,7个小组的学生来到长桥街道的罗秀新村居委会和罗秀二村居委会开展“社区公益行”,旨在提升电子商务专业学生对于专业的认同感,激发他们运用专业能力为社区做贡献。

第二节　职业生涯教育的社会工作介入过程

职业生涯涵盖从青春到退休之前的一系列有偿或无偿工作的总和,它整合了个人一生中担当的各种职业角色，从而展现出个人独特的自我发展轨迹。从职业生涯发展阶段来看，大中专学生处在职业探索期，需要在这一阶段逐渐确定自身的职业倾向，进而在就业求职活动中更有针对性地选择工作，避免出现盲目就业的情况（郑晓明、王丹，2019）。社会工作视域下以“筑梦生涯”命名的职业生涯教育项目旨在探索专业社会工作机构介入中职生职业生涯规划辅导的新模式，目标涉及三个层面：一是个体层面，帮助学生认识自我，培养学生的职业生涯规划意识，提升职业生涯规划认知；二是环境层面，与学校德育、职业生涯规划教学工作形成有益互补、良性互动，提升学校管理层和一线教师对中职生职业生涯教育的重视，争取外部企业的大力支持；三是政策层面，调研需求，总结项目经验，在初步形成中职生职业生涯规划辅导模式的基础上，推动团委、教委等政府职能部门出台支持中职生职业生涯教育的新政策。

社会工作专业介入职业生涯规划的逻辑与内容如下。

一、评估、沟通与赛制动员

需求评估是社会工作服务介入的首要环节，社会工作服务介入方案的设计建立在现状调查和需求评估基础之上。社会工作者采用专业量表对介入班级学生的个人认知和职业认知做前测性评估，通过访谈的形式走访学校领导、教师、学生，深入了解既有的职业生涯教育的制度安排和实施情况。总体发现介入班级的学生尽管均已上过“职业生涯规划”课程，但只有一个学期，且每周只有两课时，纯课堂教学的效果不甚理想，多数学生对自我和职业的理解仍有较大需求，学校方面因为课程体系问题能给到社工介入的时间非常有限。

沟通是社会工作服务有效介入的关键，社会工作的社会认知度不高，社会工作的职业生涯教育介入对学校的多数人而言十分陌生。为此，社会工作者倾注了大量的时间和精力，用于多方沟通协调，以建立基本信任。就学校教师层面而言，社工多次到访学校，与学校领导、德育老师、专业部主任、校企合作老师、班主任等进行沟通，探讨社会工作项目介入的可行性方案，确认社会工作服务不影响正常教学和确保学生安全的最基本原则。就学生而言，社工主要深入了解学生的需求和偏好，提高学生的积极性与参与度。针对学生不喜欢业余时间被社会工作项目所挤占的情形，最终确定将活动时间放在班团课上。就学生家长而言，社工向每位学生家长发放《告家长书》，让家长了解“筑梦生涯”项目的活动内容，旨在获得家长的支持，以协助学生完成某些特定任务，诸如需家长写出子女的优点并在活动中分享、家长知晓社工组织的校外活动，并协助社工防范活动风险。就企业而言，项目组安排了一名社工专门与企业进行对接，以探讨中职生的实习探访模式和资源整合路径。就社区而言，社区青少年事务社工尽管有相对丰富的社区资源基础及优势，但是对于四五十人的大规模社区公益性活动，与街道基层政府部门和社区居委会仍需进行数次沟通与协调。

在评估和沟通的基础上，为激发学生的积极参与和深度参与，社工采用比赛方式进行动员，即设计“我的未来不是梦”生涯规划设计大赛，分为启动仪式、个人赛、团体赛、大赛奏鸣曲及分享交流会五个部分。在启动仪式上，社工发挥资源整合优势，邀请到区级人力资源和社会保障部门的相关领导进行动员。个人赛以个人提交的“生涯规划设计方案”为准，具体评分维度包括自我认知、职业认知、职业决策、行动计划与策略、作品完整度等。团体赛以小组为单位进行 PK，具体内容为“梦想训练营小组”“演讲培训及比赛”及“社区公益行”三个部分，以激发个人和群体的认同感和积极性。与一般的比赛相比，社会工作视域下的“我的未来不是梦”职业生涯规划设计大赛特别强调赛前的深度动员和赛后的交流分享。

二、基于团体动力的增能小组

小组工作是社会工作的三大经典方法之一，特别强调小组内部的动力机制和示范机制。为激发群体的动力，社会工作者针对班级学生开展了“自我认识”和“自我增能”的小组工作。自我认识小组活动以小组形式营造融洽的小组氛围，引导组员全面了解自身性格特质，感受个人的独特性，启发组员积极思考自身价值观，了解职业价值观对职业规划的重要性，协助组员全面了解当前所学专业的发展前景及专业优势，思考自身能力与专业的匹配程度，并为接下来的职业生涯规划做好全面准备。自我认识小组具体分为六节，主题分别是性格、兴趣、职业价值观、能力、专业及优劣势分析。自我增能小组主要根据中职生求职过程中常见的表达问题和沟通问题开设相应的小组工作坊，以增能理论为视角，旨在提高组员的表达能力、沟通能力与合作能力。

三、优势视角下的个案辅导

个案辅导区别于小组工作，针对的是自我认知和职业认知过程中问题相对突出的服务对象，社工通过与个案学生的结对辅导，协助学生提升应对问题的能力。在项目设计与实践过程中，青少年事务社工在对全班学生进行"职业倾向性测试"与前期访谈的基础上，筛选出10名个案服务对象，即对那些欠缺自我认识、对职业认知有较大偏差、专业学习动力不足的学生开展基于个案社会工作理念的个案辅导，主要是从优势视角出发，挖掘边缘学生的优势与亮点，协助学生寻找个人兴趣，深入理解专业与职业的关系，改变所学专业无用的想法，提高对现在所学专业的认同度，并积极调节自身期望和做好个体的职业生涯规划。中职生自我发展的期望值普遍偏高，但沉迷网络、沉迷电子游戏、不求上进等现象同时存在，期望值和控制力的错位导致规划与行动之间相距甚远，社工的个案辅导在被边缘学生接纳的前提下采取案主自决原则，引导边缘学生认识到自身的问题并做出正确的判断。

四、职业体认与社会体认的结合

以学生人格发展与社会性发展为核心的教育理念是当前教育改革的重要方向，这一教育理念落实到教育行为上，就是要强调受教育者通过行为实践和内心体验来提高综合素质。近年来，提倡采用强调情境丰富性、情绪体验性以及知识建构性的体验式职业生涯规划课程体系，其教学过程要求走出课堂，体验生活、体验社会，以达到职业可持续发展的目的（魏延秋，2016）。中职生职业生涯教育的社会工作介入尤其注重学生社会性的发展，在突出职业认同的同时，特别强调社会认同。具体到“筑梦生涯”项目中，社工一方面为学校及班级学生积极地链接企业资源，在项目开展过程中联系了三家与本专业关联度高的大企业，促成学生前往企业参观，与企业精英面对面互动，企业精英不仅讲述了职业工作所必需的技能，而且分享了职场生活的规则及技巧，让学生对职场社会有较深的体认。另一方面，社工联系社区资源，开展具有社会体认特征的“社区公益行”，即在“梦想训练营”实践过程中，社工让学生结合本专业优势，分组进社区进行网络购物风险宣传、电话诈骗预防宣传等活动，让学生在社区活动中对社会生活有更深的体认，同时增进学生的专业认同感。

第三节　职业生涯教育中社会工作者的角色

一、生涯规划的倡导者

基于中职生就业困难、失业率高等问题，提早进行职业生涯规划是解决问题的最好途径。中职教育有特殊的学习目标和发展方向，毕业后学生的个人发展不同于高中教育。学习必要的文化知识，掌握一门专业技能，是中职生的求学目的。如同高中毕业进入大学选择专业一样，中职教育把专业教育提前，让毕业生在毕业后能立即胜任岗位，成为即用型人才。两者的主要区别在于学历与专业知识的深浅，但就是因为这两个差别，造成中职生在求职上的劣势。所以，如何应对早已存在的中职教育劣势，是社工主要考虑的活动含义。职业生涯规划作为学习与就业之间的桥梁，符合中职教育阶段学生的需求。提早进行职业生涯规划，可以帮助中职生厘清思路、确定目标，从而为毕业后的就业做好准备。社工设计开展“筑梦生涯”中职生职业生涯规划项目，有两个更深层次的含义。第一，向中职生倡导职业生涯规划。在开展活动的学校中，一年级新生的课程中包含职业规划课程，这说明校方有这方面的意识，但课程内容仅停留在理论层面，使得效果并不明显。社工设计活动入校，就是为了把活动作为一个基点，向学校宣传职业规划的重要性和对中职生的影响力。良好的成效将活动推向高潮，引起学校及兄弟学校的重视。第二，向企业倡导提供见习和实习机会。本次活动涉及三家企业，社工联系安排学生进入相关专业的企业参观学习，使得学生收获很大。同时，在社工的沟通下，企业提供了暑假见习岗位，学生有机会直接进入企业实践体验。社工设计活动联系企业参观，就是为了将活动作为一个枢纽，向企业宣传中职生职业规划项目，向企业倡导职业规划行为，提升企业对中职生的接受力，使企业能够把选择人才的方向对准中职生，提供更多见习和实习岗位。其实，这是一种双赢的局面，帮助学生拓宽就业渠道的同时，也可以帮助企业获取需要的人才。

二、优势评估的使能者

职业生涯规划离不开青少年群体对自我能力的客观评估，知道自己能力强弱及处境，才可以相应地规划自己的发展方向，中职学生对自我探索的能力有限。学校教育主要侧重培养学生的学习能力和操作技能，社会工作者在职业生涯教育中有意识地引导青少年学生对自身能力进行拓展性思考和综合评估。相对于缺失视角或问题视角而言，优势视角是社会工作基本的理论视角之一。社工在“筑梦生涯”项目中帮助学生拓展能力范围，从性格、兴趣、特长中找到个人能力项，引导学生探索自己、剖析自己，找到能力项的同时提高自信。社工在活动前的问卷评估中初步了解学生对自我能力的概括，并没有达到剖析和认识的程度。所以，社工通过与学生进行一对一访谈、与班主任沟通及学生之间的评价，得到了关于学生个人详尽的能力信息。在活动开始前，社工对学生进行了第一次能力评估。在活动进行中，学生分组参与活动，更明显地表现出个人能力，社工引导学生互评，鼓励学生对他人进行能力概括，从他人眼中看到自己的优势与弱势。在每一次活动后，社工会进行整理和分析，从活动表现中确认学生的能力情况，作为日后开展活动的参照和考量。

社会工作强调助人自助原则，重视提升个体的自助能力，优势视角对于增强服务对象的权能以实现自给自足至关重要。社会工作使能者的角色要求社会工作者运用自身拥有的专业知识和技巧调动服务对象的能力和资源，发挥潜在能力，促使服务对象发生有效改变。优势视角给服务对象、服务对象的家人和朋友提供了一个机会，让他们讲述服务对象的故事。在“筑梦生涯”项目开展过程中，社工尤其注重对那些在学校主流评价体系中能力不够突出或相对边缘，甚至评价负面的学生进行优势评估，以激发他们的潜能。优势评估与干预专家塞勒伯提出优势评估的五类问题，即生存问题、支持问题、例外问题、可能性问题、自尊问题（玛丽安娜·伍德赛德、特里西娅·麦克拉姆，2018）。社工鼓励学校或班级的边缘学生参照塞勒伯提出的优势五问探索自己的优势和潜能，从而对自身的能力和社会位置有更加全面深入的认识，进而为职业生涯规划做好积极准备。

三、多向沟通的协调者

“筑梦生涯”项目实施有一个难点，即沟通协调。社工需要做到多方沟通协调，才可保证项目中每一项活动正常开展。第一，社工前期与学校的沟通。社工多次来到学校，与学校领导、教务处、德育老师、专业部主任、校企合作老师、班主任等进行沟通，分析探讨项目方案，确定活动开展时间与地点。第二，社工与学生之间的沟通协调。在项目进程中，社工需要解决的问题是提升学生的参与度与积极性。项目中的大多数活动安排在下午进行，上了一天课的学生开始休息娱乐，难免对占用业余时间有抵触情绪。部分利用班会时间开展的活动，学生能够积极参与，一旦利用课余时间开展活动，学生会出现排斥情绪。经过社工与学生多次沟通，学生对活动充满好感，加上活动内容丰富，对学生个人有益，只有极个别学生出现消极情绪，社工依然以安抚为主。第三，社工与学生家长进行沟通协调。活动开始前，社工向每位学生家长发放《告家长书》，让家长了解“筑梦生涯”项目的各项活动内容，鼓励支持学生参与活动，同时，活动中需要家长配合学生完成特定任务。在暑期企业见习阶段，社工要求参与学生的家长填写“知晓书”，支持学生参与社会实践，共同保证学生在见习期间的安全问题。第四，社工与企业的沟通协调。在整个项目过程中，一名社工专门与企业进行对接，其间这名社工付出了大量的时间和精力。从选择相关企业、向企业征询可行性、向企业提出参观要求，到与企业探讨参观方案、与企业确定时间和人数，如此庞大的活动前期沟通与协调，社工必须全力以赴。企业方面也非常重视，向上申报、开会讨论，整个过程社工全程参与。第五，社工与社区资源的沟通与协调。在项目中，社工带领学生参加社区公益活动，需联系街道的两个居委会，同样也经历数次沟通、协调。社工向居委会书记告知活动形式和内容，得到对方的支持。活动开展前，社区参与活动人数是一个问题，没有办法估计有多少社区居民可以参加。社工在社区张贴活动预告，同时居委会联系部分居民参加，加大活动前的宣传力度，最大限度地保证活动开展。

四、就业资源的整合者

在“筑梦生涯”项目中，企业走访参观成为后期核心内容。社工整合资源，联系徐汇区的三家电子商务专业相关企业，安排学生进入企业参观，聆听企业介绍，实地探索企业相关岗位的工作内容，了解企业文化，熟悉企业用人要求，参观企业办公环境，并安排学生与企业员工面对面交流。社工选择联系的三家企业，各自有其亮点，因工作内容及业务性质不同在电子商务领域有着各自的特色。三家企业无论是规模、运营模式还是人员管理，都呈现了自上而下的差异轨迹，同时与学生不同的素质和能力有良好的匹配度。也就是说，学生可以根据个人情况选择在不同的企业中获得自己想知道的专业内容，对学生来说是一个非常好的学习机会。还有一点非常重要，三家企业的运作模式和经营范围不同，基本涵盖了电子商务领域的大部分岗位和工作。在了解了几种电子商务的运作模式和经营范围之后，学生们能够根据自己的特点和专业能力，为自己的职业生涯规划做出清晰的定位。例如，那些希望投身于软件开发或售后服务领域的学生，可以据此明确自己的职业发展方向。这不仅是职业生涯规划的首要步骤，也是学生们初步规划职业生涯时的重要参考依据。

第四节　社会工作与学校就业教育的创新发展

一、社会工作助推学校就业教育的创新发展

社会工作视域下的“筑梦生涯”职业生涯教育项目受到所在学校师生的欢迎以及团委、教育行政部门与人力资源和社会保障部门的肯定，取得了不错的社会效应，其成功具体可归结为三个方面的创新。

（一）公平积极的素养教育理念创新

职业生涯教育总体上可归为素养教育，中等职业院校在职业技能教育方面有相对成熟完整的体系，但在综合素养教育方面相对缺失。社会工作介入更多的是对综合素养教育的提升，诸如平等沟通、自主决策、环境判断等能力和技巧的训练。就业过程中的社会招聘非常注重应聘者的职业技能和综合素养，社会工作视域下的素养教育恰恰是中职生就业能力提升的重要法门，并且具有公平积极的特点。强调通过助人自助来践行社会正义的社会工作给中职生职业生涯教育带来新的理念。社会正义是社会工作的核心价值观，助人自助是社会工作的核心理念。具体落实到“筑梦生涯”职业生涯教育中，突出体现为公平教育、积极教育、素养教育的践行与创新。就公平教育而言，职业教育公平是指所有人接受职业教育的权利和机会的基本平等与对个体发展差异性的尊重，是对职业教育本体价值和普遍性的肯定，彰显着职业教育对社会处境不利群体所具有的积极意义（李延平，

2009)。实践中社会工作者秉持“以人为本,回应需求”“接纳和尊重”“个别化和非批判”“促进共同发展”等价值理念,针对存在自我认知偏差和职业认知偏弱或有误的学生专门开展个案辅导并给予更多的关注,一定程度上是中职教育公平的创新实践。就积极教育而言,始于20世纪末美国后蔓延到西方的积极教育运动是指以学生外显和潜在的积极力量为出发点,以增强学生的积极体验为主要途径,最终完成培养学生个体层面和集体层面的积极人格而实施的教育(陈振华,2009)。积极职业教育是以积极、和谐和发展为取向,有目的、有计划地提升职校学生素质与幸福感的现代职业教育理论和实践体系(崔景贵,2015),这与社会工作的优势视角不谋而合。社会工作者在中职生职业生涯教育中给予最多的是赞扬、鼓励和支持,突出对服务对象优势的发现及其希望感的重塑。

(二) 从学校教育到社会教育的机制创新

社会工作机构作为第三方,创新了中职生职业生涯规划教育的主体。长期以来,中职生职业生涯教育以学校教育为主,辅之企业合作,即学校主导的校企合作模式。社会工作机构的介入则是校社合作与社会教育的新尝试,不仅促进了传统意义上的校企合作与家校联结,而且架起了学校与社区互动的桥梁,促进了学校与社区的紧密关系。社会工作的第三方优势同时增进了社工与学生、教师的沟通合作。提供职业生涯教育服务的社会工作者非学校体制内人员,身份有别于教师,社会工作的专业性又特别强调尊重、保密等伦理原则,因此容易取得学生与教师的信任。学生不愿意跟教师和教师不愿意跟学生及同行讲述的事情或表达的心声容易在社工面前袒露,不仅排解了压力,而且通过社工这一中间桥梁,促进了多方沟通和问题化解。社会工作介入不仅是中职生职业生涯教育的社会化尝试,同时也是中职生职业生涯教育专业化发展的创新实践。一般而言,学校提供的职业生涯教育课程依旧以基础知识教授为主,结合理论,给予中职生相应的政策信息;而专业社会组织所提供的服务是以饱含专业理念的游戏、体验、实践为主,在游戏中增强兴趣,在体验中感悟,在实践中明确目标,给传统的职业生涯教育带来了生机。社会工作视域下的社会教育是对学校教育的有益补充，专注学校社会工作的青少年事务社工是中职学校职业生涯教育极度匮乏的专业化师资力量的有力补充。

（三）社会化与专业化的资源整合创新

社会工作机构的介入为中职生职业生涯教育开辟了新的资源端口。就学校而言，除了突出中职生课堂知识学习外，亦越来越注重学生的校外实践，然而在实际操作中，由于不少中职学校隶属部委和省市，与所在地方社区缺乏互动，单靠校内的"社企合作部"整合到的资源有限，尤其是对于职业生涯教育课程的任课教师而言，个人要与校企合作单位进行具体对接成本高昂，很不方便。对于专业的社会工作机构而言，其巨大的优势在于拥有较为丰富的社会资源整合途径和相对灵活的资源调配机制，如"筑梦生涯"项目的执行机构在市、区、街镇都设有办公室，和街镇相关部门都有联系与合作，负责项目执行的青少年事务社工相较职业学校的职业生涯教育老师而言，有更多的资源整合的实操经验。在具体实践过程中，"筑梦生涯"项目社工不仅给上海市L中职学校2014级电子商务专业中职生职业生涯教育链接到企业和社区的资源，同时社工机构的业务指导机关团市委鉴于职业生涯教育社会工作介入项目的成功运营，进一步推动了与市人力资源和社会保障部门的合作，拟共同开发由社会工作专业主导的职业生涯教育的精品课程（陈晓颖，2016）。这种政府资源的整合无疑将更大程度推动中职生职业生涯教育的社会化和专业化发展。

二、社会工作助推就业教育发展的路径优化

（一）就业教育的社会化服务体系构建

如前所述，学校就业教育的重要性不言而喻，学校就业教育面临的挑战也是困难重重。单靠学校一己之力，难以大幅提升就业教育质量。就业教育不仅要传授知识和技能，更重要的是需要不断拓展实践场景，让学生在丰富的实践中有更多更深的职业体认。为此，学校就业教育无疑需要构建社

会化服务体系。以本研究的职业生涯教育为例，中职生职业生涯教育是一个不断探索、体验和判断的动态过程，也是一个相对开放的可供多方参与的教育实践领域，需要可持续发展的支持体系。职业生涯教育可持续发展的支持体系需要突破学校体制的束缚，寻求更广阔的社会支持。社会工作视域下的"筑梦生涯"项目是职业生涯教育社会化和专业化的重要尝试。从国际经验来看，这种校社共建模式在一定程度上代表了未来职业生涯教育的方向。诸如在英国除了学校开设生涯教育课程外，各个地方的教育部门还设有专门的生涯服务机构协助学校实施生涯教育，负责指导学校开展生涯教育，并整合各种资源参与生涯教育，同时为家长和学生提供具有公信力的生涯发展信息和帮助，以及负责培训专业教师等（陈娜，2007）。客观而言，"筑梦生涯"项目的社会化和专业化尝试还是非常初步的，主要是社会工作机构的主动介入和免费介入，而非一个可持续发展模式。职业生涯教育的可持续发展亟待社会化服务体系的建构，关键是社会化服务购买体系的形塑，为此需要教委、青少年社会工作机构业务主管部门及人力资源和社会保障部门形成合作与共建意识，以打通公共就业服务的"最后一公里"。由于职业生涯教育的直接服务对象是在校中职学生，因此，在实际的服务供给过程中，教委系统认可与购买专业社会工作所提供的社会教育服务显得尤为重要（彭善民，2014）。

（二）融入社会工作专业元素的精品课程开发

课程是实施生涯教育的重要载体，目前国内的中职生职业生涯教育的课程难成体系，且非常缺少适合中职生的职业生涯教育的精品课程，为此，职业生涯教育课程建设需要加大专业化和体系化力度。美国大学生职业生涯教育堪称课程体系化和专业化的典范，对于大一新生而言，职业生涯规划侧重自我评定课程的开设，这一模块的主要目标是帮助学生建立全面的自我认识，充分了解个人的优势和特点，对自己做出客观、准确的评价。对于大二学生而言，侧重于专业与职业探索，即帮助学生尽可能多地开展职业调研，分析和确定那些符合自身条件的专业与职业，并且列出一个想要从事的工作的目录，逐一找到个人特征与职业特征之间的合理匹配。对于大三学生而言，职业尝试是职业规划课程的重心，旨在帮助学生开始对所选择的职业进行实际体验，获得基于工作实践的职业认知和经验积累。对于大四学生而言，职业技能培训是职业规划课程的最后一个模块，是针对大学毕业生的实际需要而展开的系统的求职技能训练（蔡敏，2010）。借鉴国外大学生职业生涯教育的经验教训，中职学校的职业生涯教育需要积极融入社会工作专业元素进行分类分层的阶梯式课程体系研发。对于中职一年级学生而言，主要以"认识自我"课程为主；对于中职二年级学生而言，主要以提升综合能力为主，传授学生关于同辈支持、团队合作、抗压耐挫、决策与执行等方面的知识等；对于中职三年级学生而言，增加更多的社会实践或社会体认式课程。

（二）跨专业团队与社会工作者能力素养的提升

社会工作视域下的"筑梦生涯"职业生涯教育项目尽管多方面呈现了社会工作的专业性及优势，但若要建立社会工作专业主导的职业生涯教育的社会化服务体系，职业生涯教育社会工作的专业性确需大幅提升。毕竟职业生涯教育内涵丰富，且其内容与方式均随着学生需求的演变而与时俱进。学生的全面发展包括认知能力的培养、职业技能的准备和价值观的发展等内容（克里斯汀·仁、李康，2008），一个人进行职业生涯选择的历程是一个动态的过程，因为人的职业心理总是处于动态变化中。职业指导即协助个人发展并接受统一完整的自我认知同时确定适切的职业选择，使个人在现实世界中接受考验并转化为实际的职业，以满足个人需要，同时造福社会。作为职业指导者或辅导者的社会工作者需要具备较高的职业素养和专业能力。"筑梦生涯"职业生涯教育项目的社会工作实践显示，社会工作者对职业的理解和对职业发展形势的研判仍有相当大的上升空间。为提升职业生涯教育社会工作者的职业素养和专业能力，应当组建一个专注于职业生涯教育的跨专业工作团队。这个团队不仅应涵盖社工和学校德育教师，还应纳入职业指导师，以便通过多方合作与互动，使社会工作者的专业性得到进一步的锻炼与提升。跨专业工作团队亦有利于社会工作专业在中等职业教育体系中得到适应、认可和融入。

总体而言，社会工作视域下突出社会体认的职业生涯教育，助推了职业生涯教育的社会化和专业化发展，由社工的第三方身份所引发的合作者角色和资源整合者角色区别于教师的教育者角色，易激发学生在职业生涯教育中的主体性和参与度。以助人自助践行社会正义的社会工作价值，同时创新了职业生涯教育的理念，导向公平教育、积极教育和素养教育（雷海波、彭善民，2017）。新时代学校就业教育的高质量发展需要建立以制度为依托的社会化服务体系，建设高质量职业生涯教育的课程体系，通过跨专业团队合作提升社会工作者的职业素养和专业能力。

第七章　案例分析：从闲散“拆二代”到青少年社工

第一节　“拆二代”现象及问题

一、“拆二代”现象

在中国的城市化进程中，大规模的城区扩张、旧城改造以及开发区建设使得征地拆迁成为一个具有时代特征的社会现象（李怀，2005）。在征地拆迁过程中，大量农村土地和城郊宅基地受到征用，当地居民从中获得数额可观的征地补偿（杨朝清，2015），并跃升为“暴富者”。其中，拆迁安置所带来的经济赔付也造就了一个特殊的青少年群体——“拆二代”群体（钱全，2019）。

“拆二代”一词最早出现在2010年一篇题为《巨额拆迁费，农民该怎么花？》的媒体报道中，文章将“拆二代”定义为生活在城市近郊，且父辈获得房屋征地补偿的青少年群体（孙鹏程，2021），他们在“乡—城”转换过程中的心理状态和行为逻辑受到剧烈影响，并因此出现违反社会道德伦理或社会越轨行为[①]。此后，大量媒体围绕“拆二代”群体的负面形象展开报道，这些报道不仅将这一群体塑造为做出各类负面行为的集合体(钱全，2019)，同时也将“拆二代”定义为带有贬义色彩的词语，“拆二代”被描述为与厌学弃学、犯罪赌博、啃老等行为高度绑定在一起的青少年群体(林芳，2014)。与此同时，由于社会公众对“拆二代”群体的认知普遍建立在媒体对极端例子的负面报道上，在一段时间内引发了对该群体的持续批评。针对这一现状，以政府部门为代表的官方信源开展了对“拆二代”群体的正名工作，试图向公众传递“拆二代”群体的正面形象。例如，《用平常心看待“拆二代”幸福生活》[②]《“拆二代”也有正能量》[③]等媒体报道通过呈现“拆二代”群体正面、积极的生活态度，以此转变大众对该群体污名化的负面印象。在研究领域，已有研究者在反思“拆二代”的污名化现象时，尝试通过建立和使用中立性质的名词概念，如“村改居青少年”“城郊青少年”“新发展社区青少年”，来转变这一术语所包含的刻板印象和负面含义(周晓春等，2016)。

不过，“X二代”是指向现实社会中继承财富和权力的真实群体，社会媒介所传递的污名化形象既是公共空间中想象力和情绪的具体表达(张洁，2013)，同时也反映了部分社会现象和社会事实，即“拆二代”群体更容易产生问题。一方面，由于青少年群体从小接触的教育建立在对“拟城市环境”的建构上，使得这一群体对乡土的依恋不深，反而对“城里人”的身份认同度更高，他们希望融入城市生活，获得“新市民”的身份(吕璟、潘知常，2018)。另一方面，征地拆迁所获得的经济补偿为“拆二代”群体提供了融入城市的契机，在这一过程中，转变不仅发生在经济层面，同时也涉及文化、社会交

① 参见人民焦点网“巨额拆迁款，农民该怎么花?”，http://www.sinofo.com/html/sannong/1437.html，2023-07-04。

② 参见人民网“用平常心看待‘拆二代’幸福生活”，http://npc.people.com.cn/n/2014/0219/c14576-24398891.html，2023-07-04。

③ 参见新闻中心“‘拆二代’也有正能量”，http://inews.nmgnews.com.cn/system/2015/02/04/011624171.shtml，2023-07-04。

往、价值观念等其他层面，因此需要将“拆二代”群体的处境放在全面的再社会化过程中进行考量(周晓春等，2016)。

正是在这一基础上，已有研究将“拆二代”群体置于“乡—城”转换的大背景下，认为在这一群体间频发的问题反映了社会转型过程中从传统向现代转变的复杂心理状态与行为逻辑(钱全，2019)，同时使得这一群体更容易处于社会遵从与越轨的临界点(王燕锋、陈国泉，2010)。已有研究在运用资本理论进行分析时发现，“拆二代”群体的越轨行为通常是由各类资本不平衡发展造成的。具体来说，当经济资本由于拆迁而迅速增长时，文化和社会资本没有能够及时匹配，从而导致各类资本之间发生断裂(张雪贤等，2015)。无独有偶，孙鹏程(2021)认为在经济、生活和社会环境的剧烈变化中，“拆二代”群体面临着日常生活状态变化带来的不适应感，在缺乏正确引导的情况下，他们容易出现价值追求缺乏、家庭关系破裂、职业态度懈怠、消费观念扭曲等现实问题。

然而，已有研究从结构与行动层面对“拆二代”群体面临的困境、影响及其生成背景进行了翔实的探讨，但较少有研究将结构与行动置于统一的分析框架中。一项研究从外在结构对个体能动性的影响这一视角来理解“拆二代”能动性弱的问题，并认为其能动性受限于物质、社会、家庭和精神的四重“围困”(钱全，2019)。此外，既有研究未能深入实践领域，提供解决问题的有效途径。因此，为了弥合结构与行动之间的二元对立关系，本章尝试从“乡—城”转换的大背景入手，探讨“拆二代”群体面临的问题及其背后反映的身份认同困境，并呈现社会工作介入“拆二代”群体的服务方式与行动策略。本章所使用的资料源于研究者于阳光中心开展的田野工作，采取滚雪球抽样方法，对 12 名“拆二代”青少年(见表 7 - 1)和 5 名社会工作者(见表 7 - 2)进行半结构式访谈。在概念使用上，本文在反思性意义上使用“拆二代”这一术语，用以涵括词语所包含的负面意义。在具体定义方面，本章描述的“拆二代”是指生活在城市近郊，且其家庭获得了一定数额的拆迁款和数套房产的“因拆而富”的青少年群体。

表 7－1　"拆二代"受访者基本情况表

序号	代号	性别	年龄	文化程度	工作情况	呈 现 问 题
1	ZZY	女	17	高中	学生	非理性消费，买奢侈品
2	LM	男	25	专科	失业	不愿从事低薪工作，存在网络赌博行为
3	LT	女	23	高中	失业	去市区工作因口音被歧视，不愿找工作
4	DSN	男	14	初中	学生	辍学，吸毒
5	LLS	男	20	专科	失业	离家出走多次，长期出入娱乐场所
6	MF	男	22	本科	自由职业	原想努力奋斗，拆迁打乱内心的平静
7	HS	女	15	初中	学生	辍学，离家出走
8	HW	女	14	初中	学生	吸毒，非理性消费
9	RY	女	21	高中	失业	办信用卡，卡套卡，购买物品
10	QT	男	14	初中	学生	非常亢奋，吃喝玩乐，体重飙升
11	MC	男	17	高中	学生	网络赌博
12	XY	男	19	高中	学生	心里有很多困惑，不知道如何对待

表 7－2　社会工作者受访者基本情况表

序号	代　号	性别	年龄	文化程度	职业资格	服务年限/年	服务领域
1	社工 LD	男	39	专科	初级	10	青少年
2	社工 ZL	女	32	硕士	中级	5	青少年

续 表

序号	代 号	性别	年龄	文化程度	职业资格	服务年限/年	服务领域
3	社工 DL	男	50	本科	中级	12	社区、青少年
4	社工 CS	男	30	本科	初级	6	青少年
5	社工 WG	女	37	本科	初级	8	青少年

二、“拆二代”问题

（一）面子意识和炫耀性消费

征地拆迁所获得的大额经济补偿不仅改变了家庭的经济状况，同时也给家庭的消费观念和消费选择带来了新的变化。其中，“拆二代”群体在家庭获得拆迁补偿后往往获得了部分经济支配权，甚至被允许进行较大额度的消费。突如其来的经济收入使得“拆二代”群体的消费观念发生了从“必要”到“需要”的转变。

“拆迁前，生活节俭，勤奋努力，买衣服对品牌无要求，不常购物；拆迁后，追求物质生活，生活购物追求品牌，原来能省则省，现在购物自由，随心所欲。想要的东西基本上都会买。”（MF）

与此同时，消费行为不仅仅反映了物质层面的物品交换过程，同时也具有符号性和象征性，消费本身成了社会表现和社会交流的过程，借由消费可以向他人传递自己的个性、排位、认同、身份，以此体现自身的社会地位（肖显静，2004）。“人们从来不消费物的本身（使用价值）——人们总是把物（从广义角度）用来当作能够突出你的符号。”（让·鲍德里亚，2000）在这里，消费构成了人对自我价值的展现，成为个人社会地位的有形标记。

“拆二代”群体正是通过消费行为和消费能力的比较来建构自身的社会地位。一方面，“拆二代”群体通过与其他群体的消费能力进行比较，确立自己的身份地位。值得注意的是，相较于将自己定义为“城市人”，“拆二代”群体更倾向于和“城市人”做出区分，并以此建立“新城市人”的身份。“觉得自己也有钱了，不再是社会底层，自己也想买一些之前城里人买的东西，感觉那样很有品位，我们和城市人也没有多少差别，甚至还可以买到很多人不能买到的。”(ZZY)另一方面，出于面子意识和维护自身心理状态的平衡，“拆二代”群体在群体内进行炫耀式消费。正如社会工作者所描述的，这种消费行为表现为近乎“缺乏理性”的攀比。“这些青少年把‘买买买’作为口号，觉得买了一件上衣吧，还需要再买一条裤子，还要再配一双鞋，买很多名牌包。并且一些‘拆二代’之间会进行一些比较消费。”(社工 ZL)

已有研究认为，面子意识与炫耀式的消费行为之间存在密切的正向联系。其中，面子意识是指个体期望他人能够认同自身的一种需求，在传统文化的影响下，丢面子、保面子和提升面子构成了个体日常生活的重要组成部分。当强烈的面子意识和寻求地位的消费行为相联系时，维护面子成为人们消费的主要驱动因素(袁少锋等，2009)。此外，炫耀式消费行为也反映了“拆二代”群体特殊的社会处境，他们在“乡—城”转换过程中受到了不同价值观念的影响，消费行为成了“拆二代”群体释放压力、实现心理系统平衡的一种应急措施(孙鹏程，2021)。

(二) 为“体面工作”而闲散

“拆二代”家庭普遍来自城郊或农村地区，拥有的教育资源和教育经费相对较少，从而导致了“拆二代”群体的普遍受教育程度和专业技能水平较低。因此，“拆二代”群体在劳动市场中并不占据优势，他们从事的大多是公司文员、保安、社区工作者等工资水平和社会地位相对较低的职业，而大部分高技术含量和高能力要求的就业岗位则需要具备较高的人力资本和准入门槛(钱全，2019)。然而，“拆二代”群体由于获得了大额的经济补偿，通过消费行为建立起新的身份认同，原先的职业和薪资水平往往难以与他们理想中的社会地位相匹配。为此，当就业市场的准入门槛限制了“拆二代”群体寻找待“体面”的就业岗位时，他们宁愿选择待业在家，以维护自身的身份认同。

“当时也有工作，工资是3 000元，但后来拆迁后，就认为拆迁了，有房子了，你怎么说也得有个七八千元吧，因此，觉得应该找更好的工作。但到后来找工作受挫，就不愿意出门，在家和朋友们打麻将。”(LM)

“拆二代”群体建立认知的基础源于他们所拥有的经济资本。当“拆二代”群体的就业期待和就业市场的客观要求发生冲突并导致失业时，他们依靠着拆迁获得的房产和银行存款利息过着舒适的生活。值得注意的是，在“拆二代”群体的叙述中，他们有意将“失业”现状建构为自己主动选择的结果，相较于从事一份职业薪酬和社会声望较低的工作，依靠每月的房租收入和拥有的大量可支配时间足以使他们的生活变得“体面”。

“工作也没什么用，还不如靠收房租钱来得快，再说房租钱也不是一笔小数目，比起一些工作体面得多。”(LLS)

“之前的工作我觉得不太好，工资也不高，就给辞掉了，平时家里也有房租收。现在每天吃吃喝喝，比以前轻松多啦。”(MF)

（三）行为偏差与越轨风险

朋辈群体为青少年群体提供了不可或缺的社会支持力量(周晓春，2017)。已有研究发现，拆迁会影响朋辈群体提供的来自金钱、信息、情绪等影响个人发展的重要方面的支持(周晓春等，2016)。面对社会情境和文化的变化，“拆二代”群体需要重新建立新的社会交往系统，以满足自身的社交需求，同为“拆二代”的青少年由于经历和家境状况相似而产生了联系，甚至建立了由“拆二代”群体组成的“小团体”。受到亚文化的影响，部分“拆二代”群体参与赌博、吸毒等越轨行为。

“突然有钱了，觉得生活好像一切都被打乱了，不自觉地有一些优越感，上学也没什么用，反正家里有钱有房，也受到身边同学(同为“拆二代”)的不良影响，开始吸毒，找一些刺激玩玩。”(DSN)

“拆二代”群体的越轨行为使得家庭受到影响，而当家庭成员发现“拆二代”群体存在越轨行为时，通常会采取封闭式的惩戒，以此杜绝他们与其他“小团体”成员继续接触。然而，封闭管理使得“拆二代”群体减少了与社会的交往，进一步影响了这一群体的心理状态，造成恶性循环。

“一些‘拆二代’青少年家里有钱了，再加上朋辈环境的影响，会做出吸毒和赌博等越轨行为，即使家里不给他们钱也没用，他们会写欠条。遇到债主上门讨债，不给钱就扬言要砍掉‘拆二代’青少年的手，一些家庭甚至因为欠债的事情而逃到外地。当然这样极端的案例还比较少，更多都是一些赌博和吸毒，家长发现会对‘拆二代’青少年进行严格管教，被锁在家的‘拆二代’青少年与社会断绝联系。”（社工 DL）

三、问题的成因分析

（一）“拆二代”的身份困惑与自我迷失

美国精神分析学家埃里克森（Erik H. Erikson）最早提出自我认同的概念，他认为“自我认同是指青少年对自己的本质、信仰和一生中的主要方面前后一致及较完善的意识，即个人的内部状态和外部环境的整合和协调一致”。吉登斯进一步提出，自我认同问题本质是现代性问题，而现代性的核心是个体反思性地理解自我的方式（贾国华，2003）。因此，理解“拆二代”群体的问题需要将他们置于“乡—城”转换的大背景中，从结构与行动相互作用的角度来理解在这一过程中他们如何回答“我是谁”的问题，以及在探索自我的过程中遭遇的挫折和困惑。

1. 部分自我与整体自我的不协调

由于个体拥有多重社会身份，这些身份伴随着或高或低的社会地位，因此当涉及一个人总的社会地位时，尤其是在他人心目中的地位时，认知往往容易出现偏差（戴维·波普诺，1999）。休斯（Everett Hughes）提出，社会用以解决总体社会地位的方式之一是承认某种地位比其他地位更加重要，他将这一决定某人总体社会地位的关键性地位称之为“首要地位”（戴维·波普诺，1999）。其中，职业是最为常见的首要地位，除此之外，先赋性的身份地位或是与他人产生强烈对比的特征也可以成为个体的首要地位，如财产、长相、社会地位等。

然而，以首要地位定义个体的方式通常会导致忽视个体其他社会身份，在一定程度上是对个体的片面认知。对“拆二代”群体而言，拆迁事件成为定义他们身份的主要来源，得益于经济水平的提升，他们的生活方式和价值观念也发生着剧烈的变化。这种变化使得“拆二代”群体习惯于通过经济水平来定义自身的社会地位，强调经济和价值的重要性，从而导致他们对其他社会身份的忽视，打乱了原本的学习和职业规划。“拆迁前很期待早日拆、早日补偿、早日建好回迁。中间等待的过程很焦急。拆迁完了之后，就觉得有钱了，原本想努力奋斗，过上充实的生活，但拆迁一下子就打乱了内心的平静。”（MF）

2. 主观自我与客体自我的不统一

威廉·詹姆斯（William James）最早提出“主体我”和“客体我”的定义，前者是指自我对自身的认识，后者是指他者对自我的认识。二者的协调能够促进个体实现良好发展，反之则容易产生自我认同危机（威廉·詹姆斯，2009）。“拆二代”群体在建立自我的过程中受到网络媒体所宣扬的社会观念的影响。伴随城市化进程，传统社会的业缘与地缘关系受到破坏，人际关系逐渐疏离，由此改变了个体建立自我认知的方式。

相较于面对面的交流方式，自媒体环境突破了场景和地域限制，个体在网络社会中寻找想象的共同体从而建立自我认同。然而，自媒体环境使得个体在获得了自由的表达空间和广泛的社交范围的同时，也使得思想的深度表达缺位，肤浅且易逝的意识流成为网络社会的主旋律（郭讲用，2015）。换句话说，自媒体环境虽然为个体提供了广泛表达的自由，却也因此限制了对话题进行深入讨论的空间，使得观点浮于表层，难以反映思想深度。

对“拆二代”群体而言，即便家庭通过经济跃升提升了社会地位，然而这一优势与家庭成员在受教育程度、经济收入和从事职业的社会声望方面的劣势形成对立。经由网络社交媒体的传播，这一对立进一步催生了公众对“拆迁户”和“拆二代”群体负面形象的认知，影响着“拆二代”在现实生活中的实际交往。值得关注的是，在社交互动中，人们掌握的信息不足，“拆迁户”及“拆二代”的身份很容易成为先入为主的评判依据。

“当时拆迁后，爸妈就在城区里买了一套房，让我转学到市区的学校，到了新学校很不适应，有同学问到我从哪里转来的，就说我是‘拆迁户’这样的话语，再加上我平时成绩也处于中下游，就觉得自己很自卑，就不愿意去上学，和父母说自己不舒服之类的不去上学，后来就直接瞒着父母不去学校了。”(HS)

此外，网络媒体所宣扬的社会观念中，他人的负面评判同样影响着“拆二代”群体对自我的认知，部分“拆二代”群体在“主我”与“客我”间达成了消极共识，进而放弃自我，甚至采取极端方式逃避现实。

3. 理想自我与现实自我存在冲突

理想自我是指个体在理想状态下希望自身具有的特征和属性，现实自我则是个体实际拥有的特征和属性(贾远娥、李宏翰，2007)。已有的研究指出，理想自我是积极情感的主要来源(Boyatzis & Akrivou，2006)。伴随网络发展，青少年的自我形象受到一定程度的影响(刘启鹏，2021)。一方面，网络视频和游戏形象所呈现的“虚拟”角色影响着青少年理想自我概念的确立(陈晓丽、彭善民，2022)；另一方面，当理想自我与现实自我之间差距逐渐扩大后，青少年群体受到负面情绪的影响，选择沉迷于网络世界(衡书鹏等，2018)。

在“拆二代”群体中，一部分“拆二代”青少年对未来抱有极大的期待，他们认为伴随着经济地位的提升，他们获得了“城里人”的身份，并且会获得与这一身份相匹配的职业和薪酬。然而，就业市场的准入门槛建立在学历水平、专业技能和工作经验的基础上，而“拆二代”群体由于整体文化水平偏低、带有地方口音等被就业市场边缘化。

“当时也有工作，但后来拆迁后，就认为拆迁了，也是上流阶层了，因此，觉得应该找更好的工作。但真的去面试后才发现很多知识和技能是不匹配的，唯一找到的工作也没有过试用期就被辞退了，后来就不愿意去找工作了。”(LM)

在屡次求职受挫后，“拆二代”群体建立的理想自我受到冲击，面临着自我认同危机。在这一过程中，他们逐渐产生了自卑情绪，不愿意在市区范围内寻找工作。也有部分“拆二代”群体对拆迁前后的叙事进行改写，将拆迁后的生活视为无意义的，而将未拆迁时的生活形容为丰富多彩、充满意义的。为了寻求生活的意义，极端的“拆二代”群体通过辍学、赌博和吸毒等行为寻求新鲜感和刺激感，以此填补内心的焦虑和孤独。

“现在生活不如以前简单快乐，许多原本有价值的东西现在突然变得毫无意义，会辍学、赌博和吸毒寻求新鲜刺激，来填补内心的焦虑和孤独。”(LM、HW 概括整理)

综上所述，“乡—城”转变的背景在一定程度上消解了“拆二代”青少年原先建立的自我认同。在这一背景下，拆迁青少年寻求获得“新市民”的身份，并尝试建立新的自我形象。然而，经济跃升带来的社会地位的改变并不能获得他人的认可，“拆二代”群体需要平衡多种社会身份，建立完整的自我认知。因此，他们不断质疑并思考“我是从哪儿来的”“我是否属于这个地方”“我将来是否还要去别的地方”等极具现实意义的问题。面对生活环境的变化，作为新市民的拆迁青少年面临着部分自我与整体自我不协调、主观自我与客体自我不统一，以及理想自我与现实自我间的冲突，并深陷自我迷失和身份困惑的窠臼。

（二）“拆二代”自我迷失的社会成因

从结构与行动的互动视角来看，“拆二代”群体的问题可以从社会层面找到答案。本节内容从“拆二代”群体面临的问题还原至其成长环境，围绕家庭环境、同辈群体环境以及社会环境进行详细探讨。需要注意的是，社会结构对个体产生作用的过程中，个体同样具有“抵抗”的能动性，二者共同构成了“拆二代”群体问题的不同面向。

1. 家庭教养和互动方式

家庭环境对青少年的自我塑造具有重要影响。“拆二代”青少年所在家庭由于拆迁而获得了大额的经济补偿，这一变化不仅影响了家庭成员的价值观念和行为表达，同时也对家庭成员间的互动方式产生了显著影响，不当的教养方式造成了“拆二代”群体逐渐迷失自我，并对自我的身份和定位产生困惑。

其一，父母价值观念的影响。拆迁家庭在获得拆迁补偿后，物质财富得到了大幅提升，由此带来了消费观念的变化，他们不仅购置空调、彩电等生活必需品，同时也乐于为享受型消费买单，通过购买文化服务、娱乐用品满足精神文化需求。消费能力使得拆迁家庭建立了优势认知，他们认为自己处于社会的上层，并向“拆二代”青少年传递着相似的理念，要求青少年群体在符合自己身份的职业选择范围内寻找到一份“得体”的工作。“在父母影响下，辞掉工作，去找工资高的工作，但实际技能可能不足，产生严重落差，找不到合适工作，就开始出入游戏厅和网吧，离家出走，不愿回家。”(LLS)

然而，并非所有的价值观念都伴随经济跃升而发生变化，部分观念在变化中得以保存、延续。在子女教育方面，部分拆迁家庭秉承传统家庭理念，希望子女能够在住宅周边就业，能够做到“尽孝”，同时守住来之不易的财富。在这一观念的影响下，子女的教育和发展让位于父母“求近”“求稳”的现实需求。“拆迁家庭中对子女教育重视程度有所下降，更多的是只希望儿女健健康康的，家里有很多财富，到时候继承房产，用房租就可以生活得很好。”(LM 访谈概括整理)

除此之外，拆迁家庭的家庭教养方式也会影响“拆二代”的实际行为与价值观念。其中，专制型家长习惯将自我意愿强加到子女身上，控制子女。在这类家庭中，“拆二代”并不掌握拆迁后补偿款的支配权，他们在家庭的话语权较少，且行为受到父母的严格管控。为了平复“较多经济资本”和“较少的支配权”之间的落差，部分“拆二代”青少年选择以反抗的形式争取他们认为自己应得的权利。为此，他们甚至以做出越轨行为表明这一立场。“明明拆迁有钱了，钱还被爸妈紧紧握在他们手中，给我的生活费才提高了一点点，别人都知道我们家拆迁，我还这么穷酸，在他人面前没什么面子，就会偷

偷借钱和办信用卡，去买一些东西。"(RY)

在父母溺爱型的教养方式下，"拆二代"青少年在家庭中掌控主要的话语权。从家庭结构和亲子互动来看，这类家庭更趋向于"倒三角"的病态家庭结构。父母在给予"拆二代"青少年较为自由的财产支配权的同时，忽略了对青少年进行价值观念的引导。因此，部分"拆二代"群体容易出现错误的认知观念，并将财产的支配权视为自身理所当然享有的权利。"拆迁之后，父母也很大方，我问他们要钱，他们也给得很多。反正在我们家就我一个孩子，爸妈都听我的。"(HS)

其二，"拆二代"不自觉卷入父辈的乡土依恋。拆迁家庭大多生活在城郊和农村地区，不同代际的家庭成员由于生活时间长短不同，对乡土的留恋程度也有所不同。彭远春(2007)在考察"乡土记忆"这一因素对新生代农民工身份认同的影响时认为，有务农经历或者务农时间较长的新生代农民工会更认同农村社会传统的风土民情。即便研究主体存在差异，但乡土记忆作为切入点，同样体现在"拆二代"家庭中。其中，青少年群体接受的教育具有"拟城市"环境的特点，因此他们更倾向于建构"城市人"的身份(吕璟、潘知常，2018)。而对于拆迁家庭中的其他代际成员而言，乡土记忆是贯穿其生活体验的重要组成部分，因此在家庭教育的传递过程中，他们倾向于将自己归结为"农村人"，在行为处事上也遵循原有的行为模式。当家庭成员互动时，不同的观念发生碰撞，使得"拆二代"群体在"农民"与"市民"之间摇摆不定。"其实我也不知道自己到底是农村人，还是城市人，物质上是富有了，有楼房了，但总觉得又不是，父母还是按以前的生活方式去面对和处理一些事情。想要逃离，但自己有时也不自觉地会和父母一样去处理事情。"(HS)

2. 朋辈群体的亚文化

朋辈群体为青少年群体提供了重要的社会支持。由于受到拆迁的影响，"拆二代"群体原先建立的地缘和业缘关系遭到破坏，由此影响了他们与朋辈群体的相处时间。面对社会情境的变化，"拆二代"群体需要重新建立新的社会交往系统，以满足自身的社交需求。然而，一方面由于"拆二代"群体经历拆迁而被迫转学，另一方面他们在接触文化和价值观念上也不同于转入地区的其他青少年群体，这一群体在建立社会交往时频频受挫，遭到了来自其他朋辈群体的排斥。“虽然我们现在有钱了，但和其他人交往时，感觉他们是不怎么接受我们的，所以他们不愿意和我们交往，我们其实也不愿意和他们交往。”(QT)

为了满足自身的社交需求，“拆二代”群体或是选择建立新的自我认知，并尝试融入新团体中，或是寻求同为“拆二代”青少年的朋辈群体的理解，彼此在经历上的相似性更容易产生共鸣。在这一过程中，朋辈群体的亚文化影响着“拆二代”群体的观念和行为。其中，试图融入新团体的“拆二代”青少年往往妥协，甚至做出违背自身意愿的行为，而在由“拆二代”群体构成的小团体中，他们容易出现集体越轨现象。“都是朋友嘛，叫我去上网，我也不好意思不去，慢慢地好像就陷进去了，还和朋友一起在网络上赌博，感觉蛮刺激的。”(MC)

3. 社会排斥的舆论建构

伴随新媒体的发展，大量的媒体报道建构了“拆二代”群体的负面形象，对该群体的生存发展造成了巨大的负面影响。其中，具有代表性的文章包括 2014 年舜网报道的《青岛小伙因拆迁一夜变土豪，染上毒瘾银铛入狱》[①]、2015 年新浪网报道的《男子领 400 万元原拆迁款后开车抢劫称感到空虚》[②]等。这些文章报道不仅将“拆二代”群体制造为各类负面行为的集合体，同时也引发了公众对这一群体的批评。在 2015 年两会期间，全国人大代表在发言中谈及“拆二代”的新闻报道更是进一步加剧了公众对“拆二代”群体的排斥，并造成了该群体的持续污名化现象。在访谈案例中，不少“拆二代”群体描述了经由网络传播的刻板印象和负面影响的持久生命力。不仅如此，社会主流媒体刻画的“拆二代”群体的负面形象影响着该群体对自身社会身

① 参见山东新闻“青岛小伙因拆迁一夜变土豪，染上毒瘾银铛入狱”，http://heze.dzwww.com/sdxw/201404/t20140420_10079300.htm，2023－07－04。

② 参见人民网“男子领 400 万元原拆迁款后开车抢劫称感到空虚”，http://ln.sina.com.cn/news/shenghuo/2015－03－03/detail-ichmifpx9193834.shtml，2023－07－04。

份和地位的判断。

“因为住的村子靠近市区被征用，获得很多钱和房子的补偿，好多人说我们是暴发户，实际上社会对我们还是不怎么认可，就像‘暴发户’的称呼，其实就代表了他们对我们的歧视的态度。”(XY)

“其实拆迁对我都没有特别大的影响，只是搬个家而已。好的影响需要慢慢培养，可是一个负面形象出来，就整个‘黑’了一片。”(MC)

综上所述，“拆二代”群体的自我迷失和身份困惑不仅仅是个体心理层面的问题，同时受到外部环境的影响。不论是家庭的教养和家庭成员之间价值观念的碰撞，还是朋辈群体的亚文化影响，抑或社会舆论的排斥环境，都使得“拆二代”群体难以建立统一的身份认同。

第二节　闲散“拆二代”的个案服务

一、个案资料

LD，男，S 市 B 区城郊原住民，大专学历。服务对象原先生活的城郊地区基础设施和生活条件较差。在家庭经历拆迁时，服务对象正好处于毕业阶段。B 区拆迁补偿情况有两种选项：一是拿到大额的补贴和较少的房产；二是拿更多的房产，但相对补贴较少。考虑到房产的保值性和服务对象未来有结婚需求，服务对象所在家庭选择了后者。当家庭拿到多套房屋补偿后，家庭生活发生了很大的变化，最明显的是经济水平得到大幅度提升。服务对象的父母认为，拆迁后家里有很多房产，经济上的优越感让他们认为自己算得上“上层人”了。因此，当服务对象毕业后，父母极力劝阻，让他不要从事月薪三四千的工作，要找一份符合自己“身份”的职位。服务对象在听取父母的建议后，也认为理想的工作应该有更加优渥的工资和良好的工作环境，于是他开始面试一些相对“体面”的工作，但结果是屡遭失败。在此期间，服务对象也找到过一些让他感到满意的工作，但都由于工作能力和人际关系处理方面的问题而在试用期期间就提出离职了。

求职受挫的经历让服务对象产生了巨大的心理落差。他一度认为，“别人都可以做到的事情，自己却做不到”。在经历了多次求职失败后，服务对象便过上了泡网吧、打麻将的生活，平时也经常会和一群同为“拆二代”的朋友打牌消遣，最长的时候几个月都不回家。父母感受到服务对象的变化后，害怕他在外面赌博，加强了对他的经济约束，每天只给十五元饭钱。迫于无奈，服务对象开始向朋友借钱，由于长时间未能偿还，出借人上门讨要欠款。父母在意识到孩子的问题已经非常严重时，不得已开始寻求社区居委会的帮助，社区居委会将服务对象转给社会工作者，寻求社会工作者的帮助。

（一）需求分析与问题诊断

社会工作者在接案后，为了全面了解服务对象的情况，以判断问题成因，社会工作者与服务对象的家人、朋友进行了多次会谈。同时，社会工作者将这些资料与和服务对象会谈时收集的资料进行比对、印证。最终对服务对象的问题进行了预估和诊断分析。

1. 问题及需求分析

预估指的是社会工作者在介入前做出的事先评估，是对服务对象的问题进行综合评估。社会工作者通过事先与服务对象及其家人和朋友进行会谈，并收集相关资料。服务对象存在的问题可以分为个人、家庭、社交和社会四个方面。

在个人层面，服务对象存在身份困惑问题。在经历了房屋拆迁后，高额经济补偿使得服务对象家庭以物质条件衡量自身社会地位，并由此产生了错误认知，即认为经济条件的改变会带来其他方面的改变。当服务对象秉持这一观念选择就业并遭到多次拒绝后，服务对象对自身的能力、定位和角色产生怀疑。在面对这些问题时，服务对象选择回避问题，通过各类娱乐活动填充时间。其次，服务对象因知识技能和社交能力不足而引发就业问题。在服务对象求职的过程中，也有过几次成功的面试经历。然而，由于缺乏工作经验，相关的专业技能掌握不熟练，同时又不善于与同事交际，这些问题都成为服务对象退出就业市场的理由。与此同时，当服务对象就业受挫后，他产生了巨大的心理落差，并尝试采取消极的逃避策略。在这一过程中，服务对象缺少家人和朋辈群体的社会支持，进一步导致了问题的恶化。

在家庭层面，家庭观念造成服务对象产生认知偏差。服务对象的父母认为家庭因拆迁而实现了财富的跃升，并鼓励服务对象辞去三四千薪酬的工作，转而寻找更好的工作机会，以匹配家庭的上层地位。当服务对象在求职过程中屡屡受挫后，服务对象的父母并未及时改变观念，而是认为家中的经济基础较好，能够支持服务对象继续寻求好的就业机会，并给予服务对象资金上的资助。在一定程度上，这一做法鼓励着服务对象继续维持失业状态。当服务对象不再寻求就业，而是沉迷于各类娱乐活动并长期处于离家状态时，父母采取了限制其资金来源的做法，问题进一步恶化。

在社交层面，朋辈群体支持不足，同时朋辈亚文化存在问题。服务对象的社交范围较窄，在大学就读期间未能建立良好的社交关系。为数不多的朋友是中学时期结交的，这些朋友大多与服务对象生活在同一区域，并且在同一时期经历了拆迁。当服务对象因就业失利而产生自卑、沮丧的负面情绪时，朋辈群体并未提供合理的引导和支持，反而劝说服务对象通过麻将、游戏等娱乐方式忘记烦恼。长此以往，服务对象为了逃避就业，时常与朋友出入游戏厅、网吧、棋牌室。

在社会层面，服务对象受到社会污名化影响，难以建立对他人的信任感。服务对象具有“拆二代”和城郊原住民的双重身份，而这两类身份受到了严重的污名化，并影响到服务对象的日常生活。在服务对象就业期间，曾经遭遇过被称为“乡下人”的经历，而“拆二代”的身份又时常被视为“暴发户”。在污名现象的影响下，服务对象感到被社会所抛弃，感受不到来自他人的认可和肯定，同时也难以和其他人建立联系。尤其是当服务对象在市区寻求工作时，大多数同事都是土生土长的“城里人”，由于害怕被他人视为“乡下人”，服务对象选择独来独往，与他人保持距离。

通过资料收集和分析，社会工作者确立了服务对象的主要需求包括：(1) 纠正服务对象的偏差观念和行为，使服务对象的生活回到正轨；(2) 帮助服务对象走出自我迷茫和身份困惑，使其感受到自身的价值和意义；(3) 调节服务对象与家庭关系，建立家庭的正面支持；(4) 提升服务对象的就业能力，增强其在就业市场的竞争力。

2. 问题诊断

社会工作者通过与服务对象及其家人会谈，获得有关服务对象的人格特质、呈现问题、家庭情况及朋辈群体特征等相关信息，并收集了服务对象及其家人和同辈群体对问题的看法和态度。经过综合性评估，服务对象的问题一方面受到他们从小接受的“拟城市环境”的教育的影响，在经历拆迁后，服务对象很自然地认为自己实现了身份的过渡，成为新市民。而服务对象的家庭也倾向于新市民身份建构，但服务对象在找寻工作的过程中，意识到自己能力有限，也曾因口音问题被歧视为“乡下人”，找工作的失利让他的心理产生巨大落差，对自身身份也产生了困惑。现实的经历让他觉得自己在“乡下人”和“市民”之间摇摆。服务对象感受到自己的不同身份之间存在割裂。另一方面，当服务对象面临身份认同问题和就业困境时，服务对象的亲密网络未能给予有效支持，父母一直鼓励他寻求符合“身份”的工作，而朋辈群体则在服务对象迟迟难以找到工作时劝说他参与各类娱乐活动，社会支持不足进一步导致了服务对象问题的恶化。

二、服务方案设计

服务方案的目标是满足服务对象的现实诉求，帮助服务对象解决实际问题。社会工作者根据事前的评估结果与服务对象一同制定服务方案，与服务对象进行协商，最终确定了服务的目标为解决服务对象的身份困惑问题，并确定了具体的服务方案和介入方法。

(一)“我是谁”主题方案

服务对象面临的问题来自多层次、多角度，具有一定复杂性。因此，社会工作者需要梳理服务对象不同问题之间的联系，从而把握问题的核心，为解决问题提供切口。在本案例中，服务对象的问题具体表现为长期失业以及由此引发的负面情绪和行为。在梳理问题时可以发现，失业问题源于服务对象存在身份困惑问题。因此，本次服务方案主题设定为“我是谁”，总目标是解决服务对象身份困惑和自我迷失的问题，帮助服务对象正视自身。具体目标包括：(1) 疏导服务对象的负面情绪，帮助服务对象发现自身的优势和价值；(2) 协助服务对象家庭成员改变错误认知，调整不合理期待，不再逼迫服务对象寻找“符合身份”的工作和薪资待遇；(3) 扩大服务对象的人际交往圈，鼓励服务对象参与社区活动，建立与同辈群体的社会交往；(4) 引导服务对象在社会活动中积极表现，在社会参与过程中使服务对象获得肯定和认可；(5) 链接就业资源，帮助服务对象提高职业技能和能力，制定个性化职业规划，并帮助服务对象寻找合适的就业机会。

（二）介入理念和方法

在理念层面，社会工作强调人的内在价值和能力，并认为个体具有实现目标的潜能。在服务过程中，社会工作者强调服务对象具有自我决定的能力，鼓励服务对象参与服务计划和服务方案的制定。在具体介入方法上，社会工作强调“人在情境中”，认为个人及其所处的环境处于多重互动中，社会工作者的目的是致力于促进服务对象与环境的双向互动，减轻个人与环境之间的失衡。在本案例中，服务对象的身份建构过程涉及人际互动和群体互动，这些互动方式是影响服务对象身份认同的重要因素。基于此，社会工作者结合服务对象的实际情况，围绕服务对象的人际互动和群体互动两个方面展开干预，以此改善导致服务对象出现自我迷茫和身份混乱的互动环境，扩大服务对象的人际交往范围，提升社会资本，协助服务对象进行自我反思，鼓励服务对象通过重建社会支持网络、实现城市就业等方式重构对自我的身份认同。同时，通过服务对象的具体行动，社会工作者旨在发挥倡导作用，为“拆二代”群体正名，让社会了解“拆二代”群体的真实面貌。

鉴于服务对象的问题涉及多个层面，同时各个问题之间相互关联，为了更好地帮助服务对象建立身份认同，同时有效链接各类资源，本案例运用个案管理的方法。该方法转变了社会工作者直接服务的一贯模式，强调资源管理的重要性，帮助社会工作者解决服务对象可能面临的多重问题。

三、自我探索与身份建构过程

在服务介入阶段，社会工作者采用个案管理方法，以有效地解决服务对象面临的多重问题。在具体的治疗技巧上，社会工作者采用直接治疗和间接治疗两类治疗方法，前者主要是通过直接与服务对象进行接触，并采用各类专业技巧，而后者则包括与服务对象的父母、朋辈群体进行沟通，从而达到影响服务对象的目标。此外，在服务过程中，社会工作者针对服务对象的接受和适应程度与服务过程发生的变化调整服务方案，并听取服务对象的实时反馈，确保方案的可行性。

（一）自我认识，敞开心扉

本案例的服务对象经由服务对象的父母介绍而来。由于服务对象起先并不了解社会工作服务，因而在一定程度上对社会工作者抱有怀疑态度。在尊重服务对象的前提下，社会工作者借助专业机构开展的服务和活动吸引服务对象参与。具体来说，社会工作者向服务对象发出邀请，建议其参与几次小组活动，以此加深对社会工作服务的认识，再决定是否需要接受服务。当服务对象抱着试试的心态参加了几次小组活动后，新颖的活动形式和内容吸引了他的注意力，随即同意与社会工作者展开面谈，同时在是否接受服务的态度上也有所缓和。在面谈中，社会工作者通过介绍所在机构和社会工作服务的基本信息，并告知服务对象接案过程的方式，以确保服务对象对相关信息有所了解，减少服务对象的怀疑。在沟通过程中，服务对象对自身的状态并不满意，同时也有想要改变的想法，因此同意接受社会工作服务。

在服务前期，社会工作者采取了无目的的开放性交流方式，一方面可以最大限度地了解服务对象，同时也可以通过营造轻松的对话氛围，缓解服务对象的紧张情绪，从而消除戒备心理。社会工作者经过多次面谈，与服务对象建立了良好的关系，由此与服务对象展开专业会谈。社会工作者让服务对象回忆和反思自己的生命历程，绘制自己的生命河图景，梳理和重新面对曾经影响过自己的重要他人或事件，宣泄那些负面的情绪，总结自己生命成长过程中的闪光点。在这一过程中，服务对象对"我是谁"有了更为深入的理解。同时，社会工作者鼓励服务对象进行自我探索，并在此基础上引导服务对象进行延伸。

（二）家庭联合辅导与家庭互动重构

在社会工作者与服务对象及其家庭的多次面谈中，社会工作者发现服务对象家庭对拆迁及拆迁后生活的叙事方式存在分歧。而在与家庭成员的交流中可以发现，父母的观念无形之中也影响着服务对象的价值观，服务对象在拆迁后便辞去了家人认为社会地位较低的工作，转而寻找高收入的工作岗位。为此，社会工作者与服务对象父母展开沟通，告知他们服务对象的变化与家庭拆迁这一事件有关，同时也受他们的观念影响。为了增加说服力，社会工作者通过图表形式呈现服务对象成长中的重要事件以及父母在其中扮演的角色。服务对象的父母在了解到问题与他们的观念表达和行为存在联系后，十分愿意配合社会工作者改变偏差观念和诱导行为，同时开展家庭联合辅导。

社会工作者将"拆迁"作为家庭联合辅导的主题。通过让服务对象及其家庭成员描述自己在城市融入、身份归属方面的困扰，引导他们合理分析自己的问题，为他们提供交流式的宣泄机会。在整个辅导过程中，服务对象及其父母发现，他们在许多观念上都存在共性，而这些观念往往也和偏差行为有着密切联系。当家庭成员对自身问题有了初步认识后，社会工作者协助家庭成员对拆迁事件建立合理的认知。同时，社会工作者引导家庭成员多关心服务对象，给予服务对象必要的家庭支持，关注服务对象的内心感受和想法，满足服务对象的情感需要，以减轻其心理压力。

（三）同辈互动支持与社会资本重建

服务对象的问题不仅仅源于家庭的教养方式不当，同时也受到朋辈群体的影响。社会工作者在介入过程中发现，服务对象不善于交际，朋友大多是从小结交且同样经历过拆迁的“拆二代”群体，朋辈群体的同质性不利于建立支持网络。与此同时，服务对象也有过数次被嘲讽是“乡下人”的经历，因而不愿意接触陌生人，只在自己的“小圈子”中活动。对此，社会工作者运用阳光中心的资源，该机构的主要服务对象为青少年群体，因此拥有较多的青少年资源。

为了帮助服务对象改善朋辈群体支持力度不足的情况，社会工作者邀请了一批曾经接受过社会工作服务的就业受挫青少年和部分“拆二代”青少年，建立同辈辅导小组，并开展小组活动，让有相似经历且成功就业的城区青少年和“拆二代”青少年互动交流。一方面，依靠经历过失败的青少年的分享，向临界越轨、边缘化的青少年传递就业经验，改变服务对象的认知，使他们了解到就业挫折问题与“拆二代”的身份并无因果关系。另一方面，社会工作者希望通过榜样作用，促使服务对象在小组共同体中得到成长，解决服务对象不善于与陌生人交流的问题，促进“拆二代”群体与其他青少年群体建立联系，同时摆脱“城里人”“乡下人”“拆迁户”的刻板化印象。

在这一过程中，社会工作者先后开展了“我是谁”“镜中我”“过来人分享”等相关主题的小组活动，每期活动都包含小组破冰、自我介绍、过来人分享经验、小组成员结对等环节。与此同时，在每期活动结束后，社会工作者也会单独与服务对象进行面谈，及时了解服务对象在活动中的收获和感受。通过多次小组活动，服务对象不断缩短自己“拆二代”身份与其他城区青少年、“拆二代”青少年之间的心理距离，对自己的认知也逐渐清晰，由此打破了“拆二代”朋辈交往的壁垒。

（四）社区参与体验与社会身份肯定

城市社区是陌生人社会的缩影，由于理性利益取代了伦理关系成为维护社会秩序的价值基础，城市居民间缺乏情感联系，也较少参与社区事务和社区活动。服务对象作为城市社区的一员，试图改变旧有的行为习惯和观念认知，从而融入新的社会，成为“新市民”的代表。然而，“拆二代”的身份使其在就业过程中遭受歧视，认为他们是“乡下人”，并非城市的一员。在既难以回归原先村庄的关系网络，同时也难以获得城市居民的认可时，“拆二代”青少年在“新市民”和城郊农民两个不同群体之间来回摇摆。服务对象感觉自己不完全属于任何一方，他属于特殊的、在社会中被边缘化的群体。

服务对象的城市融入进程因为受到歧视而被迫中断。为了重建信任关系，增强服务对象对自我身份的认同和肯定，社区活动提供了一个有效的途径。社会工作者在征询服务对象的兴趣和参与意愿后，链接社区活动资源，主动与社区周边的养老院联系，为服务对象争取志愿者名额。每个月志愿者团队都会在养老院开展三到四次公益活动。在参加多次志愿者活动后，服务对象感受到付出带来的快乐：老年人会对他的付出予以肯定，同时由于养老院中的大部分老年人都来自周边社区，他们的亲属与服务对象来自同一个社区，这使得服务对象的付出受到了来自本社区居民的认可和肯定。在这一过程中，服务对象逐渐享受社区参与的过程，并乐于参加公益服务，他的自我价值感得到提升，同时也不再执迷于“城里人”或“乡下人”的身份。在社区活动中，服务对象发现多数居民都是友善的，而对于少部分居民发表的不友善言论，服务对象表示他现在已经可以应对，不会再陷入困扰之中。

（五）就业资源链接与职业身份获得

在本案例中，服务对象的问题表现为长期失业，这一问题在很大程度上也影响着服务对象建立身份认同。为了帮助服务对象找到合适的就业岗位，社会工作者协助服务对象制定职业规划，使得服务对象明确就业的大致方向，并能够进行有针对性的准备。在反复商讨后，服务对象表示希望能够找一份办公室工作，在就业领域方面想要与所学专业有关。

针对服务对象在工作经验和专业技能上有所欠缺的问题，社会工作者链接社区资源和机构资源，邀请服务对象参与符合其就业条件的职业培训、讲座。同时，社会工作者积极发动社会资源，链接创客之家等创业组织，邀请服务对象去创客之家进行参观和学习，提升职业知识和技能。除此之外，社会工作者围绕简历撰写、PPT 制作、面试技巧等方面向服务对象传授经验，并与服务对象进行模拟演练。

当服务对象参与了系列课程和座谈后，逐渐明白了自身的性格特征和优势特长，转变了先前的就业想法。服务对象表示，他对社会工作者这一职业感兴趣，询问是否有机会能够成为一名社会工作者，能够为更多人服务。为了帮助服务对象在社会工作领域内求职，社会工作者寻找合适的社会工作岗位，教授服务对象社会工作的相关知识，同时布置作业，需要他在空闲时间进一步学习。在社会工作服务结束后，社会工作者对服务对象进行深度考察，并确认了服务对象具备一定的社会工作专业知识、素质和具有服务精神。最终，服务对象在努力后正式成为一名社会工作者，获得职业身份。

第三节　从服务对象到青少年社工：服务成效及反思

一、服务成效

（一）目标实现情况

通过个体、家庭、朋辈和社会四个层面的干预，服务对象的就业问题得到了解决，并寻找到一份社会工作者的工作。从服务成效来看，本次社会工作最终实现了各项设立的服务目标。需要注意的是，由于服务对象存在多个问题，同时问题具有一定复杂性，因而在解决问题时通常需要多个系统联动配合。

首先，针对服务对象的负面认知和对自身价值认识不清的问题，社会工作者一方面通过面谈重构服务对象的偏差性认知，通过回顾生命历程的叙事使服务对象发现自己的闪光点，认识到自身的价值。另一方面，由于家庭成员和同辈群体在服务对象建立认知的过程中发挥至关重要的作用，社会工作者采用家庭治疗和同辈辅导小组的形式，进一步为服务对象提供社会支持，同时纠正他的偏差性认知。

其次，针对服务对象家庭的不合理期待，社会工作者选择单独与服务对象的父母进行面谈，通过绘制图表的形式清晰呈现服务对象几次明显的变化，以及在这一时期父母的认知状况，使服务对象的父母理解自身的不合理期待是导致服务对象长期失业并试图逃避就业的关键原因。在与社会工作者的面谈中，服务对象的父母认识到自身的错误，承诺会纠正自身的错误理念，并十分愿意配合社会工作者展开家庭辅导。

再次，在人际交往和同辈支持欠缺问题上，社会工作者组建同辈辅导小组，邀请许多有过类似经验并且成功就业的“拆二代”青少年讲述自身的挫折经历，由于彼此的经历类似，能够引发不少的共鸣。在这一过程中，服务对象在活动中结识了不少有共同经历的好友，并交到了知心好友，出入网吧、游戏厅等娱乐场所的次数也明显减少。

此外，针对服务对象缺乏社会联系的问题，社会工作者通过链接社区资源，帮助服务对象参与社区志愿活动。在这一过程中，由于不少受助者来自本社区，服务对象的行为很快在社区范围内得到扩散和传播，不少社区居民对服务对象表示赞赏和肯定。而服务对象在志愿服务的过程中，也逐渐走出了过去受到歧视的阴影，愿意与人分享、交流。

在服务对象的境遇得到全方位的改善后，社会工作者为服务对象链接就业资源，帮助服务对象制定职业规划，同时指导服务对象完善 PPT、面试简历等内容，并与服务对象展开模拟演练。在参与了一系列培训和讲座后，服务对象对自己的职业规划做出了改变，他原先希望能寻找一份与自己所学专业对口的工作，但在寻找工作的过程中，他进一步确认了在志愿服务过程中的愉悦感，他认为这种感受是其他工作难以获得的，因此想要在社会工作行业内就职。为了实现这一目标，服务对象深入了解社会工作专业知识，并通过实际参与服务过程积累经验，最终成为一名社会工作者。

（二）评估与结案

评估是一个动态且持续的过程，从接案到结案贯穿于整个社会工作服务过程。本案例主要采用的是过程评估和结果评估，前者侧重于对介入过程的实时监控和反馈，了解服务过程的实际进展，并围绕可能出现的突发情况对服务计划进行调整，以贴合服务对象的现实需求。后者侧重于对服务目标的评估，通过前测和后测的形式进行评估，以此观测服务对象的改变。社会工作者通过几个月的个案管理服务，在服务对象、服务对象的家人亲友、小组成员等的共同协助下，有效达成了目标：帮助服务对象解决了拆迁带来的身份困惑问题，自我探索效果明显，使得服务对象对生活充满希望，协调了服务对象的家庭关系，建立朋辈支持，制定职业规划，提高就业技能。最后，社会工作者提前告知服务对象本次社会工作服务将要进入结案阶段以及结案的相关事项，与服务对象回顾整个服务过程，分享感受。

二、服务反思

（一）传统个案工作的局限

在长期的社会工作实践中，阳光中心形成了以补救为主、预防为辅的“拆二代”社会工作服务模式，本章称为“传统”服务模式。该服务主要针对出现身份认同困惑，并引发社会融入问题的“拆二代”群体进行实际干预，干预侧重于围绕服务对象的心理、行为和环境等方面展开服务，在心理社会治疗模式、认知行为治疗模式、理性情绪治疗模式等社会工作介入理论的指导下开展的包括个案服务、同辈支持辅导小组服务、家庭治疗服务及社区服务在内的多种服务类型。需要注意的是，传统服务模式并不拘泥于某一种工作方法，但由于该模式需要社会工作者提供直接介入服务，依靠社会工作者提供的专业化知识和技巧，在应对存在多重问题的服务对象时，社会工作者往往难以解决所有问题，同时也难以最大化利用服务对象的周边资源。

应对社会情境变化和服务对象的多元化需求，个案管理模式可以有效弥补传统服务模式的不足，进而提高服务效率，最大限度地解决服务对象面临的多重问题。个案管理模式可以细分为以组织为本的个案管理、以责任为本的个案管理和以角色为本的个案管理。以组织为本的个案管理强调提供综合性服务，满足存在多重问题的服务对象的实际需求；在以责任为本的个案管理中，个案管理的功能包括家庭服务、支持性照护网络、志愿者或服务对象本人的发挥；以角色为本的个案管理核心是个案管理员担任的角色。在个案管理模式下，社会工作者不再局限于提供直接服务，而是聚焦于服务传输，通过链接各类专业资源，帮助服务对象解决因资源缺乏而带来的问题。

（二）自我身份认同的反思

阳光中心基于对S市的调查发现，“拆二代”群体普遍存在身份认同困惑问题，这一问题与“拆二代”群体的人际互动及周围环境密切相关。因此，在服务介入方式上，阳光中心制定了一套注重人际互动的服务方案，以解决该群体的身份认同问题。在前期接案中，社会工作者采取开放性交流，通过让服务对象回忆和反思自己的生命历程，绘制生命河，梳理曾经影响过自己的重要他人或事件，同时起到宣泄负面情绪的作用。在这一过程中，服务对象对“我是谁”有了一定的理解。在此基础上，社会工作者鼓励和协助服务对象在人际互动和群体交往中探索自我的含义。在本案中，具体采取的措施是开展家庭联合交流、建立朋辈支持小组和要求服务对象参与社区服务。在这些活动中，服务对象进一步了解到他人眼中的“拆二代”群体形象与自己想象中的形象存在差异，服务对象由此对先前建立的自我认知产生怀疑，从而建立新的自我认知。

然而，在服务过程中，服务对象仍然缺乏对自我的深层解读，虽然服务对象通过对自我进行探索以及在与外部社会环境的互动过程中逐渐加深了对自身的认知。在这一过程中，社会工作的介入服务强调“拆二代”群体的自我探索，并通过个案会谈的方式引导其进行反思，但更多的是将其放在人际互动的背景下实践，本质是“他人眼中的我”以及“我眼中他人眼中的我”的整合，即“拆二代”群体在互动交往中更多了解到的是与他人的“相似性”，共性的经历和体验能够迅速拉近彼此的距离，但也因此缺乏对彼此之间差异性的反思，使得服务对象难以认识到自身的独特性。不可否认的是，互动情境对于“拆二代”群体自我形象的认知具有十分重要的意义，但仅构成认识“自我”的一部分，“拆二代”青少年想要建立自我认同，跳出角色混乱和身份困惑的怪圈，仍然需要将“我眼中的我”“他人眼中的我”“他人眼中理想的我”“我眼中的理想的我”等不同维度的认识进行整合。

三、服务启示

（一）建立身份认同

身份认同是个体对自我身份的确认，以及对自己所属群体的认知。青少年的认同并非简单的心理过程，同样也受到政治、经济、文化等因素的深刻影响（张淑华等，2012）。此外，身份认同是一个建构过程，同时也是探索“我是谁”的过程。从这一角度来看，身份认同的问题本质上是人的主体性问题，而个人的主体性是身份感和认同感的结合，二者源于主体与外部环境的互动。在本案例中，“拆二代”作为失地农民群体中的特殊分支，社会主流媒体倾向于报道极端的负面案例，使得“拆二代”群体的形象被污名化，因此也带来了“拆二代”群体在个体的身份认同和群体身份认知上出现偏差。为了正视这一社会污名化现象，不仅需要“拆二代”群体对自我进行探索和反思，了解“我是谁”，同时也需要他们在互动中厘清自我身份。因此，自我探索是“拆二代”社会工作的核心议题，也是“拆二代”社会服务的重点。

在本案例中，社会工作者采取循序渐进的介入方式。服务对象自我认同的建立可以分为三个阶段。第一阶段，社会工作者摸排服务对象周围环境和互动情况，聚焦于服务对象的个人层面，通过面谈的形式转变服务对象的偏差性认知。第二阶段，社会工作者通过家庭联合辅导和建立朋辈支持小组，为服务对象提供外在的社会支持力量。第三阶段，社会工作者从社区活动入手，试图从外界改变服务对象的偏差认知，使服务对象意识到大多数人都是和善的，由此解决了歧视性言论的长期困扰。在三个阶段后，服务对象的能动性得到提升，他愿意再次寻求就业，并不再出入娱乐场所，同时抗逆力也得到了提升，对于少数人的歧视言论可以泰然处之，不再受到影响。从本案例来看，自我认同的建立过程经历了从“自我”到“他人”再回归“自我”的过程。

（二）建立积极自我

积极自我是在经过痛苦的选择与调整后，在认识自我、了解自我、改变自我、完善自我的过程中形成的。对“拆二代”群体而言，建立积极自我是部分自我与整体自我相统一、主观自我与客观自我相统一、理想自我与现实自我相统一。在本案例中，积极自我的建立方式涉及两个方面：一方面是对消极自我的解构，打破服务对象的刻板认知，消除社会转嫁的污名化影响；另一方面是积极自我的建构，通过一系列服务形式，使服务对象意识到自身的优点，获得肯定和认可。

在消极自我的解构方面，社会舆论环境对“拆二代”群体的片面认识和误解是导致服务对象产生消极自我的主要原因。为了使服务对象认识到这些社会观念中包含的错误和偏见，社会工作者邀请具有相似经历的青少年进行分享，以及驳斥服务对象的错误观念。而在积极自我建构方面，访谈资料显示，多数“拆二代”青少年较少或几乎不参与社区活动，生活单一乏味。为此，社会工作者对接社会团体和社会组织，帮助服务对象争取到参与志愿活动的名额，而服务对象的表现也获得了养老院和老人的尊重和认可。在这一过程中，服务对象收获到了快乐，同时也提升了对城市社区的情感依赖和归属感。

（三）综融式服务模式的倡导

社会工作者运用专业理论视角介入干预“拆二代”群体，协助“拆二代”群体进行有效的自我探索，解决身份困惑问题。针对现有服务存在的不足，笔者认为需要建立综融式的服务体系：一方面，注重补救工作和预防工作的结合；另一方面，在关注服务对象的互动状况的同时，也要注重对个体的疗愈。

预防与治疗并重，加强预防服务。基于中国传统文化影响，许多家庭容易产生“家丑不可外扬”的认知，并试图对外隐藏问题，寄希望于在家庭内部解决问题。以“拆二代”群体为例，当“拆二代”群体出现了心理或社会行为问题时，家庭成员并未对外求助，当问题不断恶化，家庭成员在无可奈何的情况下才寻求社会工作机构的援助，而此时已经到了“踩刹车”的地步。由于问题的严重程度不一，社会工作的补救服务有时也会面临问题难以解决的困境，尤其是当服务对象已然触碰法律时，问题的解决难度大幅提升，因此，需要进一步加强预防服务的普及，转变家庭的认知观念，及早遏制问题的发展。目前，社会工作的预防服务多以普法宣传的预防教育为主，虽然宣传范围较广，涉及学校、社区等空间，但由于形式单一和内容枯燥，并未引起公众的关注，因而影响了预防措施的实质效果。因此，社会工作仍然需要进一步丰富预防教育的内容和形式，可以根据青少年群体的特点设置各类主题活动，增加活动的趣味性，以此迎合青少年的喜好。在形式上可以采取诸如戏剧大赛、脱口秀、新媒体视频等新颖的形式，激发他们的参与性和积极性，提升预防效果。

在注重互动网络的同时，关注“自我”意义治疗。对自我认同的过程是由个体对自我进行深层次解读和个体内部状态与外部环境的整合两部分构成的。笔者认为，身份认同的建构既需要由“外”到“内”，通过互动交流向个体传递群体认知，改变个体的偏差性观念，同时也是一个由“内”到“外”的过程，注重个体向内的自省和反思。在这个意义上，社会工作服务要注重自我认识的重要性，通过组织以自我认识和自我反思为主题的个案、小组及主题活动，促使服务对象进行自我审视。

第八章　青少年就业社会工作的创新路径

第一节　发 展 趋 势

社区青少年有两种失业状态:“被动失业”和“主动失业”。整体而言,单方面个体就业能力不足或恶劣的雇用环境已经无法充分解释青少年失业新常态,青少年失业是不良互动的结果。有学者认为,新常态下的青少年失业问题用互动论的视角理解更具说服力(Furlong & Cartmel, 2007; Furlong, 2008)。失业互动论更能关注到青少年失业是互动的结果,若青少年无法回应日趋激烈的劳动力市场竞争关系,则会引发失业风险,产生不稳定就业问题。

一、青少年失业类型

青少年劳动参与率和失业率一直以来都是判断青少年劳动力市场活跃

情况的标准。自西方“婴儿潮”一代步入劳动力市场，青少年失业问题便成为西方社会各界关注的问题。每当经济危机再现，青少年失业与劳动参与情况便会恶化，达到前所未有的状况。

2007年，欧盟委员会首次将尼特族群体纳入欧洲就业统计年鉴，并在2010年提出“青少年行动计划”(youth on the move)，在欧盟范围内设置系统监测尼特族处境，收集国家间对比数据(Serracant, 2014)。欧盟就业委员会确定了三个测量标准捕捉尼特族群体数量：(1) 15岁到24岁；(2) 未就业，包括传统失业和不参加经济活动；(3) 接受调查前四周没有参加教育或培训活动(Eurofound,2012)。虽然尼特族概念可以概括具有相似特征的青少年，捕捉过早离开学习系统，或离开正式教育系统后未能进入劳动力市场或其他教育系统与培训系统的青少年群体，但是，一些学者认为它的含义比较繁杂和广泛，而且传统的失业类型只是尼特族的其中一类，应当采取更为清晰的界定(Malo et al., 2021)，对其进一步细分能更有效聚焦目标群体与制定政策。

欧洲改善生活和工作条件基金会基于2011年的欧洲统计数据对尼特族群体进行进一步分类：传统失业者(conventionally unemployed)、难以就业者(unavailable)、不参与者(disengaged)、投机者(opportunity seekers)、自愿尼特族(voluntary NEETs)等(Eurofound, 2012)。传统失业者是指非自愿性失去就业机会的青少年；难以就业者是指因家庭照料责任、疾病或残疾等难以参加就业的青少年；不参与者指不参与求职，也不接受教育与培训，没有动力参与相关活动的青少年，包括放弃就业的就业受挫者、追求刺激或非主流生活方式的青少年；投机者是指坚持等待合适的时机再求职或参加培训的青少年；自愿尼特族是指踏上艺术或音乐道路，或参加自主学习的其他活动的青少年。考虑到失业的社会人口学特征，欧洲生活和工作条件改善基金会(Eurofound, 2012)还将上述五类按照失业风险将其划分为“弱势尼特族”(the vulnerable NEETs)群体与“非弱势尼特族”(the non-vulnerable NEETs)群体两大类别。

尽管五分法已经进一步细分了尼特族群体，但是每一类别仍包含多个子类别，难以较好地聚焦。因此，欧洲生活和工作条件改善基金会(Eurofound，2016)基于欧盟2014年的劳动力市场调查研究重新对尼特族群体的异质性特征进行归纳，按照过去四周的求职意愿、缺乏求职意愿的原因、能否两周内开始工作、无法两周内开始工作的原因、失业的持续时间等五个维度，区分了青少年的7种失业类型：再参与者(re-entrants)，指已经被雇用或录用，或已经准备参加工作、教育或培训；长期失业者(longt-term unemployed)；短期失业者(short-term unemployed)；因疾病或残疾无法就业者(unavailable due to illness or disability)；因家庭责任无法就业者(unavailable due to family responsibilities)；灰心的工作者(discouraged workers)，指青少年因没有就业机会已经放弃求职；其他类型(other inactive)。其中，长期失业者与短期失业者这两类指在两周内可以就业的青少年，前者的失业时间超过一年。2002年，日本的就业状态调查区分了青少年不同的几种失业状态：不想工作、想工作但没有求职行为、求职但上周没有求职、求职但失业。与西方的尼特族定义与分类有所不同，上述日本的定义侧重于从就业意愿入手对尼特族进行分类。

可以发现，青少年的失业现象可以从就业意愿和就业能力两个维度来理解，根据青少年积极求职(economically active，EA)和因各种原因无就业意愿(economically inactive，EI)的行为，可将青少年失业进一步区分为被动失业与主动失业两种类型。一方面，失业是社会排斥下的产物(陈庆滨，2006)。社会的结构性排斥和功能性排斥使得青少年处于被经济排斥的状态，表现为劳动力市场、收入和消费市场的排斥，经济排斥产生的福利排斥更是使其处于无保障、易陷入贫困和依赖父母的境地，公众对其产生排斥，而后衍生社会关系排斥，并进一步强化了经济排斥。另一方面，青少年群体面对社会排斥可能会出现两种截然不同的状态，或是激励自己、奋发图强，或是产生社会剥夺感，迷失自我，将社会排斥内化，进一步恶化社会对青少年群体的评价，由此陷入恶性循环(公雯雯，2011)。精神生活萎靡则是导致失业的另一因素，工作不稳定成为常态，影响着青少年对就业的认知。刘欣怡(2020)认为，青少年存在求知欲下降、道德情感冷漠和信仰缺失的问题，究其根本是因为青少年对物质的依赖，就业若遭遇挫折容易放弃，这与我国德育智育的失衡有关，自我认同危机和价值虚无危机使得高学历青少年就业心态不正，主观意愿不强。

其实，青少年失业状况并不是非此即彼的"被动失业—自愿失业"或"就业—失业"切换的二元对立状态，而是彼此依存。当前青少年失业异于传统失业状况，需要结合青少年所处的教育与劳动力市场，乃至更大的社会结构予以理解。

二、青少年就业形势

随着全球化进程加快与劳动力市场变迁，青少年失业现象日益呈现复杂化趋势，弹性经济与非正规就业的普遍与流行，高质量就业与体面就业机会紧缩，传统就业与失业的二元分割逐渐弱化，缺乏保障的非正式就业、工作贫困、无就业动力、"就业—失业"反复摇摆的"悠悠球"模式等异军突起(胡中宜，2019；MacDonald，2011)，正在成为青少年失业的新常态。个体与不确定的就业环境互动，非稳定的就业关系与失业风险陡增的就业处境，加之在劳动力市场的弱势地位，制约了青少年群体就业与社会参与的动力，成为青少年失业根源。解决传统失业问题的方法，譬如单靠提高其硬性的就业能力，诸如学历与技能，或仅仅链接相关的就业资源等公共就业促进服务，在回应新常态的失业风险问题时效果颇微。

无论"被动失业"或"主动失业"，均受到社会排斥和精神生活萎靡两个方面的影响。一方面，产业结构调整使正规劳动力市场的准入门槛增高，受教育程度低、缺乏劳动技能的青少年被排斥在正规劳动力市场外(Kieselbach，2003)。另一方面，传统人力资本匹配难以解释日渐呈上升趋势的"主动失业"态势，精神生活萎靡日渐成为影响青少年失业的重要因素。有关研究发现，当下青少年存在求知欲下降、道德情感冷漠和信仰缺失等问题，且具有较强的物质依赖性，遇到挫折时容易放弃，并产生了诸如“佛系”“低欲望”“丧”等词语来形容他们的精神状态，由此引发社会各界关注。

因此，学界也关注青少年思想状况与就业价值理念。一些学者从学理层面对“佛系”、“低欲望”或是“丧文化”进行本体论意义解读，认为其反馈的是消极生命价值观与非理性哲学（宋德孝，2018）。“快乐至上”的原则看似强调活在当下、肯定个体自我的追求，实则是宏大叙事不具说服力和价值优先性，个体有关世界和生活的意义全面失落而产生的去理想化的一种人生态度（孙向晨，2018）。实际上，这更是对我国当下现实社会的映射，是“90后”青少年无力面对现实生活压力，陷入失望与颓废的自嘲，更是一种被迫的遁世主义，夹杂着他们对利益分化和社会流动机会减少、社会阶层固化致使难以自我实现的无奈（陈赛金、陈超俊，2018）。社会虽提供较为自由的表达空间，却又缺乏对他们成长中产生的焦虑进行引导，青少年群体普遍出现价值迷失的局面。而网络媒介的进一步渲染，形成了青少年群体的亚文化狂欢，呼应他们追求自我同一性的阶段性心理需求。有学者认为这一现象蕴含当代青少年的思想问题，他们借助“丧”“佛系”“低欲望”文化进行情感交流，并产生集体风格符号化的“我群”内部表征和意义生产（刘雅静，2018）。重新审视可以发现，这一文化实质是我国社会文化和价值转型。罗纳德·英格尔哈特（2013）认为，中国正在经历与发达工业社会相似的代际价值转变阶段，从强调经济和人身安全的物质主义价值观转向后物质主义价值观，更加追求归属感、自尊、知识和审美满足等能表现自我的情感表达。

问题在于，中国尚处于社会转型期，未真正建立起后物质主义价值观，且面临现代性的种种风险和消极后果，青少年的自恋型个体主义，极端工具化就业引发的精神空虚和价值虚无等特征实为社会缩影（张淼，2018）。一方面，社区青少年将就业极端工具化进而否定劳动的价值理性，而在家庭庇护下又否定以就业为手段的生存需求。社区青少年以“90后”为主体，是在父母的宠爱中成长起来的独生子女一代，加之社会提供了保底的生活物质条件，使他们养成了求稳不愿意接受挑战的心理特征，就业自动“下流化”，遇到挫折容易放弃(戴仁卿、杨殿闯,2018)。同时,青少年又常因缺乏就业持续力而频换工作,产生短期就业思维,也进一步强化了其以经济收入衡量工作回报的就业认知。“快速抽身”的工作岗位多为弹性的临时工作,难以协助青少年提高就业竞争力,还会增加其失业风险和就业难度,甚至容易演变成长期失业问题(侯利文,2020)。长期待业还会进一步弱化青少年的社会交往功能,而对朋辈群体的渴望则会使其养成网络交友的习惯,难以与他人建立联结,出现如三浦展(2018)所描述的“在‘缩小的世界’里不经意间筑起‘傻瓜的围墙’”的境遇。另一方面,社区青少年常因自身的竞争劣势被社会现实与困难所击退,出现求“一夜暴富”的赌博心理,或采取“吃喝玩乐”的消费方式对自我实现的需求进行降低和置换(陶志欢,2019)。与此同时,不就业也进一步割裂他们与社会的联结。相关研究发现,蛰居青少年患有抑郁症的比例高达36%(叶穗冰,2018;陈赛金、陈超俊,2018)。青少年不就业隐匿着对社会渲染、营造的“成功”模型和样式的洞察和反叛。问题是,“不就业”是一种消极的抵抗方式,实质为青少年在物质与精神夹杂的多重撕裂下出现的退缩性行为(宋德孝,2018)。群体渲染加剧“原子化个人”和“扁平现代性”的叙事,容易使青少年陷入自我满足的假象,产生更大的无助感和孤独感(汪行福,2018)。

青少年精神信仰缺失及其衍生的社会风险,与社会变迁和时代议题紧密相连。学界也从社会环境改善、青少年能力与主体性培养等方面提出改善青少年现状的建议。一方面,应关注到社会分化和社会阶层固化正在挑战社会公平机制,需要回应社会结构性因素(张志坚,2018)。青少年的社会文化表征是与当前严峻的社会现实对峙的结果,因此应当创造良好的社会环境,打通青少年向上流动的通道,秉持人文关怀,保障青少年发展的空间和机会(覃鑫渊、代玉启,2022)。另一方面,需加强对青少年价值观的引导,突破文化现象隐含的精神信仰缺失和价值虚无问题。要以青少年的理想信仰教育、培育和践行社会主义核心价值观教育、分类思想教育和引导为主线提高青少年的思想道德,唤醒青少年群体的社会责任感和家国情怀,家庭也应当加强青少年责任意识的培养，重塑他们的理想信念（张淼，2018）。同时，应该发挥社会组织的功能，鼓励社会组织承担服务递送的中介机制，发挥服务功能以构建青少年的社会支持网络，引导青少年进行社会参与和社会实践。各国在解决社区青少年的就业和发展问题时，达成了需社会多方参与共同回应青少年的发展和需求的共识（戴仁卿、杨殿闯，2018）。相较于高校和企事业单位，青少年对思想教育有明确的服务主体和系统的教育内容，社区青少年生活于特定社区，支持主体模糊不清（朱志刚，2008）。专业化的青少年社会组织虽承担服务青少年的主体责任，但是它如何联结政府、社会等形成社会合力回应青少年思想道德和发展问题，这一机制的构建与运作有待进一步探究。

第二节 海外经验

各国就业政策与就业服务推进基本与青少年失业研究的理论倡导一致，从青少年就业能力提升逐步向教育体系改革和劳动力市场完善转变。近些年，各国政府致力于保障青少年就业与发展机会，积极吸纳社会多元力量回应青少年失业问题，探索“政府＋企业＋社会组织”等多方联动的青少年就业服务模式，出现了公共就业服务社会化与专业化运作趋势。

一、青少年就业政策体系化

青少年的劳动参与率问题是欧洲就业政策关注的重点。早在1980年代，“婴儿潮”出生的这一波群体开始进入劳动力市场，之后的经济危机更是加剧了青少年失业浪潮，青少年就业逐渐成为政策讨论的重要部分。近些年，欧洲各国政府致力于保障青少年就业与发展机会，并以此为目标出台相应的支持性政策，积极探索公共就业服务体系社会化运作模式，力图推动多元的社会力量共同参与青少年就业促进事业。

（一）注重教育与社会参与水平

现代知识取向的经济发展要求更长时间的学习，一定程度上，提高青少年的教育参与水平可以帮助他们更好地度过校社衔接阶段。为促进青少年的教育参与和社会参与，减少其校社衔接阶段的社会排斥，英国社会排斥部(Social Exclusion Unit)于1997年出台弥合社会差距报告，为青少年提供教育维持津贴和联络服务(Connexions Service)，以提升他们的就业能力及资源运用能力(Bynner，2012)。

联络服务是由教育与技能部门牵头设立的跨部门、多组织联合的职业服务项目，共有47个组织与机构参与儿童和青少年服务，包括教育局、就业促进中心、职业发展服务、社会服务以及志愿者部等，旨在为13—19岁的青少年，特别是社会背景较差的青少年及其他弱势群体，如学习困难、残疾、犯罪或怀孕的年轻女性等提供可持续发展的服务。其重要目标是为青少年提供教育与就业支持服务，识别他们在校社衔接阶段可能遇到的潜在问题，确保青少年在学习和职业生涯的发展道路上能获得所需的信息、建议与指导，顺利地完成校社衔接，进行学习和工作参与，拓展个人发展机会。该计划设置三级联络网络：全国联盟系统、地方管理委员会和一线工作网络。全国联盟系统下设教育和技术部门(Department for Education and Skills，DFES)，负责全国服务的协调工作、政策的制定以及收集、管理和分析数据；地方管理委员会由各地区的联络服务的管理者与当地政府共同负责，既要代表全国联盟管理地方服务，又要收集各地具体信息进行政策反馈，资助并支持当地合作开展服务。一线工作人员则为青少年提供信息、咨询和指导意见。一方面，政府部门、社会组织和社会共同搭建工作系统，由一线工作人员提供服务，推动青少年参与讨论，评估他们的需求，为他们提供高质量的教育和培训机会、职业选择和个人发展的整合性信息、建议和支持，鼓励他们自我追求。另一方面，一线工作人员与青少年的父母及其家庭，或其他照顾者、邻里和社区，以及广泛的同伴群体共同行动，搭建青少年社会支持网络，促进他们顺利完成校社衔接，融入主流教育和培训活动，避免成为边缘人群。联络服务的关键在于有效的合作机制，既要确保各组织和各部门的成员各司其职，又要使彼此间的服务具有一致性，确保青少年能获得精准的建议与资源。

一线服务的组织与管理依赖于组织协同合作的形式，有三种合作服务模式。第一种是分包模式，所有合作者参与到新成立的部门，为工作人员提供能力建设和服务发展支持；第二种是直接服务模式，依赖现有的职业咨询公司，合作者迅速对青少年的需求做出判断，各服务主体各自发挥优势提供服务；第三种是领导模式，属于分包模式的变形模式，不仅提供支持性服务，还负责管理工作人员。联络计划的服务策略是通过强化结构性支持系统与建立非正式支持网络促进青少年顺利完成校社衔接。三种服务模式共同的特点是建立以地方为本的服务策略，与地方学习与技能委员会保持良好的合作关系，并充分利用当地的资源，分享有效的实践模式与经验。当然，政策不会自动创造良好的合作关系，若合作伙伴或共同体成员之间没有沟通渠道，他们也不会将合作看作自己的责任或职责。为此，实践层面仍需要经过大量协调以实现合作。机构间的制度性合作非常必要，要明确组织各自的角色，提供一种需求为本的灵活性服务，若缺乏制度性合作，也很难明确服务的焦点（Kõiv et al.，2022）。为了挖掘隐藏的服务对象，特别是针对长期不参与社会的青少年，服务计划会拓展服务方式，采取线上线下相结合的形式确保服务的可及性。青少年还可以通过网站与电话热线直接获得服务。各地区设置一站式服务中心、提供外展服务以及预约到校服务。项目实施第三年就建立了超过 400 个一站式服务中心，服务于 1 400 多个社区。

英国政府还建立相应的学习项目和支持机制，提升青少年就业能力。2006 年，英国提出“活动与学习计划”项目，包括活动计划（Activity Agreements，AAs）和学习计划（Learning Agreements，LAs）两个部分，旨在促进他们的再参与。活动计划以长期不参与高达 20 周及以上的青少年为目标群体，他们多数在校学业成绩不佳且难以申请大学和学徒制，或较早就离开学校系统，存在短期就业或频换工作的就业特征。项目为他们提供长达20周的个性化连续服务，包括提升自信与就业动力的个人发展服务、技能提升服务，以及积累工作经验和短期职业教育等与就业相关的服务活动，并为参加青少年项目的青少年提供每周20英镑的项目津贴（Hillage et al.，2008）。学习计划主要是为参加工作但从未接受过正规培训的16—17岁的青少年提供服务。私人顾问（personal adviser，PA）基于青少年的需求和能力，鼓励他们参与有资格认证的培训，包括学徒制、商业与技术教育委员会的课程、国家职业资格等，回应青少年和雇主的需求，帮助青少年获得更高的学历与技能资历，并在获得相关的资格证书之后为他们提供250英镑的奖励（Hillage et al.，2008）。

（二）侧重改革教育体系

为了解决青少年职业技能不足和受教育程度低下的问题，2010年英国提出"提高参与年龄"（Raise Participation Age，RPA）计划，要求为结束义务教育的16—17岁青少年提供培训或教育机会，延长他们的受教育年限。RPA计划原本旨在为青少年提供再教育和培训参与的机会，使其可以在应用性较强的环境中提高技术与能力，拓展学业表现较差的青少年离开学校体系后的就业机会，避免他们沦为尼特族或社会边缘群体。但是，该计划并未较好地与原先的青少年就业促进政策相衔接，导致政策目标群体出现矛盾。比如，2005年的学徒制目标群体以16—18岁青少年为主。延长青少年受教育年限意味着毕业后离开学校系统的青少年也基本失去了获得学徒制的机会（Roberts，2011）。而且，其他研究还发现，虽然RPA计划可以降低16—17岁青少年成为尼特族的可能性，但只是将他们的社会参与问题延迟至18岁，并没有从根本上解决青少年失业问题。而且，这一计划并没有强制性的法律基础支撑，青少年自愿参与的效果也不容乐观（Maguire，2013）。实施同样政策的其他OECD成员方也得出同样的结论：延长教育年限无法根本解决青少年的失业或尼特族问题。

其他国家也尝试改革教育系统，解决劳动力市场与教育体系之间的供需不匹配问题。但前文也提及，职业教育并未成为教育体系内青少年向上层社会流动的新渠道，反而引发职业教育成为次级教育系统，成为弱势青少年被教育排斥后的蓄水池。不过，德国的“双元制”职业教育体系却能有效克服劳动力市场对通识教育与高学历的偏好，成功建立起备受各国推崇的职业教育体系。德国的职业教育体系具有坚实的法律基础和社会认可度，1969 年德国颁布《职业教育基本法》，以法律形式赋予职业教育正式地位，并在 1976 年和 1981 年分别出台了《培训岗位促进法》和《联邦职业教育促进法》，奠定了德国职业教育系统的基本框架。德国的职业教育是 12 年义务教育的一部分，要求学生至少参加 2—3 年的义务性职业教育，采用以政府为主导，校企合作的企业、劳工、政府三方合作模式，形成学校和企业双元主体良性互动的职业教育体系。小学阶段后，青少年开始进行首次教育分流，共有三类中学供青少年选择：第一种是五年学制的普通学校(Hauptschule)，主要是接受“双元制”职业教育；第二种是六年学制的实科中学(Realschule)，相较第一类，此类职业教育的质量更好；第三种是九年学制的文理中学(Gymnasium)，接受九年学制的青少年完成学业后一般进入大学继续接受教育(韩娟，2012)。第二次分流是高等教育分流，接受前两类中学教育的学生只要达到文理高中的毕业水平后也可继续接受高等职业教育，包括以培养工程师为目标的应用科技大学或职业学院继续学习。此类学校均为学校与企业合作的“双元”教育。学生需完成三阶段的学习任务才可毕业，第一阶段学习行业基础知识，第二阶段学习专业知识，第三阶段参加职业教育考试，内容由行业协会和学校共同商定。可以看出，德国“双元”职业教育的显著特点是地方行业协会和企业与学校共同承担学生的职业培训和教育任务(姜大源，2013)，培训资金由政府与企业共同承担，地方行业协会享有对培训过程及质量的监控、认定和惩罚权(洪守义，2008)。

(三) 保障就业与发展机会

一些学者重新审视各国的就业政策，发现欧洲国家在 1990 年代实现了福利转型，积极的劳动力市场政策从增权和人力资本投资转向强调“带薪工作”(make work pay)和“优先工作”(work first)，这种狭隘理解导致政策实施效果差(Jongbloed & Giret, 2022)。科利和霍金森(Colley & Hodkinson, 2001)认为,政策与服务的最大问题是想通过提升个体能力来解决结构性问题。一方面把社会排斥降级为一些类别和刻板印象,并强化了诸如"摇篮到垃圾"的话语,将功能失调的阶级特征与穷人的退化相联系,并以此寓指失业青年的社会的失败,但又把遭遇社会排斥的失败个人归入普遍的病态的社会群体。激发青少年就业的个体能动性,或延长他们的受教育年限,使其能承担起就业责任的个体化归因的就业促进政策思维,其背后逻辑是"技术经济的迷思"与"残酷的乐观主义"(cruel optimism),只是将就业能力与技术升级当作解决就业的手段,但是没有改变劳动机会供给不均衡的问题(Piqué et al., 2016; Hutchinson et al., 2016)。

为保障青少年就业与发展机会,2013年欧盟开始实施推广"青年保障计划"(Youth Guarantee Schemes)。1990年代,英国、澳大利亚,还有丹麦、挪威、瑞士、瑞典等北欧国家,也在教育和劳动力市场系统内帮助青少年进行就业准备,保障他们的就业、教育和职业发展机会,成为"青年保障计划"的前身(Escudero & Mourelo, 2017)。早已实施青年保障计划的国家,其青少年失业率几乎都控制在20%以内,显著低于未实施青年保障计划的国家,如西班牙与意大利的青年失业率分别高达55.5%和40%[①]。

欧盟"青年保障计划"旨在为25岁以下的失业或毕业后待业的青少年继续提供受教育、培训和就业的机会(张格根多仁,2016)。为了支持青少年劳动参与,预防他们过早离开学校,促进教育系统再整合和青少年的社会参与,使其能在离校后4个月内获得良好的工作机会、继续教育机会、学徒和实习机会,青年保障计划从三个方面进行政策设计(Eurofound, 2016)。首先,早期激活就业活力,避免青少年长期失业导致就业意愿下降;其次,短期干预与长期介入相结合,整合教育系统、劳动力市场,以及各国就业服务系统,满足青少年长期发展的需求,同时为解决他们的失业问题采取即刻干预服

① 参见欧盟官网,https://ec.europa.eu/social/main.jsp?catId=1161&langId=en&.,2022-09-19。

务；最后，提供个性化的综合服务，包括基于青少年的需求链接相应的服务与资源，如工作机会、学徒岗位、实习和教育机会。具体而言，包括六个方面的服务内容：为青少年提供就业信息和指导，促进劳动力市场匹配；提供线上线下相结合的外展服务，挖掘日常难以接触的社会不参与的青少年；提供校社衔接的支持性服务，预防青少年过早离开学校，促进他们的社会再融合，消除社会参与障碍；为雇主提供工资补贴，实施财政激励，鼓励他们为青少年提供职业培训和工作安置；改革学徒制度，完善"双轨"职业教育体制，为青年提供二次学习机会；支持青少年创业。减少青少年的失业问题只是青年保障计划的直接目标，它还具有驱动劳动力市场的结构性改革、校社衔接的系统性改善、创造综合性的信息管理系统、缓解青少年就业困境等功能（Bussi et al.，2015）。

二、就业社会工作专业化

21 世纪初，各国纷纷探索青少年就业促进新模式，推动社会组织参与青少年就业公共服务体系。各国公共就业服务体系不断完善的同时，也出现了公共就业服务体系社会化与专业化的运作趋势。其中，最具特色的便是日本民间组织的参与。日本民间团体，如父母会、青少年自立援助中心、教育援助中心等，比日本官方更早关注儿童不登校与青少年蛰居行为，并自发采取了行动。

1991 年，日本卫生劳动和福利部提出"针对蛰居、不登校儿童的福利对策事业"；2000 年，日本政府出台"综合性青少年就业政策"，2009 年颁布《儿童・青少年培养支援推进法》（夏媛、张佳华，2017；师艳荣，2018），这些政策的实践与落地均由日本社会组织承接政府购买的援助服务，由志愿者负责提供服务。比如，日本政府推行《儿童・青少年培养援助推进法》，实施主体虽然是精神保健福利中心、保健所、儿童咨询处等，但援助蛰居者的区域网络服务强烈依赖社会组织提供服务（师艳荣，2021）。社会组织通过家访、电话咨询、面谈等多种方式了解基本情况，并将其转介至各机构，或培养和派遣蛰居援助者对蛰居青少年及其家庭提供社会性援助服务。一些社会组织还为青少年建立自由空间，使其可以与其他青少年共同居住，逐步走出蛰居状态，同时还为他们提供就业体验的机会。从家庭援助再到个体增能，最后帮助蛰居青少年进行社会融入。

一些西方国家购买社会组织服务，实施青少年就业促进服务外包模式，由社会组织为青少年提供就业服务，政府负责监督评估服务效果。1998 年，澳大利亚政府对就业服务进行改革，外包就业服务，设立福利署（centrelink）进行管理和监督。福利署代替原来的联邦就业服务局进行评估和监督就业服务内容及效果，由政府、企业和社会组织等共同组成工作网络（jobwork），为失业青少年提供基础岗位匹配和个案管理工作。政府将就业服务外包，根据服务内容和质量付费，承包就业服务的组织主要实施三个就业服务计划：(1) 基本岗位匹配工作。收集就业者信息和空缺岗位的信息，进行岗位匹配。(2) 求职训练。为失业者提供就业技能培训，提升其就业动力，帮助其适应工作。(3) 就业援助。为弱势青少年、长期失业者或是可能成为长期失业者的青少年提供个人发展计划、技能训练、文化训练，帮助其积累工作经验，使其有能力进行工资谈判（Dockery & Stromback, 2001）。工作者按照求职者的需求进行分类，采取分流服务，若求职者具有就业技能，但缺乏就业机会，工作者则对其进行基本岗位匹配工作；若求职者缺乏基本的就业素质，工作者则利用求职者分类工具（Job Seeker Classification Instrument, JSCI）和工作能力评估工具（Job Capacity Assessment, JCA）对其进行评估，按照得分为其进行服务，分数范围为 0—96 分。其中，为得分为 23 分及以下且失业长达三个月的青少年提供求职训练，帮助其做好求职准备；得分为 24 分及以上的青少年则接受就业的密集援助。福利署和 JSCI 双重评估接受就业援助的青少年是否需要接受个人支持计划（又称社区支持项目），若需要接受个人支持计划则由就业和工作关系部门（Department of Employment and Workplace Relations, DEWR）对接非营利组织帮助青少年解决就业障碍。密集援助是最为个性化的援助，时间可长达 12 个月（MacDonald, 2011）。

澳大利亚的就业服务改革改变了原来以公民身份为基础的失业救济模式，转而以就业服务网络的就业津贴补助作为激励措施，形成失业者若不积极寻找工作或提升个人能力就不能领取失业救济金的模式。这种市场化的经济激励措施虽能够取得一定效果，但是人们对这种就业服务的成效仍存疑。青少年失业是一个复杂的问题，但是当前的就业促进措施将其简单化了，“服务对象想要什么，工作者对其进行培训，帮助其匹配工作”的个案管理方式过于粗暴，忽视了对宏观政策环境的分析。用机构的政策来应对和管理个案也在强化公式化和常规化的解决方案，将失业责任推脱给家庭和个人，造成失业问题道德化。改革原本是为失业者提供多样的就业需求，但双重义务(若失业者不参与安排的就业服务则不能领取失业救济金)并没有改变求职者的观念，低出席率问题仍旧严重。而且，标准化测量工具致使一线工作人员受到计算机的限制，逐渐从服务专业转变成参与的管理员和审计者，工作中缺乏自主性，行政任务繁多，工作人员面临工作压力大、倦怠等问题。因而就业服务既要顾及服务效率，也要求政府承担更大的责任，确保服务的质量和公平性。

英国从1998年开始施行“新政”(new deal)，为了改变失业者和弱势群体的福利依赖性，采用提供服务鼓励就业和增加人力资本投资的方式提供失业救济。英国为五类人群制定了相关的就业服务：18—24岁失业6个月以上的青少年、25岁以上失业18个月以上的人群、单身父母、残疾人、50岁以上的老年人。英国的就业服务计划是个性化的个案管理，不过需要注意的是，18—24岁青少年和25岁以上的长期失业者的服务计划在演变中逐渐趋同。就业服务分阶段提供。首先，在服务入门阶段，工作者会为青少年提供求职咨询和职业发展指导，如面试技巧等培训，若青少年仍无法找到工作则进入下一阶段。其次，在多项选择阶段，工作者为青少年提供13—26周不等的服务，包括四种类型的就业安置：提供6个月的实习，每周为失业者提供60英镑的津贴；为期12个月的全日制教育和培训，帮助失业者提高就业能力；让失业者到慈善部门或志愿者部门当志愿者；到环境工作部门见习。

若青少年仍无法就业则进入第三阶段,26 周的全程跟进(Zaidi, 2009)。就业服务承包给社会企业或组织,由当地的就业服务中心(Jobcentre Plus Adviser)进行监管,根据承包商的服务结果,即成功就业的人数和质量付款,起到协调多方利益的作用,而且地方自由裁决的权力较大。

解决青少年的就业问题既要通过支持改善他们的就业能力,也要改善机会结构提升他们学习和就业的动力。而且更为重要的是,要理解青少年的主体性,需要与青少年建立专业关系并协助其恢复社会关系时,通过人际关系互动以增强他们的自我效能与自主学习能力。服务时还要积极地重新审视社会结构、文化制度与福利政策,超越简单的就业能力计划,关注"人在情境中"的原则,引导青少年在理解现代社会经济和政治环境的背景下进行职业规划和人生选择,要采取更宽泛的社会干预方法,完善他们的社会支持系统,回应他们的发展难题(DeLuca　et al., 2015)。一方面,考虑到许多家庭及父母因缺乏相关的知识和技能,或担心社会污名化,选择忽视或拒绝专业支持与帮助(Wong, 2009),需要社会工作者为青少年及其家庭成员提供心理健康急救服务,帮助他们获得专业的支持与服务;另一方面,考虑到青少年社会退缩与自我隔离问题,还应结合社区强化和家庭治疗服务(Community Reinforcement and Family Training),在家庭场域内提供照料服务(Kato　et al., 2019)。

究竟何种介入与干预服务最为有效尚未得到证明,但可以确定的是,需及早介入青少年失业问题,避免问题进一步恶化,而且社会工作服务也是青少年不可或缺的支持力量。社工服务并非要求青少年立即恢复学校与工作生活,而是为青少年提供持续性的社会心理支持与资源,让他们与外界社会保持联系,为他们创造参与社会生活的机会,恢复他们对社会生活的良好感知(Martinotti　et al., 2021)。

许多学者对我国香港的社会工作干预实践进行总结,提出了以下三个服务于长期失业与不参与社会的青少年的实践要点。一是与服务对象建立融洽的专业关系(Wong, 2012)。社工要保持环境敏感性,可借助家访服务仔细观察青少年的生活空间，了解他们的兴趣爱好，以此作为建立关系的契机。二是社工要协助青少年识别他们失业与不参与社会的情境与状态及原因。三是社工需灵活开展服务，保持实践敏感性。比如：邀请青少年参加小组活动时要避免其他朋辈群体对其污名化称呼再次造成伤害；采取宽松的实践尝试，避免缺乏时间灵活性的服务，这会阻碍青少年进行社会参与的尝试(Li et al., 2018)。

我国内地的公共就业促进服务政策也强调政府责任。改革开放后，为回应经济体制转轨引发的下岗工人失业问题，建立了“职业介绍所”与“再就业服务中心”为下岗工人提供职业培训与职业介绍服务，力图通过再培训与就业岗位链接促进其再就业。2007年出台的《中华人民共和国就业促进法》，要求建立健全公共就业服务体系与就业援助体系，标志着公共就业服务朝向体系化和制度化迈进。与此同时，上海市政府推动成立上海市阳光社区青少年事务中心，回应社区青少年失业问题，探索公共就业服务体系的专业化与社会化运作。

综观我国社区青少年就业文献，有关研究尚未十分深入，且多在国家政策话语体系中展开。有关研究集中在两个方面。一方面，聚焦我国公共就业服务体系，介绍国外的相关就业政策，并提出改善我国现有公共就业服务体系的对策与建议；另一方面，研究我国就业政策的变革体系，同时聚焦宏观的制度结构，诸如职业体系、产业结构、劳动力市场制度等如何回应青少年失业问题。此外，学者们多从就业能力、就业观念、职业生涯规划等微观维度研究如何改变青少年失业现状，整体而言较少将青少年就业促进服务置于我国公共就业服务体系向社会化运作转向的历史沿革视角下。不过，这也与我国青少年就业服务的发展现状有关。我国青少年就业促进的社会服务尚未得到普遍推广，实践研究也较为碎片化，尚未形成系统的研究体系。而且，当前从互动与过程视角深入细致地描绘青少年就业促进服务模式的相关研究仍较少。因此，未来的青少年就业促进服务体系还需进一步回应新常态下的青少年失业问题，解构互动关系下存在的失业问题，从激发青少年寻求改变失业现状的动力，并使其有能力且有机会实现就业目标等方面入手回应青少年失业问题，创新青少年就业促进服务模式。

三、完善就业促进服务生态圈

青年保障计划是一个理想的就业促进政策，其依托公共就业服务系统构建了跨部门、多组织参与的青年就业促进服务生态系统。不过，政策实施的整体设计框架需考虑各国的财政资源与现存的政策手段，特别是要聚焦青少年这一目标群体复杂多样的境遇，为此，不同国家政策实践差异很大（Alonso et al.，2021）。下文将以芬兰与西班牙的青年保障计划为例，阐明影响就业促进服务生态圈有效运作的两个重要因素。

（一）不同国家的对比：芬兰与西班牙公共就业服务体系化运作

芬兰聚焦于本国青少年较早离开学校系统（early school leaver，指 18—24 岁完成中学教育后并未进一步接受教育或培训）和非稳定就业问题，为青少年提供就业保障、教育保障、青少年技能项目、工作坊和青少年外展服务等（蔡安琪、罗艺，2015）。前三类旨在通过政策激励为失业青少年提供就业、教育和技能培训机会，后两类则是协助青少年进行职业探索和尝试，帮助他们体验式地进行职业生涯规划。芬兰青年保障计划的重要特征是采用政府、企业和社会组织共担保障责任的方式，组建了青少年保障网络平台，其有 4 个任务目标：分享与青少年生活和成长有关的信息，评估他们的需求并开展支持性措施与计划；整合与促进不同主体的就业服务与效率；开发服务程序，提高服务的可及性与服务间的衔接效率；改善服务供给的灵活度，确保多样的福利服务传递。青少年可按地区搜寻邻近的服务机构与联系方式，按照工作类别进行岗位搜索服务，平台间接承担服务信息传递和岗位匹配的功能。青年保障网络平台首页分为三个模块：求职者模块、雇主和企业家模块、行业信息与服务模块。[①] 求职者模块内容丰富，可满足青少年职业

---

① 参见芬兰青年保障网络平台，http://nuorisotakuu.fi/etusivu，2022-09-16。

探索、求职服务和指导、培训和教育、失业保障等多样化需求，同时为他们适应不同就业处境，如就业适应、职业和就业转换、失业应对等提供建议。比如，青少年在求职服务类目中可找到求职技巧、求职支持与服务、政策保障的对象及内容、青年保障计划和暑假工等多种信息，一一回应他们在求职期间可能遇到的各种问题。若青少年需要更为个性化的支持与服务，可进入行业信息与服务模块，这一模块包含“职业指导与职业规划”“教育与培训指南”“职场教练”三类服务内容，青少年可根据自身情况选择所需服务内容。雇主和企业家模块为雇主和创业者提供服务，为公司发展的不同处境提供支持，如聘雇员工、员工技能发展、劳动合同变更、人力资源支持等。

西班牙虽然也建立了国家青年保障计划网站，旨在获取服务对象名单。但与芬兰不同的是，西班牙实施青年保障计划的基础背景是高失业率、高短期工作率，以及低创业率的严峻劳动力市场环境。经济危机暴发前后，16—24岁的青少年失业率都保持在一个非常高的水平，2012年跃升至53.19%。[①] 而且，2012年的劳动力市场改革依赖于弹性就业和临时工岗位的开发，虽在一定程度上降低了劳动力市场的失业率，但是造成了不稳定的就业系统体系与就业条件，实质上并没有减少失业，反而对工作质量产生了负面影响，而且还催生了公共就业服务商品化与私有化（Piqué et al.，2016）。西班牙以提升青少年的就业能力、提高就业质量与稳定性、增加平等就业机会、培养青少年的企业家精神等四个内容作为青年保障计划的目标（Malo & Mínguez，2018）。不过保障计划没有改变先前的就业促进逻辑，依旧采用将不积极求职的青少年排除在社会福利体系之外的“惩罚”逻辑开展就业促进政策措施，而非像国际劳工组织或世界银行采取的宏观调控政策，整合和强化保障网络的方式（Piqué et al.，2016）。具体就业政策主要聚焦两个层面，一是为失业群体提供培训或再培训的公共服务，二是鼓

① 参见西班牙“青年保障”实施计划（youth Guarantee Implementation Plan Spain），https://ec.europa.eu/social/main.jsp?catId=1161&langId=en&，2022-09-19。

励青少年自主就业或激励雇主聘雇青少年。

罗德里格斯-索莱尔和韦尔(Rodríguez-Soler& Verd, 2018)借助阿玛蒂亚·森的能力分析法(capability approach)分析西班牙青年保障计划的整体设计与实施框架,评估政策对青少年就业的机会改善程度。研究发现就业政策实际并没有改变青少年与劳动力市场的不良互动关系,而且作为一种通识性方法,它的实施并不具备太多的灵活性,也没有回应失业青少年群体的异质性。其他研究也发现,西班牙并没有建立青年保障计划的实施框架所强调的评估与监测体系,而这对于资源供给与措施调整非常重要,成为影响青年保障计划难以有效发挥作用的障碍(Malo & Mínguez, 2018)。尽管西班牙实施青年保障计划后青少年就业率有所提高,但劳动力市场整合与长期失业仍是巨大挑战。直到2017年,西班牙才将青年保障计划的实施与协调责任转移给西班牙的公共就业服务系统,芬兰则在2005年就已经引入青年保障计划。[①] 相较之下,2008年至2017年芬兰的青少年失业率均在20%上下浮动,其青年保障计划依托于国家公共就业服务系统且早已实现制度化运作,具有政策实施的历史背景与制度优势。

(二) 就业促进服务生态系统的运作机制

埃斯库德罗和莫雷洛(Escudero & Mourelo, 2017)对比不同国家的政策实践及效果,发现虽然各国的青年保障计划整体都围绕"青少年与未来就业相关的教育和培训、辍学生的弥补干预、劳动力市场介入、积极劳动力市场政策"等四个内容展开,但是计划的有效性则取决于明晰界定目标群体及需求、早期干预与介入、综合性政策服务包、恰当的制度框架、充足的资源、多方利益主体能切实履行职责等合作机制因素。上述六个重要内容可归纳为两个维度:有效的就业服务体系及其合作机制。换言之,强调要准确评估青少年的需求,快速为他们提供服务,借助多主体的联合行动改善青少年受益机会。整体而言,这一过程依赖各国的公共就业服务体系得以实现。公

① 参见芬兰"青年保障"实施计划(youth Guarantee Implementation Plan Finland), https://ec.europa.eu/social/main.jsp?catId=1161&langId=en&,2022-09-19。

共就业服务体系成为青年保障计划实施的基点，各国公共就业服务体系的运作成效决定了青年保障计划的实施效果。

首先，青年保障计划的实践系统是公共就业服务系统，其运作逻辑是失业群体在公共就业服务系统内登记，工作者识别到服务对象的需求并整合资源提供服务。这也意味着只有当失业群体在系统内登记时，工作人员才有可能识别到有需求的目标群体并介入。波兰项目评估发现，有很大一部分青少年未被现有的公共就业服务系统所涵盖，而被就业公共服务系统排除在外的青少年多消极就业、受教育程度低、没有工作经验。他们不仅被劳动力市场所排斥，还遭遇群体污名化现象，具有“隐匿”特征，还表现出对公共机构的低信任度，缺乏对就业服务可及性的感知(Smoter, 2022)。挖掘与识别长期不参与社会、对现状感到不满意或未感知到培训服务的作用与意义、不愿意参加项目等服务对象成为影响青年保障计划目标实现的重要维度。西班牙也存在相似难题，即无法接触到未在公共就业体系登记且不在教育系统之内的青少年，进而使得青年保障计划发挥的功能非常有限。为此，外展服务成为挖掘服务对象、让失业青少年重返劳动力市场，避免他们长期失业的重要服务内容，而这也是青年保障计划的内容之一。

外展服务是服务者建立社会关系网络，在当地社区提供福利传递服务。道森等人(Dewson et al., 2006)梳理了四种外展服务模式：独立模式(detached model)、流动模式(peripatetic model)、卫星模式(satellite model)、居家模式(domicillary model)。最有效的外展服务模式就是独立模式，工作人员到青少年日常活动场所挖掘服务对象，了解他们的文化与需求，在建立关系的基础上开展服务；相反，居家模式是进入服务对象的家庭提供服务。卫星模式和流动模式有相似之处，有固定的服务场所，不同的是，卫星模式是在较为偏远的地区建立新的服务中心或一站式服务点，而流动模式则是与当地机构合作提供外展服务，可借助当地机构快速了解服务对象与本地文化，减少服务对象对工作人员的不信任。青年保障计划整体性回应青少年较早离开学校及社会不参与的实际情况，有关研究根据各国的实践经验归纳出处境分析、服务框架、行动与评估等三种外展服务策略(Corbanese & Rosas，2017)。处境分析本质上遵循“人在情境中”原则，旨在从更宽泛的社会、经济、政治与文化层面理解青少年的境遇及特征，理解社会背景提供的机遇与挑战如何影响青少年失业与社会参与，探讨现有的政策与服务资源以及可能的潜在资源如何改变青少年失业现状。服务框架采用问题与目标树分析技术，识别青少年的服务需求和目标，问题对应目标，根据问题的性质、边界及特征作为理解因果联系的手段，并借此得出应当提供何种服务内容，获取何种可用的政策支持。行动与评估则是基于现有的资源与目标，设计可行的行动方案，并从服务与目标的关联性、有效性、效率和可持续性等四个方面进行评估。从外展服务的类型和服务策略可以发现，由于外展服务对象是难以接触或长期社会不参与的青少年，要与他们建立关系，获得他们的信任需要较长时间的准备工作与服务资源。而且，青少年社会不参与存在多重诱因，不同阶段的需求与困难也各不相同。考虑到未来的风险，更需要采取一种有效的预测和联合服务策略，如在学校层面采取预防性措施降低他们变成隐蔽青少年的可能性，与社区合作挖掘未登记在册的失业青少年，如芬兰的外展服务实践便是以学校作为起点。

除外展服务外，还应提供与目标群体需求相适应的政策与服务。无论是欧盟还是欧盟各国的青年保障计划，都试图采用“冲击性的政策”(shock policy)避免延续之前的政策道路。但西班牙、法国、荷兰等国的实际就业政策并没有对青少年群体做进一步细分，无论是以尼特族还是以失业群体为基础的政策，其囊括的目标群体都非常广泛，导致无差别的培训和就业政策很大程度上变得无效。比如，西班牙上调最低工资标准试图解决青少年的工作贫困问题，结果却在一定程度上损害了青少年就业前景与期待，尤其是女性、低技能和短期就业群体。因此需要非常谨慎地审视就业保障计划的非预期后果及其对弱势群体的有效性。

其次，建立长效合作机制是青年保障计划的第二个重要维度。青少年发展性牵涉多个系统，必然要求系统与部门间加强合作，在公共就业服务系统的组织协调下有效开展服务。青年保障计划包括不同部门与系统，诸如学校、青少年组织、培训机构、私营就业服务机构、社会组织等，多元主体要实现预定的目标需在组织间建立强有力的伙伴与信任关系，明确界定组织的职责与任务，借助组织间互补的功能才能实现高效合作（张格根多仁，2016）。哈钦森（Hutchinson et al.，2016）也发现，英国包括青年保障计划在内的就业促进政策也强调与当地企业合作，把青少年步入社会所要面对的系统性结构障碍考虑在内，关注影响他们失业的外部动力机制，如校社衔接的学校系统与劳动力市场的需求等，将它们纳入预防失业的政策框架。然而在实践层面上，英国仅有不到2%的机构与学校采取合作策略，而且工作人员的合作意愿也较低，机构间的联合有限，部门间的协同合作能力弱、资源不足，使得失业预防系统的实施效果较差，联合策略变得十分空洞（Hutchinson et al.，2016）。

那么，有效的协调合作机制究竟如何建立？无论是在制度层面或在实践层面，公共就业服务系统都直接发挥组织间社会网络协调机制的作用，并且要处理三对重要的伙伴关系：青少年与公共服务机构的关系、就业服务实践机构与教育和培训系统的关系、公共部门与企业的关系（Tosun，2017）。从某种意义上来说，公共就业服务系统不是一个独自开展就业服务的机构，而是嵌入多主体的组织社会网络之中，由此构成了青少年就业服务生态系统。

第三节　迈向就业服务共同体的行动

社区青少年失业问题具有结构性张力，上海市阳光社区青少年事务中心为社区青少年提供的个体资本增能服务还受到政社关系、教育体系与劳动力市场的供需平衡、劳动力市场机制和社会文化环境等结构性因素的制约。倘若仅局限于“资本缺失引发失业问题”这一命题判断，易陷入资本缺失视角，忽视资本运作的社会机制对社区青少年失业的影响。社区青少年就业的社会工作服务应当如何突破服务瓶颈，实现服务转向？本研究认为，社区青少年就业的社会工作服务应当重拾增权框架（empowerment framework），兼顾个体增能和机会结构赋权两类服务内容（Alsop & Heinsohn，2012）。

一、从个体增能转向机会结构赋权

增权（empowerment）是指让个体或群体有能力做出有效的选择，且有能力将选择转化为预期的行动与目标，包括个体能动性（personal agency）和机会结构（opportunity structure）两个重要维度（Alsop et al.，2006）。个体的能动性是个体实现预期目标的能力和资本，很大程度上取决于个体的资本存量，而机会结构则是个体能动性能否发挥效用的制度背景，包括正式与非正式的制度要素，并约束着人们之间的交往和个体选择（Alsop et al.，2006）。增权理论根源于对权力的反思，长期以来备受学者，诸如帕森斯、福柯、吉登斯等人的关注（Rowlands，1995）。尤其是吉登斯的结构化理论，对个体能动性与结构间互动关系的重新审视也成为增权框架理论的基础，认为增权得以实现的前提是机会结构是否能激发个体资本有效地转变为能动性。据此，青少年事务社工既要通过多维的个体资本增能服务提升社区青少年的就业能动性，还应当改善他们就业的机会结构，创造使能的社会环境（enabling environment），使其实现就业目标。有效的增权实践通常包含四个方面——信息获取（access of information）、吸纳或参与（inclusion or participation）、责任（accountability）和组织能力（local organizational capacity），它们相互交织并发挥协同作用（Narayan-Parker，2002）。

上海社区青少年服务的生成轨迹体现了社工组织发现并把握服务契机，嵌入政府让渡的服务空间，发挥自身能动性，进而促进社会工作专业发展的这一特征。社工综融三大手法为社区青少年提供服务，可以适当提升他们的人力资本，减轻劳动力市场的排斥，弥补劳动力市场信息不完善，解决岗位匹配效率低下的问题，一定程度上可改变社区青少年就业的无力感。

上海市阳光社区青少年事务中心成立20年来，社区青少年的群体和外部结构特征发生了很大的变化。成立之初，社区青少年的学历结构以“三校生”（职校、中专、技校）为主，且依赖传统招聘会求职，因缺乏求职意愿而失业的青少年比例低。而近些年来，社区青少年失业问题逐步复杂化：一是社区青少年群体内部分化，主体异质性较高，大专和本科学历的青少年失业比例增加，且主动失业的比重升高；二是失业受到社会经济环境影响强烈，除了上海产业结构调整，对劳动力的吸纳能力下降外，疫情和经济下行也使得劳动力市场的就业机会减少。尽管青少年失业特征发生改变，社工服务策略却存在滞后性。社工的服务策略仍局限于干预青少年个体，将社会结构性问题诱发的失业责任转移到个体身上，忽视对青少年主体性需求的关注，也没有改变他们的弱势处境。特别是社会工作发展的历史背景局限了社会工作的角色定位。受到上海市社工机构生成模式的影响，社工过度关注社区青少年的个体资本缺失境况，而对生成失业问题的结构性问题反思不足，包括缺乏对生成失业问题的社会性因素的关注，在营造有利于社区青少年能力发展的社会环境层面动员不足，未能改善青少年群体发展的机会结构。上述种种使得青少年接受社工服务的意愿不强，进而产生消极就业的心理。

社区青少年群体是社会与劳动力市场就业中的弱势群体。一方面，相较于其他青少年群体而言，他们的人力资本水平不高，社会资本较为薄弱，且心理资本又受到人力资本和社会资本协同互动的影响，存量不高，即其多维资本均处于一个相对弱势的状态，容易因就业受挫而退缩。另一方面，相较其他成年群体，他们既要做好校社衔接的心理准备，还需面对系统性障碍阻碍他们进入正规劳动力市场的挑战。

为突破服务瓶颈，在社区青少年失业的结构性障碍矛盾日益凸显的背景下，要求转变社工的就业服务思路，从聚焦个体微观干预迈向兼顾个体能动性激发和就业机会结构性改善的增权服务。青少年就业的社会工作服务需嵌入我国治理现代化的重大命题和我国社会工作发展目标，要求社工应当转变单一主体服务模式，在共建共治共享的发展格局下，依托组织间的差异性功能与定位，形成行业共同体。增权理论非常强调实践的情境敏感性(contextual sensitive)与行动背景。从我国现阶段的发展目标看，迈向共同体行动的社区青少年就业服务具备发展契机与外部驱动力。一方面，我国治理体系和治理能力现代化的建设目标，要求重构利益协调、诉求表达机制，以及权益保障机制，实现社会多方参与的利益格局，不仅制度性地为青少年创造了社会参与、社会发展与自我发声的机会，同时也为建立社区青少年就业服务共同体提供了有利的制度背景。另一方面，上海的一些社会组织因功能定位重叠、资源吸纳能力弱等走向衰亡，其组织生态发展已经从野蛮生长走向有序发展阶段。为维持自身的生存与发展，组织需利用互补的差异性功能定位进行协同互动争取资源。就此而言，也为实务型机构与其他枢纽型组织的协同互动提供了合作机会。此外，青少年社会工作服务还面临自主性不足与资源依赖性强的问题，严重影响了社工服务的成效与发展，突破服务瓶颈势必要求社工与其他社会组织协同合作，并利用服务实践、宣传倡导、社工环境建设等多种方式提升社会影响力，谋求有利于青少年社会工作发展的社会环境。

二、青少年就业服务共同体构建

社区青少年失业问题和社工服务的结构性制约越发强烈，仅靠单个社会工作服务机构的力量已无法适应与满足青少年就业与发展的多重性需求，催生社工改变单一主体的服务策略，采用多元主体联合的共同体行动，促使服务青少年的力量最大化。行业服务共同体行动策略是与我国治理体系与治理能力现代化建设目标相嵌的发展路径，可以较好地突破资源限制，解决社工机构的弱势与边缘地位问题，回应尚未被系统性地囊括在就业促进策略中的问题，还可满足社会组织生态圈优化、组织生存与发展的需求(Narayan-Parker，2002)。青少年就业服务的行业共同体是指社会工作机构及其从业人员与其他支持、服务和促进社会工作发展的组织及人员组成，基于共同的信念或意识，共同参与青少年失业问题的治理（王思斌，2020）。就服务的实际供给主体而言，青少年社工服务机构、专家学者、枢纽型社会组织、各级团委，以及其他了解、支持社工服务的社会力量等，均不同程度地参与青少年就业，问题在于如何促进多主体间的协同合作与效率，充分发挥多元主体在青少年就业中的服务实践、知识创新、组织建设与政策推动、服务体系完善等不同领域的功能。

增权视角下的青少年服务共同体行动策略，需把握青少年就业服务共同体的生态圈层关系结构（见图 8－1），组织与聚合不同服务主体的差异性功能与定位，促进组织间的资源与信息流动，推动多元主体参与共担社会责任，创造有利于社工服务的行业生态系统和青少年发展的社会环境，系统回应青少年就业与发展难题（何雪松，2020）。从整体上看，实务型的青少年社工机构与枢纽型社工机构是行业共同体进行实践的专业力量和重要主体，承担服务传递和政策反馈的重要职能。同时，高校教师和专家学者、政府官员和青少年社工机构的业务主管单位等则在理论研究与创新、行业环境改善、人才队伍建设等多方面发挥引领和推动行业共同体发展的作用，成为青少年社工服务行业不可或缺的组成部分（何雪松，2019）。而社区青少年、其他社会组织以及社会力量等多元主体共同构成青少年服务行业共同体行动的实践背景和组织外部生态环境，制约行业共同体资源汲取能力和行动效率，是行业共同体良性发展必不可少的外部条件。

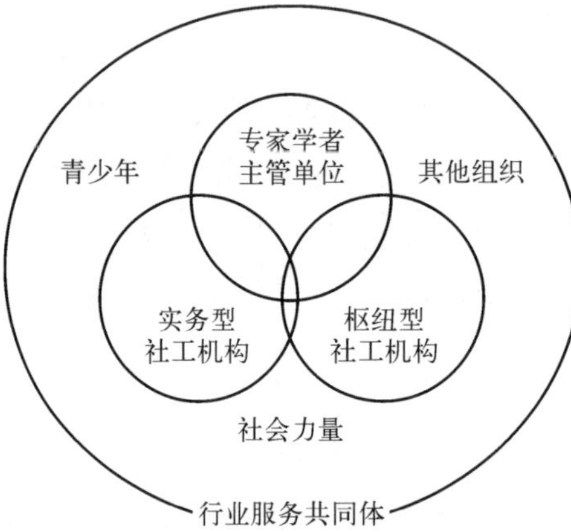

图 8－1　青少年就业服务共同体

具体而言，青少年就业服务共同体应采取以下行动：一是以上海市阳光社区青少年事务中心为代表的实务型社工机构，是共同体中极具实操性的角色,需进一步加强自身的社会性与专业服务能力(徐选国,2017)。青少年事务社工嵌入式发展和偏重微观的治疗模式,忽视了对社工系统性解释社会问题能力的培养,且行政性社工向专业性社工进行角色转变时,常出现经验先行、理论“套用”实践而非指导实践的行为,缺乏自主或反思性运用理论的能力,忽视理论的积累,产生了一系列服务难题,服务主动失业青少年时问题尤为突出(彭善民,2010)。从组织服务功能上,社工机构应当加强使命与机构文化建设,在日常实践服务中重申社会工作对社会公平正义的强调。从技术研发与理论创新上看,社工机构应重视内部技术的研发和理论反思,借助外部专家与督导系统,扎根于现实的服务实践总结与提炼可复制与可推广的经验与技术。社工机构与专业学者的互动应当由“实践—研究”两分的角色向互构知识生产方向发展(王思斌,2006)。社工要对实践中相关理论和技术的情境适用性和有效性做出回应,持续性地对实践与行动干预的价值意义保持反思,将服务发现进一步转化为有效的服务模式。社会工作者更是要秉持专业自觉原则,意识到专业能力提升的紧迫性,探索与建构具有本土适恰性的理论回应服务难题。

二是实务型社工机构可加强与枢纽型社会组织的协同合作,进行政策倡导,完善青少年社会服务体系。实务型社工机构作为社会福利服务传递机制的重要主体,也是具体落实社会政策的实践者,可直接感知政策成效与青少年需求,具有纠正与推进政策正确行动的优势,同时也要承担自下而上反馈政策的责任。当前社工政策倡导机制尚未完善,需借助枢纽型社会组织的政策倡导功能。2017 年,上海市青少年服务和权益保护办公室与共青团上海市委员会共同推动成立上海市益扬青少年社会工作促进中心,定位于行业与政策研究,旨在促进青少年权益保护和青少年社会工作发展及相关政策出台(汪鸿波、费梅苹,2019)。益扬青少年社会工作促进中心和各区县社会工作协会机构作为枢纽型机构,其组织定位有别于一线社工机构,还承担起引导、服务以及统筹一线社工组织服务与发展,促进社会工作行业规定和标准出台的职能。与此同时,益扬社工机构还肩负提高社工的社会认知度和社会对青少年的关注度的责任，通过平台宣传，让青少年事务社工获得更多的社会实质性承认。枢纽型社工服务机构与实务型社工机构具有差异性的功能定位和协同合作的天然亲和性。因此，以上海市阳光社区青少年事务中心为代表的实务性服务型组织，一方面应当加强与益扬社工机构和各区县社工协会等枢纽型机构的协同互动，借助彼此功能和资源优势，发挥政策反馈与倡导功能。另一方面，由于共青团上海市委员会负责本市青少年法律法规和公共政策的制定、修订和监督，上海市阳光社区青少年事务中心还可依托诸如益扬社工机构和各区县的社工协会等枢纽型社会组织的政策和行业研究功能，在原有的行政性服务基础上拓展新的服务领域，将尚未得到满足的青少年公共服务需求向上反馈至团市委，参与青少年社会工作体系发展的制度规划，由此共同构建完善的青少年社会服务体系（彭善民，2021）。

三是青少年社工机构应当坚持需求为本的社会工作实践，兼顾积极与建构取向的服务模式，加强与其他社会组织的合作，并动员社会多方参与，共同承担青少年就业与发展的社会责任。一方面，青少年事务社工应关注青少年对自我处境的解释，与他们一同行动回应青少年发展的社会性难题。随着我国社会主要矛盾变化与价值文化多元，青少年面临普适性认同危机，青少年失业是缺失自我保护机制的青少年难以适应社会转型产生的社会问题，需要用“人在情境中”的视角去理解他们对体面就业的渴望、价值信仰缺失引发的焦虑情绪等，激发其主体性，强化他们的社会责任感，以此重塑社会文化与价值取向（Deluca et al.，2015）。另一方面，青少年事务社工应当整合不同组织的服务资源，满足社区青少年的多重与多样的发展需求。我国治理体系和治理能力现代化建设，促使大量行政资源与社会资源下沉至社区。但是，由于我国行政体系的条块关系，资源多延续各条线的行政层级自上而下传递，条线间缺乏资源整合和组织合作的积极性（杨发祥等，2019）。青少年事务社工更因岗位购买的嵌入方式，常缺乏服务资金与资源。而其他组织在社区内开展社区治理体系建设和服务配送项目时，不缺乏服务学习和社区参与机会，却苦于参与对象局限于老年群体。可以发现，青少年事务社工与其他组织的服务需求与资源具有互补性，可加强与其他社会组织的合作，打破资源限制（朱健刚，2011）。此外，社区青少年是就业市场的弱势群体，特别是“灰色地带”青少年，社会的多方参与尤为重要，青少年事务社工可通过服务实践将政府所让渡的公共服务空间和提供的政治合法性转变为实践权①，还可借助社会宣传等方式，将服务洞察进一步转化为社会对社区青少年处境的理解，改变社会误解和污名，倡导公平正义的价值理念，建设有利于青少年社工服务与发展的社会环境。

① 实践权是指专业社会工作者在政府让渡公共服务空间的契机下，嵌入行政性社会工作领域中，利用自身的专业能力和服务实践获得政府的认可，并在让渡领域外获得更多从事专业社会工作服务的权利。参见王思斌《中国社会工作的嵌入性发展》，《社会科学战线》，2011 年第 2 期。

参考文献

一、中文文献

［1］ 安东尼·吉登斯. 现代性与自我认同：现代晚期的自我与社会[M]. 赵旭东，等译. 北京：生活·读书·新知三联书店，1998.

［2］ 蔡安琪，罗艺. 芬兰青年保障计划及其启示（下）[J]. 世界教育信息，2015，28(7)：38－40.

［3］ 蔡昉. 农村剩余劳动力流动的制度性障碍分析：解释流动与差距同时扩大的悖论[J]. 经济学动态，2005(1)：35－39，112.

［4］ 蔡敏. 解析美国大学的职业规划课程[J]. 比较教育研究，2010，32(1)：25－28.

［5］ 蔡忠. 项目为本：上海市青少年事务社会工作的本土探索[M]. 上海：华东理工大学出版社，2009.

［6］ 曹丽莉，甘钦云. 优势视角下社工机构人才激励机制现状研究：以深圳、厦门、天津市社工机构为例[J]. 黑河学刊，2018(5)：182－186.

［7］ 陈安娜. 官办非营利组织的利益相关者：期望、影响及回应：以武汉

市青少年空间为例[J]. 社会工作(学术版),2011(3): 57-60.
[8] 陈欢. 公共职业介绍机构促进青年就业研究: 以上海静安区为例[D]. 上海: 华东政法大学,2015.
[9] 陈明星,黄莘绒,黄耿志,等. 新型城镇化与非正规就业: 规模、格局及社会融合[J]. 地理科学进展,2021,40(1): 50-60.
[10] 陈娜. 英国: 注重中学生涯教育[J]. 上海教育,2007(2): 37-38.
[11] 陈庆滨. 社会排斥视角下的"新失业群体"现象研究[J]. 青年研究,2006(7): 1-9.
[12] 陈赛金,陈超俊. 当代青年"佛系"现象的成因与对策[J]. 思想理论教育,2018(7): 106-111.
[13] 陈文琼. 社会压力视角下年轻人就业的"下流化": 以佛山市周村的经验为例[J]. 中共宁波市委党校学报,2019,41(1): 99-105.
[14] 陈晓丽,彭善民. 社区青少年就业社会工作的三维资本模式探索[J]. 都市文化研究,2022(1): 269-280.
[15] 陈奕庭,董志强. 工作搜寻范围扩大对劳动力市场的影响[J]. 财经研究,2020,46(9): 78-91.
[16] 陈振华. 积极教育论纲[J]. 华东师范大学学报(教育科学版),2009,27(3): 27-39,68.
[17] 崔景贵. 积极职业教育范式的基本理念与建构策略[J]. 教育研究,2015,36(6): 64-69.
[18] 崔伟. 协同视域下大学生就业教育的有效途径[J]. 教育与职业,2019(5): 65-69.
[19] 戴仁卿,杨殿闯. "90后佛系青年"文化现象的反思与解构[J]. 当代青年研究,2018(3): 31-37.
[20] 戴维·波普诺. 社会学[M]. 10版. 李强,等译. 北京: 中国人民大学出版社,1999.
[21] 邓睿. 社会资本动员中的关系资源如何影响农民工就业质量? [J]. 经

济学动态，2020(1)：52－68.
[22] 邓志强.青年的阶层固化："二代们"的社会流动[J].中国青年研究，2013(6)：5－10.
[23] 丁菲.城市社区闲散青少年的社区管理策略研究：以上海市虹口区X街道为个案[D].上海：华东师范大学，2008.
[24] 董朝辉.大学生就业需求理论建构研究[J].教育理论与实践，2014，34(21)：13－14.
[25] 费梅苹."融和型"社区青少年社会工作服务模式探究[J].华东理工大学学报(社会科学版)，2005，20(3)：35－38.
[26] 费梅苹.上海青少年社会工作者专业能力建设的行动研究[J].华东理工大学学报(社会科学版)，2007，22(4)：26－32.
[27] 费梅苹.社会互动理论视角下青少年社区矫正社会工作服务研究[J].青少年犯罪问题，2009(3)：4－8.
[28] 费梅苹.上海青少年社会工作专业化发展的十年回顾与展望[J].青年学报，2014(4)：34－40.
[29] 甘满堂，李振亚.城市流动人口中"三失"青少年的社会工作干预[J].重庆工商大学学报(社会科学版)，2015，32(4)：87－92.
[30] 高海虹.闲散青少年的社会化教育管理路径探析[J].济南大学学报(社会科学版)，2011，21(1)：20－25.
[31] 公雯雯.社区青少年职业发展需求与职业培训政策应对[D].上海：华东师范大学，2011.
[32] 谷彬.劳动力市场分割、搜寻匹配与结构性失业的综述[J].统计研究，2014，31(3)：106－112.
[33] 谷晶双.学龄前儿童照管方式对女性劳动供给的影响研究[J].中央财经大学学报，2020(12)：95－105.
[34] 顾东辉.社会工作评估[M].北京：高等教育出版社，2009.
[35] 郭慧敏，丁宁.就业性别平等立法模式选择[J].中国青年政治学院学

报,2006,25(3):116-122.
[36] 郭讲用. 自媒体中的自我建构与文化认同[J]. 当代传播,2015(3):8-10.
[37] 韩炳哲. 他者的消失[M]. 吴琼,译. 北京:中信出版集团,2019.
[38] 韩娟. 中国劳动力培训的模式选择与政策研究:基于发展型社会政策视角[D]. 杭州:浙江大学,2012.
[39] 韩俊魁. 1949 年以来中国社会组织分类治理的发展脉络及其张力[J]. 学习与探索,2015(9):25-29.
[40] 郝雨霏,张顺. 劳动力就业市场化、人力资本与人职匹配[J]. 人口与经济,2016(2):79-85.
[41] 何仕. 当代中国大学生就业的经济学研究:以福建省高校毕业生就业为例[D]. 福州:福建师范大学,2014.
[42] 何雪松,刘莉. 政府购买服务与社会工作的标准化:以上海的三个机构为例[J]. 华东师范大学学报(哲学社会科学版),2021,53(2):127-136,179.
[43] 何雪松. 改革开放 40 年与中国社会工作的发展:"结构-行动"的视角[J]. 西北师大学报(社会科学版),2019,56(2):41-46.
[44] 何雪松. 积极而非激进:宏观社会工作的中国图景[J]. 社会科学文摘,2020(6):56-58.
[45] 衡书鹏,周宗奎,雷玉菊,等. 现实-理想自我差异对青少年游戏成瘾的影响:化身认同和沉浸感的序列中介作用[J]. 心理与行为研究,2018,16(2):253-260.
[46] 洪守义. 德国"双元制"与上海青年职业见习制度的比较及其启示[J]. 青年探索,2008(5):27-32.
[47] 侯立文. 长期失业青年就业状况分析及对策[J]. 当代青年研究,2020(6):77-82.
[48] 胡彬,胡晶. 上海产业结构调整与升级中的就业承载问题[J]. 科学发

展，2016(5)：23－30.

[49] 胡燕.项目化运作背景下社会工作机构员工绩效考核方式及影响研究：以广州L社工机构为个案[D].广州：华南农业大学，2017.

[50] 胡中宜.台湾青年失业状况与就业促进政策之分析[J].青年学报，2019(1)：74－79.

[51] 黄超.支持与回应：社区青少年求职网络研究[J].儿童青少年与家庭社会工作评论，2014(1)：182－198.

[52] 黄桂霞，姜大伟，刘中华.挑战与应对："全面二孩"政策下的女性就业权保障[J].中国劳动关系学院学报，2017，31(5)：35－43.

[53] 黄丽鹏.上海产业结构调整与劳动力需求分析[D].上海：华东师范大学，2012.

[54] 贾国华.吉登斯的自我认同理论评述[J].江汉论坛，2003(5)：56－58.

[55] 贾远娥，李宏翰.大学生理想自我与现实自我差异问卷的编制[J].中国健康心理学杂志，2007，15(5)：476－478.

[56] 姜大源.德国"双元制"职业教育再解读[J].中国职业技术教育，2013(33)：5－14.

[57] 姜添辉，周倩.社会阶级与文化再生产：不同社会阶级家长的社会资本对文化再生产之结构化影响及其因应之道[J].教育学术月刊，2017(1)：16－24.

[58] 蒋军成，陈显友，鲁元嘉.青少年社区服务组织的"再嵌入"模式构建[J].石河子大学学报(哲学社会科学版)，2019，33(5)：36－42.

[59] 蒋思睿，杨欢，刘军丽.全面放开二孩政策对女性就业歧视的影响研究[J].劳动保障世界，2020(3)：17－19.

[60] 康超，李小文.城市社区"三失"青少年的社会排斥研究：对南宁市华强社区的实证研究[J].兰州学刊，2010(8)：105－108.

[61] 克里斯汀·仁，李康.学生发展理论在学生事务管理中的应用：美国

学生发展理论简介[J]. 高等教育研究,2008,29(3):19-27.
[62] 兰庆庆,李志,陈侨予."全面二孩"政策下女性平等就业的现状分析、影响因素与提升策略:基于重庆市的实证调查[J]. 兰州学刊,2019(2):117-131.
[63] 雷海波,彭善民. 社会工作视域下的职业生涯教育创新[J]. 学术论坛,2017,40(2):146-149,155.
[64] 李海,王军芳. 青少年事务社会工作的探索与实践:以广州"青年地带"青少年事务社会工作者试点为例[J]. 青年探索,2009(4):3-8,21.
[65] 李怀. 城市拆迁的利益冲突:一个社会学解析[J]. 西北民族研究,2005(3):50-58.
[66] 李军鹏. 政府购买公共服务的学理因由、典型模式与推进策略[J]. 改革,2013(12):17-29.
[67] 李骏. 中国高学历劳动者的教育匹配与收入回报[J]. 社会,2016,36(3):64-85.
[68] 李黎明,许珂. 人力资本、社会资本与收入差距:基于中国城市居民收入的分位回归模型分析[J]. 复旦教育论坛,2017,15(1):83-90.
[69] 李林矾. 上海产业结构转型过程中的就业问题研究[D]. 上海:上海社会科学院,2012.
[70] 李太斌. 上海社区青少年生存与发展状况分析[J]. 当代青年研究,2006(9):30-36.
[71] 李伟. 国外社会福利服务去机构化及其启示[J]. 云南社会科学,2014(4):154-158.
[72] 李雪,钱晓烨,迟巍. 职业资格认证能提高就业者的工资收入吗?:对职业资格认证收入效应的实证分析[J]. 管理世界,2012,28(9):100-109,119,188.
[73] 李延平. 论职业教育公平[J]. 教育研究,2009,30(11):16-19.

[74] 李迎生，方舒. 中国社会工作模式的转型与发展[J]. 中国人民大学学报，2010，24(3)：101－108.

[75] 林芳. 传播学视域中"拆二代"负面形象建构及研究[J]. 今传媒，2014，22(9)：50－51.

[76] 林南. 社会资本：关于社会结构与行动的理论[M]. 张磊，译. 北京：社会科学文献出版社，2020.

[77] 林珅. 失业青年的求职动机与再就业中介机制：基于结构方程模型(SEM)的检验[J]. 青年探索，2018(2)：63－76.

[78] 林志强. 闲散青少年权利保护的人本思路[J]. 山西青年管理干部学院学报，2007(1)：30－32.

[79] 刘莫鲜. 在虚假招聘的背后：对大学生求职受骗现象的质性探究[D]. 南京：南京大学，2012.

[80] 刘能. 中国社会的急剧转型与青年就业的观念演变[J]. 人民论坛，2018(35)：118－120.

[81] 刘启鹏. 大学生理想自我、现实自我和完美主义对反刍思维的影响及对策研究[D]. 淮北：淮北师范大学，2021.

[82] 刘欣怡. "新失业群体"精神生活发展困境研究[J]. 北京青年研究，2020，29(2)：33－40.

[83] 刘雅静. "葛优躺"背后的退缩型主体："丧文化"解读及其对策[J]. 中国青年研究，2018(4)：76－81，27.

[84] 陆士桢. 中国城市青少年弱势群体现状与社会保护政策[M]. 北京：社会科学文献出版社，2004.

[85] 陆万军，张彬斌. 就业类型、社会福利与流动人口城市融入：来自微观数据的经验证据[J]. 经济学家，2018(8)：34－41.

[86] FREDL，CAROLYNMY，BRUCEJA. 心理资本：打造人的竞争优势[M]. 李超平，译. 北京：中国轻工业出版社，2008.

[87] 罗纳德·英格尔哈特. 发达工业社会的文化转型[M]. 张秀琴，译. 北

京：社会科学文献出版社，2013.

[88] 吕璟，潘知常. 再造居民：社会空间视角下拆迁安置房社区失地农民问题研究[J]. 南京社会科学，2018(4)：80-85，99.

[89] 吕鹏. 他们不再是孩子了关于“新失业群体”现状的社会学报告[J]. 社会，2005，25(4)：119-142.

[90] 马玉堂. 社会治理视域中的“新失业群体”治理：以甘肃民族地区为考察对象[J]. 兰州学刊，2014(12)：191-196.

[91] 玛丽安娜·伍德赛德，特里西娅·麦克拉姆. 社会工作个案管理：社会服务传输方法[M]. 4 版. 隋玉杰，等译. 北京：中国人民大学出版，2018.

[92] 门仓贵史. 穷忙族：忙碌阶层的哀与愁[M]. 袁森，译. 北京：中信出版社，2009.

[93] 莫荣，等. 中国积极就业政策：形成、发展和完善[M]. 北京：社会科学文献出版社，2015.

[94] 穆睿. 搜寻匹配理论研究综述及其政策启示[J]. 西北农林科技大学学报(社会科学版)，2012，12(5)：96-101.

[95] 宁光杰. 劳动经济学[M]. 2 版. 北京：经济管理出版社，2015.

[96] 潘锦棠. 性别人力资本理论[J]. 中国人民大学学报，2003，17(3)：94-104.

[97] 潘石，赵岳阳. 中国“高学历失业”：主要特征、产生机制及对策建议[J]. 吉林大学社会科学学报，2010，50(5)：17-23.

[98] 潘石，周凯. 关于“高学历失业”的理论分析与对策思考[J]. 东北师大学报(哲学社会科学版)，2010(6)：209-216.

[99] 彭善民，张宇莲，马志勇，等. 都市社会工作资源整合模式探索：以上海 A 区社区青少年社会工作的实践为例[J]. 华东理工大学学报(社会科学版)，2007，22(1)：35-38.

[100] 彭善民. NPO 与流动儿童的社会教育：以上海为例[J]. 社会科学，

2014(2)：76－82.

[101] 彭善民.从事务性社工到权益性社工：新时代青少年社工的角色与功能[J].中国社会工作，2021(25)：38－40.

[102] 彭善民.犯罪预防与联校社会工作发展[J].学海，2017(1)：144－150.

[103] 彭善民.上海社会工作机构的生成轨迹与发展困境[J].社会科学，2010(2)：54－61，188－189.

[104] 彭远春.论农民工身份认同及其影响因素：对武汉市杨园社区餐饮服务员的调查分析[J].人口研究，2007，31(2)：81－91.

[105] 齐奥尔格·西美尔.时尚的哲学[M].费勇，等译.广州：花城出版社，2017.

[106] 钱全."被围困的能动性"：拆二代生活逻辑[J].社会发展研究，2019，6(3)：155－171，245.

[107] 屈琦.污名化与闲散青少年违法犯罪[J].青少年犯罪问题，2010(2)：55－58.

[108] 屈琦.闲散青少年违法犯罪的文化善治[J].青年探索，2009(6)：26－29.

[109] 权福军.闲散青少年权利保护的反身性研究[J].中国青年研究，2013(4)：20－24，116.

[110] 让·鲍德里亚.消费社会[M].4版.刘成富，全志钢，译.南京：南京大学出版社，2014.

[111] 任云霞.社会工作介入闲散青少年的成长困境[J].山西青年管理干部学院学报，2012，25(2)：12－14.

[112] 三浦展.下流社会：一个新社会阶层的出现[M].陆求实，戴铮，译.上海：上海译文出版社，2018.

[113] 桑伟林，蔡智.改革开放40年来青年就业创业政策演进及其优化研究[J].中国青年研究，2018(10)：12－18，40.

[114] 沈黎，胡如意. 浅析"失业"社区青少年的社会支持网络：对上海某街道社区青少年的调查研究[J]. 上海青年管理干部学院学报，2006(1)：16-19.

[115] 沈涛，李先勇，向德平. 青少年空间发展现状及对策研究：基于武汉市青少年空间建设的调查分析[J]. 中国青年研究，2012(11)：70-74.

[116] 沈昕. 社区青少年概念分析[J]. 青少年犯罪问题，2005(4)：68-69.

[117] 盛世明，程强. 技能不匹配的风险及成因研究[J]. 扬州大学学报(高教研究版)，2020，24(6)：1-8.

[118] 师艳荣. 日本青少年蛰居的后果及其对策[J]. 东北亚学刊，2018(6)：50-55.

[119] 石伟平. 社区青少年教育与就业工作研究[M]. 上海：华东理工大学出版社，2006.

[120] 宋德孝. 青年"佛系人生"的存在主义之殇[J]. 中国青年研究，2018(3)：41-45.

[121] 宋健，周宇香. 中国已婚妇女生育状况对就业的影响：兼论经济支持和照料支持的调节作用[J]. 妇女研究论丛，2015(4)：16-23.

[122] 宋士云，等. 中国劳动经济史：1949-2012(下卷)[M]. 北京：中国社会科学出版社，2021.

[123] 孙斐，黄锐. 迈向项目式个案管理：事实无人抚养儿童社会工作服务的困境及其转型：基于上海市J项目的个案分析[J]. 社会建设，2022，9(6)：69-79.

[124] 孙立平. 金融危机的逻辑及其社会后果[J]. 社会，2009，29(2)：1-29，223.

[125] 孙鹏程. 生态系统理论视角下"拆二代"的社会适应研究与社会工作介入策略[D]. 济南：山东大学，2021.

[126] 孙向晨. 佛系现象：披着美丽东方外衣的现代性消极后果[J]. 探索

与争鸣，2018(4)：36－38.

[127] 孙妍.青年就业特征及变动趋势研究[J].中国青年研究，2022(1)：5－10.

[128] 覃鑫渊，代玉启."内卷""佛系"到"躺平"：从社会心态变迁看青年奋斗精神培育[J].中国青年研究，2022(2)：5－13.

[129] 杨桃莲."佛系"传播与网民的认同重构[J].当代传播，2018(4)：97－100，104.

[130] 陶志欢."佛系"青年的生成机理与引导路径：以当代大学生为考察对象[J].中国青年社会科学，2019，38(1)：96－103.

[131] 仝利民.个案管理：基于社区照顾的专业社会工作方法[J].华东理工大学学报(社会科学版)，2005，20(2)：29－33，44.

[132] 汪鸿波，费梅苹."经济楼宇"迈向"社区楼宇"：城市商务楼宇社区治理的现实困境及消解策略[J].中共福建省委党校学报，2019(4)：127－134.

[133] 汪行福.佛系是一种消极的善[J].探索与争鸣，2018(4)：29－33.

[134] 王春晖.社区青少年社会工作服务的嵌入模式研究：以北京社区青年汇为例[J].北京青年研究，2016，25(3)：92－98.

[135] 王璐璐.我国青年就业状况及发展趋势：基于第六次人口普查数据的分析[J].中国劳动，2013(6)：15－17.

[136] 王思斌.中国本土社会工作实践片论[J].江苏社会科学，2011(1)：12－17.

[137] 王思斌.社会政策实施与社会工作的发展[J].江苏社会科学，2006(2)：49－54.

[138] 王思斌.社会治理共同体建设与社会工作的促进作用[J].社会工作，2020(2)：3－9，108.

[139] 王思斌.中国本土社会工作实践片论[J].江苏社会科学，2011(1)：12－17.

[140] 王思斌. 走向承认：中国专业社会工作的发展方向[J]. 河北学刊，2013，33(6)：108－113.

[141] 王效仿. 解析大学生失业及其就业期望：对一种大众性分析谬误的分析[J]. 社会，2004，24(9)：28－31.

[142] 王新云. 我国青少年事务社会工作的地方经验与启示：基于"北上广"地区的实践[J]. 青年探索，2017(4)：28－32.

[143] 王燕锋，陈国泉. 城郊农村 NEET 族问题探析[J]. 中州学刊，2010(2)：130－134.

[144] 王永洁. 劳动力市场性别差异与女性赋权：基于 2016 年中国城市劳动力调查数据的分析[J]. 人口与经济，2019(1)：95－109.

[145] 威廉·詹姆士. 实用主义：某些旧思想方法的新名称[M]. 李步楼，译. 北京：商务印书馆，2009.

[146] 魏延秋. 中职校体验式职业生涯规划课程体系构建与探究[J]. 思想政治课研究，2016(2)：106－111.

[147] 吴茜. "佛系青年"的身份实践：兼具"阶层"与"个体"的话语表达[J]. 中国青年研究，2020(7)：76－80，86.

[148] 吴亦明. 社区就业岗位开发和再就业对策研究：以南京地区为例[J]. 南京师大学报(社会科学版)，2004(6)：21－27.

[149] 吴愈晓. 劳动力市场分割、职业流动与城市劳动者经济地位获得的二元路径模式[J]. 中国社会科学，2011(1)：119－137，222－223.

[150] 武晓雪. 山区留守儿童的同辈群体情感支持的社会工作介入研究：以宁夏 X 中学学生为例[D]. 西安：西北大学，2021.

[151] 夏媛，张佳华. 日本青年就业问题及其政策对应措施[J]. 当代青年研究，2017(1)：123－128.

[152] 项秉健，姚明强，任淑秋. 2012—2013 年上海市中等职业学校学生发展报告[J]. 职教论坛，2014，30(15)：15－20.

[153] 肖建国，林志强. 社区青少年法律概念的界定及意义[J]. 青少年犯罪

问题,2006(2)：4－10.

[154] 肖巍.灵活就业、新型劳动关系与提高可雇佣能力[J].复旦学报(社会科学版),2019,61(5)：159－166.

[155] 肖显静.消费主义文化的符号学解读[J].人文杂志,2004(1)：170－175.

[156] 谢妍翰,薛德升.女性非正规就业研究述评[J].人文地理,2009,24(6)：16－23.

[157] 熊丙奇.大学生求职的三大问题：面子就业、圈子就业、舒适就业[J].中国大学生就业,2007(3)：49.

[158] 徐选国.中国社会工作发展的社会性转向[J].社会工作,2017(3)：9－28,108－109.

[159] 鄢木秀.论我国青少年职业生涯规划系统教育的问题和对策[J].青年探索,2011(5)：73－78.

[160] 严奉姬,闫志刚.高校亟需提高就业教育"含金量"[J].教育与职业,2012(13)：34－38.

[161] 杨朝清.莫让拆迁暴富者失掉精神家园[N].长沙晚报,2015－02－11(F02).

[162] 杨发祥,严骏夫,孙志超.条块矛盾再生产：政府机构下沉改革的实践悖论：以上海市J区房办下沉为例[J].甘肃行政学院学报,2019(6)：4－15,124.

[163] 杨舸,孙磊.从"民工慌"到"民工荒"："后金融危机"时代对农民工就业问题的反思[J].中国青年研究,2010(1)：69－74.

[164] 杨姗姗.从期待到现实：大学生体面就业研究[D].湘潭：湖南科技大学,2017.

[165] 杨文伟.转型期中国社会阶层固化探究[D].北京：中共中央党校,2014.

[166] 姚建龙.转型社会的青少年犯罪控制：以"全国重点青少年群体教育

帮助和预防犯罪试点”为例的研究[J]. 社会科学,2012(4): 63－73.
[167] 姚强. 上海市社区青少年工作的起源、发展和展望[J]. 青少年犯罪问题,2005(4): 67－69.
[168] 叶明华. 上海社区青少年的就业障碍分析[J]. 特区经济,2010(9): 58－59.
[169] 叶穗冰. 当代中国“佛系青年”价值观初探[J]. 理论导刊,2018(8): 63－67.
[170] 余秀兰. 女性就业: 政策保护与现实歧视的困境及出路[J]. 山东社会科学,2014(3): 48－53,128.
[171] 袁少锋,高英,郑玉香. 面子意识、地位消费倾向与炫耀性消费行为: 理论关系模型及实证检验[J]. 财经论丛,2009(5): 81－86.
[172] 岳经纶. 转型期的中国劳动问题与劳动政策[M]. 上海: 东方出版中心,2011.
[173] 曾向昌. 大学生就业期望与实际就业的关联性分析研究[J]. 高教探索,2007(2): 110－112.
[174] 曾燕波. 当代青年就业问题及发展研究[J]. 青年发展论坛,2022,32(5): 88－95.
[175] 曾燕波. 社区青年就业促进机制研究: 以上海市 J 区社区青年为例[J]. 社会科学,2014(9): 80－89.
[176] 詹婧,王艺,孟续铎. 互联网平台使灵活就业者产生了分化吗?: 传统与新兴灵活就业者的异质性[J]. 中国人力资源开发,2018,35(1): 134－146.
[177] 张成刚. 就业发展的未来趋势,新就业形态的概念及影响分析[J]. 中国人力资源开发,2016(19): 86－91.
[178] 张迪. 促进上海高校毕业生就业的政府政策分析[D]. 上海: 华东师范大学,2010.
[179] 张格根多仁. 欧盟待业青年继续教育研究: 基于欧盟成员国《青年保

障实施计划》[D]. 重庆：西南大学，2016.

[180] 张骥. 北京地区社会工作机构中的督导状况研究：从一线社会工作者视角[D]. 北京：中国青年政治学院，2016.

[181] 张洁. “富二代”“官二代”媒介话语建构的共振与差异(2004—2012)[J]. 现代传播(中国传媒大学学报)，2013，35(3)：49-54.

[182] 张抗私，谷晶双. 生育对女性就业的影响研究[J]. 人口与经济，2020(5)：19-29.

[183] 张森，谢春艳. 存在主义影响下高校“佛系青年”的思想引导[J]. 广东青年职业学院学报，2018，32(4)：19-24.

[184] 张淼. “佛系青年”思想引领的路径探究[J]. 山西青年职业学院学报，2018，31(1)：7-9，19.

[185] 张琦. 闲散青少年成长困境的个案工作介入研究[D]. 沈阳：辽宁大学，2021.

[186] 张淑华，李海莹，刘芳. 身份认同研究综述[J]. 心理研究，2012，5(1)：21-27.

[187] 张肖蒙. 北京A社区青少年社会工作服务现状研究[D]. 北京：中国青年政治学院，2018.

[188] 张鑫. 特大城市中闲散青少年服务管理模式探究：家庭关系修复视角：以北京市海淀区闲散青少年帮扶试点为例[J]. 中国青年研究，2013(10)：46-50.

[189] 张雪贤，赵军干，朱志颖. “拆二代”的社会区隔：中国“拆二代”问题探析[J]. 现代商业，2015(23)：281-282.

[190] 张义祯. 教育获得与教育流动实证研究：基于代际视角[D]. 上海：上海大学，2016.

[191] 张翼. 中国青年人口的新特征：基于“第七次全国人口普查数据”的分析[J]. 青年探索，2022(5)：5-16.

[192] 张志坚. 青年“佛系”现象的透视与解读[J]. 青少年学刊，2018(4)：

3-7.

[193] 章正.经济压力,是在职青年面临的最大"敌人"[J].就业与保障,2019(9):40.

[194] 赵磊,朱燕.我国劳动力市场歧视及规制路径[J].中国劳动,2018(6):14-20.

[195] 赵梦晗.全面二孩政策下重新审视公共政策中缺失的性别平等理念[J].人口研究,2016,40(6):38-48.

[196] 郑淑丽.增权理论视角下面向"三失"青少年的社会工作个案帮扶途径与方法研究:以北京市RBSW社会工作事务所的个案帮扶工作为例[D].北京:首都师范大学,2014.

[197] 郑晓明,王丹.高校毕业生"慢就业"现象的成因与治理策略[J].社会科学战线,2019(3):276-280.

[198] 周先波,刘建广,郑馨.信息不完全、搜寻成本和均衡工资:对广东省外来农民工劳动力市场信息不完全程度的测度[J].经济学(季刊),2016,16(1):149-172.

[199] 周晓春,米佳,尹鹤灵,等."拆二代"青年再社会化的阶段性模式[J].中国青年研究,2016(7):79-84.

[200] 周晓春.社会生态资产与城市"闲散"青少年抗逆力[J].青年研究,2017(3):53-61,95-96.

[201] 周晓耿.政府购买青少年社会工作服务的实践:以广州市海珠区为例[J].广东外语外贸大学学报,2013,24(6):76-80.

[202] 周志坚.青少年事务社会工作的本土经验总结及反思:以广州青年地带青少年事务社工试点为例[D].兰州:兰州大学,2009.

[203] 朱健刚.转型时代的社会工作转型:一种理论视角[J].思想战线,2011,37(4):40-41.

[204] 朱眉华,文军.社会工作实务手册[M].北京:社会科学文献出版社,2006.

[205] 朱生玉. 大学生就业力调查：基于用人单位与毕业生的视角[J]. 教育发展研究,2009,29(23)：81-85.

[206] 朱志刚. 论“三位一体”的社区青少年思想道德教育[J]. 继续教育研究,2008(8)：55-57.

[207] 朱中原. 青年人体面劳动的相对困境与实践路径[J]. 天津中德应用技术大学学报,2022(1)：76-80.

[208] 庄渝霞. 生育事件与生育保险对中国城镇女性就业的影响：一项来自 CHNS 追踪调查的实证研究[J]. 人口与发展,2020,26(6)：87-98.

二、外文文献

[1] PESQUERA ALONSO C, MUÑOZ SÁNCHEZ P, INIESTA MARTÍNEZ A. Youth guarantee: looking for explanations [J]. Sustainability, 2021, 13(10): 5561.

[2] PESQUERA ALONSO C, MUÑOZ SÁNCHEZ P, INIESTA MARTÍNEZ A. Is there a uniform NEET identity in the European Union? [J]. International Journal of Adolescence and Youth, 2022, 27(1): 207-220.

[3] ALSOP R, BERTELSEN M F, HOLLAND J. Empowerment in practice: from analysis to implementation[M]. Washington: The World Bank, 2006.

[4] BOYATZIS R E, AKRIVOU K. The ideal self as the driver of intentional change [J]. Journal of Management Development, 2006, 25(7): 624-642.

[5] BUSSI M, DHERET C, GRAZIANO P R. The youth guarantee - a case of Europeanisation of ALMP? [C]. Society for the Advancement of Socio-Economics Conference, 2015.

[6] BYNNER J. Policy reflections guided by longitudinal study, youth training, social exclusion, and more recently neet [J]. British Journal of Educational Studies, 2012, 60(1): 39-52.

[7] BYNNER J, PARSONS S. Social exclusion and the transition from school to work: the case of young people not in education, employment, or training (NEET) [J]. Journal of Vocational Behavior, 2002, 60(2): 289-309.

[8] ANDREA C. Emotional and symbolic components of hikikomori experience: a qualitative narrative study on social withdrawal [J]. Mediterranean Journal of Clinical Psychology, 2020, 8(1): 1-27.

[9] COLLEY H, HODKINSON P. Problems with bridging the gap: the reversal of structure and agency in addressing social exclusion [J]. Critical Social Policy, 2001, 21(3): 335-359.

[10] COMMISSION FOR CASE MANAGER CERTIFICATION (CCMC). Philosophy and definition of case management [EB/OL]. http://ccmcertification.org/about-us/about-case-management/definition-and-philosophy-case-management, 2022-01-13.

[11] CORBANESE V, ROSAS G. Guide for developing national outreach strategies for inactive young people [EB/OL]. https://www.ilo.org/publications/guide-developing-national-outreach-strategies-inactive-young-people, 2022-01-22.

[12] DELUCA C, GODDEN L, HUTCHINSON N L, et al. Preparing at-risk Youth for a Changing World: Revisiting a Person-in-context Model for Transition to Employment [J]. Educational Research, 2015, 57(2): 182-200.

[13] DESAI S, WAITE L J. Women's Employment during pregnancy and after the first birth: occupational characteristics and work

commitment[J]. American Sociological Review,1991, 56(4): 551-566.

[14] DEWSON S, DAVIS S, CASEBOURNE J. Maximising the role of outreach in client engagement[M]. Leeds: Department for Work and Pensions, 2006.

[15] DOCKERY A M, STROMBACK T. Devolving public employment services: preliminary assessment of the Australian experiment[J]. International Labour Review, 2001, 140(4): 429-451.

[16] ESCUDERO V, LÓPEZ MOURELO E. The European youth guarantee: a systematic review of its implementation across countries[R]. Geneva: International Labour Organization, 2017.

[17] EUROFOUND. NEETs, young people not in employment, education or training: characteristics, costs and policy responses in Europe[M]. Luxembourg: Publications Office of the European Union, 2012.

[18] EUROFOUND. Exploring the diversity of NEETs [M]. Luxembourg: Publications Office of the European Union,2016.

[19] FRANKOVA I. Similar but different: psychological and psychopathological features of primary and secondary hikikomori [J]. Frontiers in Psychiatry, 2019, 10: 558.

[20] FURLONG A. Not a very NEET solution: representing problematic labour market transitions among early school-leavers [J]. Work, Employment and Society, 2006, 20(3): 553-569.

[21] FURLONG A. The Japanese hikikomori phenomenon: acute social withdrawal among young people [J]. The Sociological Review, 2008, 56(2): 309-325.

[22] FURLONG A, CARTMEL F. Young people and social change:

new perspectives [M]. 2ed. Philadelphia: Open University Press, 2007.

[23] HILLAGE J, JOHNSON C, NEWTON B, et al. Activity agreements evaluation: synthesis report [R]. Nottingham: Department for Children, Schools and Families, 2008.

[24] HODKINSON P, SPARKES A C. Careership: a sociological theory of career decision making [J]. British Journal of Sociology of Education, 1997, 18(1): 29 - 44.

[25] HOOLEY T, SULTANA R, THOMSEN R. Career guidance for emancipation: reclaiming justice for the multitude[M]. New York: Routledge, 2018.

[26] HUTCHINSON J, BECK V, HOOLEY T. Delivering NEET policy packages? A decade of NEET policy in England[J]. Journal of Education and Work, 2016, 29(6): 707 - 727.

[27] INTERNATIONAL LABOUR ORGANIZATION. Global employment trends for youth 2020: technology and the future of jobs[M]. Geneva: International Labor Office, 2020.

[28] INUI A. Why freeter and NEET are misunderstood: recognizing the new precarious conditions of Japanese youth[J]. Social Work and Society, 2005, 3(2): 244 - 251.

[29] JEONG J, PARK K, HYUN Y, et al. Measuring psychological support for the unemployed: the case of Kakao NEET project[J]. KSII Transactions on Internet and Information Systems, 2021, 15(4): 1502 - 1520.

[30] JONGBLOED J, GIRET J F. Quality of life of NEET youth in comparative perspective: subjective well-being during the transition to adulthood[J]. Journal of Youth Studies, 2022, 25(3): 321 - 343.

[31] KATO T A, KANBA S, TEO A R. Hikikomori: multidimensional understanding, assessment, and future international perspectives [J]. Psychiatry and Clinical Neurosciences, 2019, 73(8): 427 - 440.

[32] KATO T A, SHINFUKU N, SARTORIUS N, ET AL. Are Japan's hikikomori and depression in young people spreading abroad? [J]. Lancet, 2011, 378(9796): 1070.

[33] KIESELBACH T. Long-term Unemployment among young people: the risk of social exclusion[J]. American Journal of Community Psychology, 2003, 32(1 - 2): 69 - 76.

[34] KÕIV K, SAKS K, PAABORT H, ET AL. A service model for self-directed learning of NEET youth at the local government level [J]. Youth & Society, 2022, 54(2_Suppl): 52S - 68S.

[35] LEGEWIE J, DIPRETE T A. School context and the gender gap in educational achievement[J]. American Sociological Review, 2012, 77(3): 463 - 485.

[36] LI T M, WONG P W. Youth social withdrawal behavior (hikikomori): a systematic review of qualitative and quantitative studies[J]. Australian & New Zealand Journal of Psychiatry, 2015, 49(7): 595 - 609.

[37] LI T M, LIU L, WONG P W. Withdrawal experience and possible way-outs from withdrawal behavior in young people[J]. Qualitative Social Work, 2018, 17(4): 537 - 555.

[38] LOSCALZO Y, NANNICINI C, HUAI-CHING LIU I T, et al. Hikikomori risk inventory (HRI - 24): a new instrument for evaluating hikikomori in both eastern and western countries[J]. International Journal of Social Psychiatry, 2022, 68(1): 90 - 107.

[39] MACDONALD R. Youth transitions, unemployment and underemployment: plus ca change, plus c'est la même chose? [J]. Journal of Sociology, 2011, 47(4): 427 - 444.

[40] MAGUIRE S. Will raising the participation age in England solve the NEET problem? [J]. Research in Post-Compulsory Education, 2013, 18(1/2): 61 - 76.

[41] MAGUIRE S. Who cares? Exploring economic inactivity among young women in the NEET group across England[J]. Journal of Education and Work, 2018, 31(7/8): 660 - 675.

[42] MAGUIRE S, SPIELHOFER T, GOLDEN S. Earning not learning? An assessment of young people in the jobs without training (JWT) group[J]. Sociological Research Online, 2012, 17(3): 247 - 255.

[43] MALO M A, MÍNGUEZ A M. European Youth Labour Markets [M]. Berlin: Springer Cham, 2018.

[44] MALO M Á, MUSSIDA C, CUETO B, et al. Being a NEET before and after the great recession: persistence by gender in Southern Europe[J]. Socio-Economic Review, 2021, 21(1): 319 - 339.

[45] MARTINOTTI G, VANNINI C, DI NATALE C, et al. Hikikomori: psychopathology and differential diagnosis of a condition with epidemic diffusion [J]. International Journal of Psychiatry in Clinical Practice, 2021, 25(2): 187 - 194.

[46] MEYER J W. The effects of education as an institution [J]. American Journal of Sociology, 1977, 83(1): 55 - 77.

[47] MIGUEL M, CHIARA M, BEGOA C, et al. Being a NEET before and after the great recession: persistence by gender in

southern Europe[J]. Socio-Economic Review, 2023, 21(1): 319 - 339.

[48] NARAYAN-PARKER D. Empowerment and poverty reduction: a sourcebook[M]. Washington: World Bank Publications, 2002.

[49] NOH H, LEE B J. Risk factors of NEET (Not in Employment, Education or Training) in South Korea: an empirical study using panel data [J]. Asia Pacific Journal of Social Work and Development, 2017, 27(1): 28 - 38.

[50] PAROLA A, DONSÌ L. Time perspective and employment status: Neet categories as negative predictor of future[J]. Mediterranean Journal of Clinical Psychology, 2019, 7(3): 1 20.

[51] PEMBERTON S. Tackling the NEET generation and the ability of policy to generate a "NEET" solution—evidence from the UK[J]. Environment and Planning C: Government and Policy, 2008, 26 (1): 243 - 259.

[52] PIQUÉ M À C, VEÀ A P, STRECKER T. The EU youth guarantee a critical analysis of its implementation in Spain[J]. Journal of Youth Studies, 2016, 19(5): 684 - 704.

[53] RALSTON K, EVERINGTON D, FENG Z, et al. Economic inactivity, not in employment, education or training (NEET) and scarring: the importance of NEET as a marker of long-term disadvantage[J]. Work, Employment and Society, 2022, 36(1): 59 - 79.

[54] RASALINGAM A, BREKKE I, DAHL E, et al. Impact of growing up with somatic long-term health challenges on school completion, NEET status and disability pension: a population-based longitudinal study[J]. BMC Public Health, 2021, 21(1): 514.

[55] ROBERTS K. Opportunity Structures then and now[J]. Journal of Education and Work, 2009, 22(5): 355 - 368.

[56] ROBERTS S. Beyond 'NEET' and "tidy" pathways: considering the "missing middle" of youth transition studies[J]. Journal of Youth Studies, 2011, 14(1): 21 - 39.

[57] RODRÍGUEZ-SOLER J, VERD J. The youth guarantee system in Spain: tailored youth policy or broad-brush employment policy? [J]. Social work and society, 2018, 16(2): 1 - 8.

[58] ROWLANDS J. Empowerment examined[J]. Development in practice, 1995, 5(2): 101 - 107.

[59] SCHOON I. Parental worklessness and the experience of NEET among their offspring. Evidence from the Longitudinal Study of Young People in England (LSYPE)[J]. Longitudinal and Life Course Studies, 2014, 5(2): 129 - 150.

[60] SERRACANT P. A brute indicator for a NEET case: genesis and evolution of a problematic concept and results from an alternative indicator[J]. Social Indicators Research, 2014, 117(2): 401 - 419.

[61] SMOTER M. Outreach practices of public employment services targeted at NEET youth in Poland[J]. Youth & Society, 2022, 54 (2_Suppl): 89S - 108S.

[62] SU X, WONG V. Enhancing the career capabilities of NEET youth in Hong Kong: an experience-driven framework[J]. International Journal for Educational and Vocational Guidance, 2022, 22(3): 713 - 738.

[63] TEO A R. A new form of social withdrawal in Japan: a review of hikikomori[J]. International Journal of Social Psychiatry, 2010, 56 (2): 178 - 185.

[64] TOSUN J. Promoting youth employment through multi-organizational governance[J]. Public Money & Management, 2017, 37(1): 39 - 46.

[65] WOLF A. Review of vocational education: the Wolf report [R]. London: TSO (The Stationery Office), 2011.

[66] WONG V. Youth locked in time and space? Defining features of social withdrawal and practice implications[J]. Journal of Social Work Practice, 2009, 23(3): 337 - 352.

[67] WONG V. Social withdrawal as invisible youth disengagement: government inaction and NGO responses in Hong Kong [J]. International Journal of Sociology and Social Policy, 2012, 32(7/8): 415 - 430.

[68] WONG V, YING W. Social withdrawal of young people in Hong Kong: a social exclusion perspective[J]. The Hong Kong Journal of Social Work, 2006, 40(1 - 2): 61 - 91.

[69] YANG Y. China's youth in NEET (Not in Education, Employment, or Training): evidence from a national survey[J]. The ANNALS of the American Academy of Political and Social Science, 2020, 688(1): 171 - 189.

[70] YUNG J Y K, WONG V, HO G W K, et al. Understanding the experiences of hikikomori through the lens of the CHIME framework: connectedness, hope and optimism, identity, meaning in life, and empowerment; systematic review[J]. BMC Psychology, 2021, 9(1): 104.

[71] ZAIDI, A. Welfare-to-work programmes in the UK and lessons for other countries[R]. Vienna: European Centre for Social Welfare Policy and Research, 2009.

后　记

就业是民生之本，党的二十大强调，“实施就业优先战略，强化就业优先政策，健全就业公共服务体系，加强困难群体就业兜底帮扶，消除影响平等就业的不合理限制和就业歧视，使人人都有通过勤奋劳动实现自身发展的机会”。社会工作参与就业政策和就业服务体系的建设，为困难群体或弱势群体提供就业支持，倡导平等就业，是时势所趋，也是专业使命所系。就业社会工作是社会工作亟待开垦和拓展的新领域。成立于2004年，由上海市青少年服务和权益保护办公室担任业务主管机构的上海市阳光社区青少年事务中心是国内青少年社会工作专业服务的先行者，也是青少年就业社会工作的重要探索者。

笔者有幸自2006年以来一直担任阳光社区青少年事务中心的专家督导，直接参与到该机构提供的多项青少年就业调查和就业服务督导之中。系统梳理该机构历时二十年的就业社会工作的实践，也是自己的兴趣和使命所在。同时，也感谢上海市阳光社区青少年事务中心的信任和支持，给了我一个参与阳光二十年青少年社会工作探索丛书编撰的机会。

全书共分为八章。第一章是导论，主要涉及青少年就业认识和就业政策梳理，著者为彭善民和陈晓丽（上海大学社会学院 2021 级博士生）。第二章是对上海青少年就业社会工作发展轨迹的梳理，著者为彭善民和陈晓丽。第三章是上海社区青少年就业社会工作的“三维资本”模式，即青少年就业社会工作“人力资本、社会资本和心理资本”的整合模式，著者为陈晓丽和彭善民。第四章是青少年三维资本培育的服务案例，具体呈现社工培育青少年三维资本的方法技巧，著者为陈晓丽和张易为（上海大学社会学院 2022 级博士生）。第五章是社区青少年就业个案管理探索，主要考察了社工在青少年就业方面对个案管理方法的应用，著者为阎莉（上海大学社会学院 2020 级硕士生）和张易为。第六章是学校青少年就业社会工作，主要考察青少年读书期间社工在学校层面开展的就业促进、职业生涯教育等服务，著者为雷海波（上海商学院社工系讲师）和彭善民。第七章从服务对象到青少年社工，以闲散“拆二代”为例，从质的方面呈现了青少年就业社会工作服务的成效，著者为刘月（上海大学社会学院 2019 级硕士生）和张易为。第八章是青少年就业社会工作创新路径，主要结合海内外就业社会工作发展经验，探讨国内青少年就业社会工作面临的可能挑战及发展方向，著者为彭善民和陈晓丽。

感谢上海市青少年服务和权益保护办公室的周建军主任、上海市阳光社区青少年事务中心的顾东辉理事长对本书的中心内容和提纲进行指导；感谢上海市青少年服务和权益保护办公室社工处的王丹青处长、郭舟阳等提出的修改意见；感谢上海市阳光社区青少年事务中心的黄旦闻总干事、张瑾瑜副总干事、郭明副总干事提供诸多建设性意见以及为资料收集提供的大力支持；感谢上海市阳光社区青少年事务中心行政主任吉星明及各派出工作站协调、安排同工提供就业服务个案、就业项目资料及多次访谈。

能力与环境所限，本书只是上海市阳光社区青少年事务中心近年所开展的就业社会工作实践的初步梳理，实践远比本书爬梳的复杂和精彩，挂一漏万，不当之处，尚请读者多多包涵和不吝指正。疫情逐渐散去，期待青少年就业社会工作春天的来临！

彭善民

2023年1月12日于沪